Franciszek Piper

DIE ZAHL DER OPFER VON AUSCHWITZ

AUFGRUND DER QUELLEN UND DER ERTRÄGE DER FORSCHUNG 1945 BIS 1990

VERLAG STAATLICHES MUSEUM IN OŚWIĘCIM
1993

Übersetzung aus dem Polnischen
ins Deutsche: Jochen August

Einbandentwurf und Gestaltung
der Titelseiten: Paweł Warchoł

Register: Małgorzata Piper
Korrekturen: Jochen August
Fotografien und Dokumente: Archiv des Staatlichen Museums
in Oświęcim

Satz: „Edycja", Kraków, ul. Długa 1
Druck- und Bindearbeiten: Cieszyńska Drukarnia Wydawnicza

ISBN: 83-85047-17-4

ICH WIDME DIESE ARBEIT
DEM GEDENKEN DER BEKANNTEN
UND DER NAMENLOSEN
MÄRTYRER VON AUSCHWITZ

FRANCISZEK PIPER

Auschwitz ist ein Ort,
den man nicht bloß besichtigen kann.
Wer diesen Ort besucht,
muß angsterfüllt darüber nachdenken,
wo die Grenzen des Hasses liegen.

Papst Johannes Paul II.
Auschwitz, 7. Juni 1979

EINLEITUNG

Die Geschichte des Konzentrationslagers Auschwitz ist — im Sinne der Vorgänge von Frühjahr 1940 bis Januar 1945 — ein abgeschlossenes Kapitel. Nichts kann ihr hinzugefügt werden, nichts kann von dem, was in Auschwitz geschehen ist, ausgelöscht werden. Niemand und nichts kann den Menschen, die in Auschwitz gestorben sind, ihr Leben zurückgeben, niemand und nichts kann die Leiden der Überlebenden erleichtern, die bis heute von dem ihnen zugefügten Unrecht gezeichnet sind. **In dieser menschlichen und individuellen Dimension ist die Geschichte von Auschwitz abgeschlossen.** Den Menschen, die in Auschwitz gelitten haben oder die in Auschwitz ihre Angehörigen verloren haben, mag eine Kontroverse der Historiker über dieses tragische Kapitel der Geschichte schmerzhaft und unverständlich sein.

Wie diese individuelle und menschliche Dimension von Auschwitz **erfährt auch seine moralische Bedeutung keine Veränderung.** Auschwitz war und bleibt Symbol für ein unmenschliches Verbrechen an unschuldigen Männern, Frauen und Kindern; für ein Verbrechen aus einem Ausbruch von Haß und Egoismus, die zynisch zur Staatsraison, zur Weltanschauung und zum Patriotismus proklamiert wurden. Die Mehrzahl der Opfer von Auschwitz waren Menschen, die weder unter juristischen, noch unter moralischen Aspekten schuldig waren. Die **Juden** wurden einzig und allein deshalb ermordet, weil die Anhänger Hitlers sie pauschal als ihre Feinde ansahen; entscheidend für die Zuordnung zu dieser Opferkategorie waren weder die Haltung, noch das Auftreten, sondern die biologische und kulturelle Zugehörigkeit zum jüdischen Volk. Die **Zigeuner** wurden als ethnisch fremdes und wirtschaftlich unbrauchbares Element getötet. Die **Polen** wurden diskriminiert und vernichtet, weil sie vorgeblich deutschen Lebensraum einnahmen und sich der Gewalt nicht ohne Widerstand ergeben wollten. Als Keimzelle von Widerstand wurde die polnische Intelligenz und Führungsschicht präventiv vernichtet.

Unverändert bleibt das Faktum des Massencharakters der in Auschwitz verübten Verbrechen, deren Dimension schon für die Augenzeugen schwer zu erfassen war und deren Verständnis bis heute alle menschliche Vorstellungskraft übersteigt.

Veränderungen und eine Verifizierung erfährt dagegen unser konkretes Detailwissen über diesen historischen Vorgang, mit anderen Worten sein historiographisches Bild. Diese Veränderungen beruhen zum einen auf einer reicheren Kenntnis seiner faktographischen Seite im Ergebnis interdisziplinärer Forschungen, und zum anderen auf der Korrektur einiger Feststellungen, auf der Präzisierung von Zeit und Ort von Vorgängen und der Erweiterung des Bereichs der Ursachen und Folgen. Die Vernichtung des größten Teils der seinerzeitigen Akten des KL Auschwitz und anderer mit seinem Bestehen zusammenhängender Einrichtungen durch den Okkupanten hat dazu geführt, daß das Bild von Auschwitz in der Literatur unvollständig ist. Eine Reihe von Fragen hat die Forschung bisher noch nicht erschöpfend beantwortet, und einige Fragen werden niemals eine Antwort finden.

Eines dieser nicht erschöpfend geklärten Probleme ist die Frage der Zahl der Opfer von Auschwitz. Im Verlauf der zurückliegenden 45 Jahre sind in der Literatur parallel Zahlen zwischen einer Million und vier Millionen Opfern genannt worden. Diese Spanne ergibt sich daraus, daß jeweils unterschiedliche Berechnungsmethoden zugrundegelegt wurden und daß die Berichte und Aussagen von Zeugen der Geschehnisse einer subjektiven Auswahl und Bewertung unterlagen. Die Forscher hatten es häufig mit Quellen zu tun, die nicht eindeutig interpretierbar waren und die zuweilen in wesentlichen Fragen widersprüchliche Feststellungen enthielten. So enthalten zum Beispiel die häufig zitierten und zu unterschiedlicher Zeit und unter unterschiedlichen Umständen niedergelegten Aussagen eines der am umfassendsten eingeweihten Zeugen, des früheren Kommandanten des KL Auschwitz **Rudolf Höß**, für die Zahl der Opfer eine Differenz von einer bis drei Millionen. Nicht weniger schwierig ist die Verifizierung der Überlieferung von Häftlingen, und zwar sowohl der individuell niedergelegten Aussagen, Berichte und Erinnerungen, wie der in der Widerstandsbewegung entstandenen Rapporte. Ein Teil der fragmentarisch überlieferten Akten des KL Auschwitz ist verfälscht, weil gezielt unwahre, desinformierende oder unvollständige Angaben niedergelegt wurden. Bestimmte Vorgänge sollten geheimgehalten werden und fanden deshalb keinen schriftlichen Niederschlag.

Die ersten Institutionen, die Feststellungen zur Frage der Zahl der Opfer von Auschwitz zu treffen hatten, waren die zur Aburteilung der Verbrecher von Auschwitz eingesetzten Ermittlungsbehörden und Gerichte. Diese standen vor der Notwendigkeit, den Verantwortungsbereich und den Umfang der Schuld der einzelnen Angehörigen der SS-Besatzung von Auschwitz zu klären und so die Voraussetzungen für eine Strafzumessung zu schaffen. Erst im Anschluß an diese Ermittlungen setzten dann wissenschaftliche Forschungen ein, für die umfassende Reflexionen und Zeit erforderlich waren. In der Folge fanden in die Literatur und den alltäglichen Gebrauch — etwa in Enzyklopädien und Lehrbücher — Feststellungen Eingang, die den tatsächlichen Sachverhalt nicht immer mit der erforderlichen Präzision wiedergaben. Diese Feststellungen begannen dann mit der Zeit wie "amtliche Sprachregelungen" zu wirken. Dieser Umstand erschwerte es und war nicht gerade motivierend, Forschungen zu einer Reihe von Fragen aufzunehmen, die eine kritische Analyse und Überprüfung erforderten. So mancher Forscher mußte erst erhebliche psychische Barrieren überwinden, um Untersuchungen dieser Art überhaupt aufnehmen und bestimmte Feststellungen einer Überprüfung unterziehen zu können; dies galt gerade für Themen, die bis heute Objekt einer totalen Kritik von Seiten "professioneller" Revisionisten sind, die generell z.B. das Faktum des von den Anhängern Hitlers begangenen Verbrechen des Genozid leugnen. Mußte doch jeder Forscher damit rechnen, daß Verifizierungen dieser Art besonders in Kreisen früherer Kombattanten, die sich durch ein sehr emotionales Verhältnis zu allen Versuchen der Relativierung der Naziverbrechen auszeichnen, nicht populär sind. Die in der letzten Zeit erhobenen und aus menschlicher und emotionaler Sicht verständlichen Proteste dieser Gruppen gegen eine Änderung der Schätzzahl der Opfer von Auschwitz bestätigen dies voll und ganz.

Die ersten staatlichen Untersuchungskommissionen sind 1945 von den russischen und den polnischen Behörden eingesetzt worden und haben ihre Ermittlungen mit der Feststellung abgeschlossen, daß in Auschwitz etwa **vier Millionen Menschen** umgekommen sind. Beide Kommissionen haben ihren Feststellungen vor allem die Aussagen ehemaliger Häftlinge zur Dauer des Betriebs der Massenvernichtungsanlagen — der Gaskammern und der Krematorien — und ihrer „Kapazität" pro Tag zu Grunde gelegt. **Der Internationale Militärgerichtshof in Nürnberg** hat die Frage nicht im Einzelnen untersucht und sich lediglich darauf beschränkt, in der Anklageschrift die Feststellungen der sowjetischen Kommission sowie die Aussagen des früheren Kommandanten des Konzentrationslagers Auschwitz Rudolf Höß anzuführen, der in Nürnberg als Zeuge vernommen wurde. Höß hat damals ausgesagt, in Auschwitz seien mindestens 2,5 Millionen Menschen getötet worden und weitere 0,5 Millionen Menschen seien an Erschöpfung und Krankheiten gestorben. Die Aussagen von Höß, der unbestritten frei aussagen konnte, haben zweifelsohne die Feststellungen sowohl der sowjetischen, wie der polnischen Kommission bestätigt und glaubwürdig gemacht.

Es soll jedoch hier vermerkt werden, daß bereits der **Oberste Volksgerichtshof in Polen** 1947 u.a. unter Berücksichtigung des Gutachtens des Sachverständigen Nachman Blumental sich die These der Anklage nicht gänzlich zu eigen gemacht hat, Höß sei am Tod von mindestens

2,8 Millionen Menschen schuldig; das Gericht erachtete die Zahl von drei bis vier Millionen Menschen lediglich als sehr wahrscheinlich.

In der Literatur ist die Zahl von vier Millionen Opfern von Auschwitz durch **Jan Sehn**[1] verbreitet worden, der 1945 und 1946 die polnischen Kommission zur Untersuchung der Verbrechen in Auschwitz geleitet hat. Diese Zahl ist in vielen Veröffentlichungen in **Polen** (Staatliches Auschwitz-Museum, Hauptkommission zur Untersuchung der Naziverbrechen in Polen), in der **Tschecho-Slowakei** und in der **DDR** genannt worden. In den **im Westen** erschienenen Veröffentlichungen hat dagegen die Zahl von drei bis vier Millionen ungeachtet der bekannten Aussage von Höß in Nürnberg keine weitere Resonanz gefunden. Einer der ersten Forscher, der diese hohe Schätzzahl der Opfer von Auschwitz in Frage stellte, war der englische Historiker **Gerald Reitlinger**. In seiner 1953 erschienenen umfassenden Studie über die Vernichtung der Juden während des zweiten Weltkriegs schrieb er, daß in Auschwitz "erheblich weniger als eine Million Menschen" gestorben sind, davon etwa 550 000 bis 600 000 unmittelbar nach ihrem Eintreffen im Lager ermordete Juden sowie eine unbekannte Zahl der etwa 300 000 registrierten Häftlinge, die am Tag der Befreiung nicht mehr da waren, in ihrer Mehrzahl Juden.[2] (Vgl. die neueren Feststellungen Reitlingers, S. 100)

Der amerikanische Historiker jüdischer Herkunft **Raul Hilberg** hat in seinem 1961 in London erschienenen bekannten Buch über die Vernichtung der Juden die Zahl von einer Million jüdischer Opfer von Auschwitz genannt (andere sind nicht berücksichtigt).[3] Wenn Reitlinger zumindest orientierend auf die Grundlagen seiner Schätzung hingewiesen hat (die noch unvollständigen Daten zur Frage der Zahl der aus den einzelnen Ländern nach Auschwitz Deportierten), so beschränkte sich Hilberg darauf, lediglich diese Zahl zu nennen, nennt jedoch keine Quelle. Man kann nur annehmen, daß Hilberg hier den von Höß in Polen niedergelegten Aussagen gefolgt ist.

---

[1] *Obóz koncentracyjny i zagłady Oświęcim* (Opracowanie materiałów dowodowych, zebranych w toku śledztwa sądowego przez sędziego Jana Sehna) [Das Konzentrations- und Vernichtungslager Auschwitz (Eine Darstellung der während der gerichtlichen Untersuchung durch Richter Jan Sehn zusammengetragenen Beweismaterialien)]. In: Biuletyn Głównej Komisji Badania Zbrodni Niemieckich w Polsce, Bd. I, 1946, S. 63–130. Weitere Ausgaben erschienen 1955, 1956, 1960 und 1964. Deutsch: Konzentrationslager Oświęcim-Brzezinka (Auschwitz-Birkenau). Auf Grund von Dokumenten und Beweisquellen bearbeitet von Dr. Jan Sehn. Warschau 1957.

[2] Gerald Reitlinger, *The Final Solution*. London 1953, S. 460 f.

[3] Raul Hilberg, *The Destruction of the European Jews*. London 1961, S. 573, 702.; [deutschsprachige Ausgabe nach der im folgenden zitiert wird; d. Übers.:] Die Vernichtung der europäischen Juden. Berlin 1982, S. 603, 811.
Die Zahl von etwa einer Million Juden wird auch in der Publikation des United States Holocaust Memorial Council *The Liberation of the Nazi Concentration Camps 1945*. Washington 1987, S. 205, genannt.

Es ist sicherlich dem Fehlen einer umfassenderen Analyse des Problems in der Arbeit Reitlingers und einer quellenmäßigen Begründung in der Arbeit Hilbergs zuzuschreiben, daß die von ihnen genannten Zahlen keine allgemeine Anerkennung in der Literatur gefunden haben.

Die 1974 in Jerusalem veröffentlichte **Encyclopaedia Judaica** nennt für die jüdischen Opfer von Auschwitz (und zwar allein für diese) eine Zahl im Bereich von einer bis zweieinhalb Millionen.[4] In der Einleitung zu dem Buch des polnischen Emigrationshistorikers und ehemaligen Auschwitz-Häftlings **Józef Garliński** „Oświęcim walczący" [Das kämpfende Auschwitz] über die Widerstandsbewegung im KL Auschwitz schrieb **Michael Foot**, in Auschwitz seien drei Millionen Menschen gestorben.[5] Józef Garliński selbst hat sich zu der Frage erst in einem im November 1990 veröffentlichten Interview geäußert:[6] *„Ich nehme an, und ich habe die Kapazität der Gaskammern und der Krematorien untersucht, daß im KL Auschwitz-Birkenau 1,3 bis 1,5 Millionen Menschen gestorben sind."* In dem 1982 in London veröffentlichten Buch „Atlas of the Holocaust" hat der Kenner des Themas des nazistischen Genozids **Martin Gilbert** geschätzt, in Auschwitz-Birkenau seien von 1942 bis 1944 allein mehr als zwei Millionen Juden vergast worden. [7] Wenn man die von Gilbert auf den 316 Karten des Atlas vermerkten Zahlenangaben zu den Deportationen von Juden zu den einzelnen Vernichtungsorten zusammenzählt, beträgt die Zahl der nach Auschwitz Deportierten jedoch 1,1 Millionen.[8]

Eugen Kogon, einer der ersten Historiker des Systems der Nazi-Konzentrationslager, hat 1974 in einer Neuausgabe seines Buches „Der SS-Staat" geschrieben, in Auschwitz seien mindestens 3,5 Millionen und wahrscheinlich 4,5 Millionen Menschen ums Leben gekommen.[9]

Der Umstand, daß die Literatur beträchtlichen Differenzen dieser Größenordnung aufwies und daß wissenschaftliche Arbeiten zu dem Thema fehlten, stellte die Möglichkeit einer wissenschaftlichen, d.h. überprüfbaren Feststellung dieser Zahl in Frage. Und dies schuf einen Vorwand, den

---

[4] *Encyclopaedia Judaica*, Bd. 3. Jerusalem 1974, S. 855.

[5] Józef Garliński, *Oświęcim walczący* [Das kämpfende Auschwitz]. London 1974.

[6] *Chłodnym okiem. Z dr Józefem Garlińskim — prezesem Związku Pisarzy Polskich na Obczyźnie rozmawia reporter Kuriera Zachodniego Łukasz Wyrzykowski* [Mit nüchternem Blick. Mit Dr. Józef Garliński, dem Präses des Verbands Polnischer Schriftsteller im Ausland, spricht der Reporter des Kurier Zachodni Łukasz Wyrzykowski]. In: Kurier Zachodni, Nr. 78, 24.11.1990.

[7] Martin Gilbert, *Atlas of the Holocaust*. London 1982, S. 100; [deutschsprachige, seitengleiche Ausgabe, nach der im folgenden zitiert wird; d. Übers.:] Martin Gilbert, *Endlösung. Die Vertreibung und Vernichtung der europäischen Juden. Ein Atlas*. Reinbek bei Hamburg 1982, S. 100.

[8] Ebenda, Karten 115 — 276.

[9] Eugen Kogon, *Der SS-Staat*. München 1974, S. 157.

Massencharakter der in Auschwitz verübten Verbrechen zu bestreiten, was von Neonazis skrupulös ausgenutzt wurde.[10]

Eines der wichtigsten Argumente, das für eine Überprüfung der Zahl von vier Millionen Opfer von Auschwitz sprach und das gleichzeitig belegte, daß diese Zahl nicht zutreffend ist, war der Umstand, daß diese Zahl nicht mit der Bilanz der biologischen Gesamtverluste der Juden und der Verteilung auf Auschwitz und die anderen Stätten der Judenvernichtung zusammenpaßt (Hilberg nennt 5,1 Millionen[11], Gilbert die Zahl von 5,7 Millionen[12]). Denn wenn wir zu knapp vier Millionen jüdischen Verlusten für Auschwitz (die Zahl der nach Auschwitz deportierten Nicht-Juden beträgt etwa 200 000) die Verluste der anderen Vernichtungslager hinzufügen, die nach Hilberg 4,1 Millionen betragen (Treblinka, Sobibór, Bełżec, Chełmno-Kulmhof, Majdanek und andere Lager 2 Millionen, die Exekutionen der Einsatzgruppen und andere 1,3 Millionen, Verluste in den Ghettos und an anderen Orten aufgrund der unmenschlichen Lebensbedigungen 0,8 Millionen), so kommen wir auf eine Zahl von 8,1 Millionen. Diese Zahl übersteigt die Zahl der Gesamtverluste im Fall der Feststellungen von Gilbert um etwa 2,5 Millionen und im Fall von Hilbergs Feststellungen um 3,1 Millionen.

Ein Wendepunkt in den Forschungen zur Frage der Zahl der Opfer von Auschwitz war erreicht, als 1983 die Arbeit des französischen jüdischen Forschers und ehemaligen Häftlings von Auschwitz **Georges Wellers** „Ein Essai zur Bestimmung der Zahl der Toten des Lagers Auschwitz" erschien.[13] Georges Wellers analysierte die seinerzeit zugänglichen Zahlen der aus den einzelnen Ländern und Orten nach Auschwitz Deportierten und kam zu dem Schluß, daß nach Auschwitz insgesamt 1 613 455 Menschen (davon 1 433 405 Juden sowie 146 605 überwiegend polnische Häftlinge und andere) deportiert wurden, von denen 1 471 595 (davon u.a. 1 352 980 Juden und 86 675 andere, in der Mehrzahl Polen) im Lager den Tod gefunden haben.

Diese erste wissenschaftliche Arbeit zum Thema der Zahl der Opfer des

---

[10] Interview mit Robert Faurisson, der dort behauptet, in Auschwitz seien ungefähr 50 000 Menschen gestorben („Storia Illustrata" 1979, Nr. 261) und sich auf die neonazistische "National-Zeitung" (1984, Nr. 45) beruft. Diese habe zu einem Vergleich unterschiedlicher Angaben zur Zahl der Opfer von Auschwitz geschrieben, jüdische Historiker widerlegten die sowjetische Propaganda und behaupte unter Berufung auf den Internationalen Suchdienst des Roten Kreuzes in Arolsen (BRD), der Suchdienst verfüge über Angaben über 53 633 bestätigte Sterbefälle im Konzentrationslager Auschwitz. Dies ist ein typisches Beispiel für die Manipulation mit Tatsachen durch ihre selektive Darstellung.

[11] Raul Hilberg, *Die Vernichtung*, S. 811.

[12] M. Gilbert, *Endlösung*. S. 244.

[13] Georges Wellers, *Essai de détermination du nombre de morts au camp d'Auschwitz*. In: Le Monde Juif 1983, Nr. 112.

KL Auschwitz fand weder in der historischen Literatur, noch in der Publizistik eine breitere Resonanz. Die Ursache ist sicherlich darin zu suchen, daß Wellers' Feststellungen nicht wesentlich von den im Westen bereits von anderen Forschern verbreiteten Zahlen abwichen. In anderen Ländern, darunter auch in Polen, wurden jedoch entweder keine Forschungen zu dieser Frage durchgeführt, oder der seinerzeitige Forschungsstand hat es nicht erlaubt, Wellers' Feststellungen einer kritischen Analyse zu unterziehen. Im Licht der Ergebnisse der neuesten Forschungen erfordert die Untersuchung von Wellers eine Verifizierung.

Das **Staatliche Auschwitz-Museum** in Oświęcim hat verhältnismäßig spät, und zwar erst in den siebziger Jahren, Forschungen zur Frage der Zahl der Opfer begonnen.[14] Die seinerzeit durchgeführten Forschungen haben zu keinen eindeutigen Ergebnisse geführt und die Feststellungen der sowjetischen und der polnischen Ermittlungsbehörden und Gerichtsorgane weder bestätigt, noch sie in Frage gestellt.

Erneut wurden diese Forschungen **vom Verfasser der vorliegenden Arbeit** 1980 im Rahmen der Arbeiten an der Monographie des KL Auschwitz, insbesondere des Kapitels über die Vernichtung, aufgenommen. Ursprünglich war ein Versuch zur Begründung der bisherigen Feststellungen geplant. Die Analyse der zugänglichen Quellen und Veröffentlichungen zeigte jedoch, daß die Zahl der in das KL Auschwitz Deportierten auf 1,3 Millionen und die Zahl der Ermordeten und Gestorbenen auf 1,1 Millionen zu reduzieren war. Es handelte sich dabei um Mindestzahlen, die im Verlauf der weiteren Forschungen zu höheren Feststellungen führen können. Der Verfasser ist der Auffassung, daß die tatsächliche Zahl der Opfer von Auschwitz 1,5 Millionen nicht übersteigt.

Die erste Fassung der vorliegenden Arbeit hat der Verfasser im Jahre 1986 abgeschlossen. Sie wurde in der Gedenkstätte Auschwitz intern zur Rezension vorgelegt. Die in dieser Arbeit enthaltenen Feststellungen habe ich zur Einordnung der Arbeit von Wellers auf einer 1987 in Krakau von der dortigen Bezirkskommission zur Untersuchung der Naziverbrechen organisierten Konferenz verwendet. Es lag seinerzeit wahrscheinlich an Befürchtungen der Direktion der Gedenkstätte Auschwitz hinsichtlich der Frage, ob diese Feststellungen abgesichert waren, daß sie damals nicht veröffentlicht wurden. Erst nach 1989 in israelischen, amerikanischen und deutschen Zeitungen[15] erschienenen aufsehenerregenden Artikeln, in de-

---

[14] Berichte des Staatlichen Auschwitz-Museums für die Jahre 1972–1976.

[15] Yehuda Bauer, *Fighting the Distortions.* In: Jerusalem Post, 1989, Nr. 39; *1,6 Millionen Opfer sind schrecklich genug. Prof. Jehuda Bauer mahnt zum verantwortungsvollen Umgang mit der Auschwitz-Statistik.* In: Allgemeine Jüdische Wochenzeitung, 29.9.1989; Yehuda Bauer, *The Danger of Distortion. Poles and Jews alike are supplying those who deny the Holocaust with the best possible arguments.* In: The Jerusalem Post. International Edition, 30.9.1989; Peter Steinfels, *Auschwitz Revisionism, an Israeli Scholar's Case.* In: The New York Times, 12.11.1989.

nen der bekannte jüdische Historiker **Yehuda Bauer** heftig kritisierte, daß u.a. die Gedenkstätte Auschwitz weiter an der Zahl von vier Millionen Opfern festhielt, beschloß die Direktion der Gedenkstätte Auschwitz Anfang 1990 eine Korrektur bezüglich der bis dahin im Bereich von 2,8 bis 4 Millionen angegebenen Zahl der Opfer. Diese Änderung sowie der Beschluß der Kommission über die Zukunft der Gedenkstätte Auschwitz beim Ministerium für Kultur und Kunst über die Entfernung der Informationstafeln vom Mahnmals in Birkenau lösten Proteste in Kombattantenkreisen insbesondere im Ausland aus. In einem Artikel im Bulletin der **Österreichischen Lagergemeinschaft Auschwitz** unter dem Titel „Die Toten von Auschwitz" vom Juni 1990 war zu lesen:[16] *„In letzter Zeit ist eine Diskussion darüber ausgebrochen, wieviele Menschen in Auschwitz ermordet wurden. Anlaß dafür war die Entfernung der Gedenktafeln auf dem Internationalen Mahnmal in Birkenau."* Der Artikel berichtete auch über Proteste beim Polnischen Ministerium für Kultur und Kunst und der Direktion der Gedenkstätte Auschwitz u.a. von nationalen Organisationen ehemaliger Auschwitz-Häftlinge in Frankreich, Belgien, Rumänien und Österreich. Und der Artikel unterstrich, daß die wissenschaftlichen Feststellungen zur Zahl der Opfer auf den statistischen Berechnungen von Georges Wellers und Danuta Czech beruhen. Durch die Polnische Presse-Agentur und die Gazeta Wyborcza im Juli 1990 als Leiter der Historischen Abteilung der Gedenkstätte Auschwitz um eine Stellungnahme zu dieser Frage gebeten, bestätigte der Verfasser der vorliegenden Arbeit mit Vorbehalten Wellers' Feststellungen und informierte über seine eigenen Feststellungen, die Wellers' Feststellungen im Grundsatz bestätigten. Diese Informationen stießen auf eine sehr viel breitere Resonanz. Die ganze polnische Presse[17] und viele Zeitungen im Ausland[18] haben über sie berichtet. Neben zustimmenden Äußerungen zu den getroffenen Entscheidungen und übermittelten Informationen fehlte es auch nicht an kritischen Stimmen. Es

---

[16] *Auschwitz-Information.* Wien, 9. Ausgabe, Juni 1990.

[17] Jan Dziadul, *Weryfikacja historii. Ilu ludzi wymordowano w Auschwitz-Birkenau?* [Eine Verifizierung der Geschichte. Wie viele Menschen sind in Auschwitz-Birkenau ermordet worden?]. In: Polityka, 1990, Nr. 2; *O ofiarach Oświęcimia* [Über die Opfer von Auschwitz]. In: Gazeta Wyborcza, 1990, Nr. 164; Bogdan Wasztyl, *Oświęcim — liczenie ofiar* [Auschwitz — die Opfer werden gezählt]. In: Dziennik Polski, 1990, Nr. 187; Leszek Konarski, *Korekta zbrodni* [Korrektur eines Verbrechens]. In: Przeglad Tygodniowy, 1990, Nr. 32; Teresa Bętkowska, *Oświęcimia nie można zakłamać* [Auschwitz kann nicht verfälscht werden]. In: Przekrój, 1990, Nr. 2358.

[18] *Poland Fixes Death-Camp Victim Count.* In: New York Post, 18.7.1990; *Auschwitz revised.* In: The Chronicle (Maryborough, Australien), 19.7.1990; *Neue Zahlen über die Todesopfer von Auschwitz. Tafel mit Hinweis auf vier Millionen entfernt. Galinski empört.* In: Frankfurter Rundschau 1990, Nr. 164; Zahl der Auschwitz-Opfer revidiert. In: Aufbau, 3.8.1990.

wurde u.a. der Verdacht geäußert, den Entscheidungen lägen politische Implikationen zugrunde. In einem Zeitungsinterview sagte der Leiter des Archivs von Yad Vashem in Jerusalem, **Shmuel Krakowski**, er nehme die von Polen vorgenommene Änderung der Zahl der Opfer des KL Auschwitz und die Feststellung, die Mehrzahl der Opfer seien Juden, mit Befriedigung auf. Der westdeutsche Historiker **Götz Aly** schrieb in einem von der „Tageszeitung" veröffentlichten Kommentar:[19] *„Piper machte damit öffentlich, was seit Jahren unter Historikern Konsens ist. [...] Die absolute Zahl der Opfer und die annähernd genaue Bestimmung dieser Zahl relativiert Auschwitz nicht."*

Abgelehnt hat eine Korrektur der Zahl der Opfer von Auschwitz dagegen **Heinz Galinski**, der Vorsitzende des Direktoriums des Zentralrats der Juden in Deutschland, der dies als „Verhöhnung der Auschwitz-Opfer" und „Zahlen-Spekulationen" bezeichnete. Geäußert wurde auch der Vorwurf des Antisemitismus. In einem Artikel mit dem bezeichnenden Titel „Zynische Zahlenspiele" stellte **Hermann Baumann** die eindeutig klingende Frage:[20] *„Ist diese neue Zahlenspielerei nur ein abermaliger Ausdruck dafür, wie tief anti-jüdische Gefühle im polnischen Volk stecken?"*

Diesen Vorwürfen liegen offensichtlich gewisse Denkschemata und Befürchtungen hinsichtlich der außerwissenschaftlichen Folgen einer Revision der bisherigen Feststellungen zugrunde, nicht jedoch Sachkenntnis und Sorge um die historische Wahrheit. Man kann Verständnis für Befürchtungen dieser Art hegen, sie können jedoch keinen Einfluß auf den Verlauf und die Ergebnisse der Forschung haben. Ich werde mich zu diesen Stimmen nicht im Detail äußern, weil dies über den Rahmen der vorliegenden Arbeit hinausginge, und verweise statt einer eigenen Stellungnahme auf eine in der polnischen Presse zitierte polemische Äußerung von Pfarrer Doktor **Zbigniew Zieliński**, dem Präsidenten der Polnischen Historischen Gesellschaft in den Vereinigten Staaten, der festgestellt hat:[21]

---

[19] Interview mit Shmuel Krakowski. In: The Chronicle (Maryborough, Australien), 19.7.1990; Götz Aly, *Auschwitz und die Zahlen. Was Historiker längst wußten, ist jetzt öffentlich.* In: Die Tageszeitung, 18.7.1990; Götz Aly, *Auschwitz und die Leichenarithmetik.* In: Die Tageszeitung, 13.8.1990.

[20] *Verhöhnung der Auschwitz-Opfer. Polen nennt neue Zahlen.* In: Allgemeine Jüdische Wochenzeitung, 1990, Nr. 30; *Gedenktafel in Auschwitz entfernt. Galinski protestiert gegen Spekulatonen über die Zahl der im KZ Ermordeten.* In: Süddeutsche Zeitung, 19.7.1990; Hermann Baumann, *Zynische Zahlenspiele.* In: Allgemeine Jüdische Wochenzeitung, 1990, Nr. 30; Lilli Segal, *Wie leicht kann man Zahlen fälschen?* In: Die Tageszeitung, 26.7.1990; Ewa Łosińska, *Oświęcim odklamany. Komunistyczna propaganda w imię swoich celów fałszowała nawet ilość ofiar obozów zagłady* [Die Lüge von Auschwitz genommen. Die kommunistische Propaganda hat im Namen ihrer Ziele sogar die Zahl der Opfer der Vernichtungslager gefälscht]. In: Czas Krakowski, 19.7.1990.

[21] Zbigniew Zielinski, *Święta liczba czterech milionów* [Die heilige Zahl der vier Millionen]. In: Panorama, 1990, Nr. 38.

„Die tatsächlichen Schrecken des zweiten Weltkrieges dürfen nicht in Legenden verwandelt werden (...). Es darf nicht zugelassen werden, daß später die Söhne und Enkel derer, die die Schrecken des zweiten Weltkrieges überlebt haben, die böse Ernte unverantworticher und unnötiger Verzerrungen historischer Fakten einfahren. Ich bin sicher, daß der tausendjährige und unausweichliche 'Drang nach Osten' nicht vom Mythos des 'Viermillionengrabes von Auschwitz' gestoppt werden kann."

Einen ähnlichen Standpunkt nahm der **Internationale Rat der Gedenkstätte Auschwitz-Birkenau** ein. Der Rat hat im August 1990 [22] in einer Erklärung die Entfernung der Tafeln von dem Mahnmal in Birkenau und die Veränderung der Zahlenangabe begründet und in dieser Erklärung u.a. festgestellt: *„... die vor kurzem von dem Mitarbeiter der Gedenkstätte Dr. Franciszek Piper genannte Zahl der Opfer (zwischen 1 und 1,5 Millionen) bedeutet keine Änderung, sondern eine Bestätigung der bisherigen Berechnungen. In dieser Situation war es notwendig, die fehlerhaften Informationen zur Zahl der Opfer zu korrigieren. Ihre Falschheit hat die Glaubwürdigkeit des ganzen Museums in Frage gestellt und Anlaß zur Weißwaschung der Nazi-Mörder gegeben [...]. Die von manchen geäußerte Vermutung, die Änderung der Zahl der Opfer sei Ausdruck antisemitischer Manipulationen, zeigt nur das Unwissen ihrer Verfasser, beruht doch die jetzt angenommene Zahl der Opfer vor allem auf den Daten von jüdischen Historikern. Die Reduzierung der Zahl der Opfer ändert nichts an der Tatsache, daß die überwiegende Mehrzahl der Ermordeten Juden waren und führt auch zu keiner wesentlichen Reduzierung der Gesamtzahl der Opfer der Vernichtung."*

Detaillierter möchte ich dagegen auf Bedenken fachlicher und methodologischer Natur eingehen. Einer dieser methodologischen Vorbehalte ist die Behauptung, wegen des Fehlens einschlägiger Quellen sei eine zuverlässige Überprüfung der bisherigen Schätzungen nicht möglich.[23] Dieser

---

[22] *Spóźnione sprostowanie* [Eine verspätete Korrektur]. In: Dziennik Zachodni, 1990, Nr. 162.

[23] Der seinerzeitige Direktor der Gedenkstätte Auschwitz und langjährige Häftling des KL Auschwitz Kazimierz Smoleń hat festgestellt, daß die Mindestschätzzahl der Opfer (nach Wellers 1,5 Millionen) lediglich als gesichert angenommen, daß jedoch die Zahl von 4 Millionen als Obergrenze nicht ausgeschlossen werden kann. 1990 sagte er in einem Interview: „Niemand kann meines Erachtens die Zahl von vier Millionen absolut bestreiten, sie ist jedoch unwahrscheinlich." *Ile osób zginęło w Auschwitz-Birkenau? Rozmowa z Kazimierzem Smoleniem dyrektorem Państwowego Muzeum w Oświęcimiu* [Wie viele Menschen sind in Auschwitz-Birkenau gestorben? Ein Gespräch mit Kazimierz Smoleń, dem Direktor des Staatlichen Auschwitz-Museums]. In: Dziennik Zachodni, 1990. Nr. 28.

Ebenso skeptisch hat sich Józef Bogusz geäußert und festgestellt: „Ungeachtet aller Bemühungen, die Zahl der Opfer und die Zahl der Völker festzustellen, muß erkannt werden, daß die genauen Zahlen sicherlich niemals festgestellt werden können, weil die SS-Besatzung viele Spuren des Verbrechens verwischt hat." In: Przegląd Lekarski, 1990, Nr. 1, S. 201.

Vorwurf kann lediglich im Bezug auf die direkte Aktenüberlieferung des KL Auschwitz sowie seiner vorgesetzten Behörden akzeptiert werden. Er ist jedoch unbegründet, wenn es um die Akten anderer mit der Vorbereitung und der Deportation der Transporte nach Auschwitz befaßter Institutionen geht. In diesem Fall hat die langjährige Suche in Archiven in ganz Europa sehr wertvolle Ergebnisse erbracht.

Gegen die neuen Feststellungen wird auch die vollkommen entgegengesetzte Position vorgebracht, in den Archiven könnten noch weitere für das Thema wesentliche Quellen aufgefunden werden und es sei deshalb verfrüht, neue Zahlen zu veröffentlichen.[24] In diesem Zusammenhang werden insbesondere die sowjetische Archive genannt. Dabei wird jedoch nicht berücksichtigt, daß die Archivbestände in den meisten Länder bereits so weitgehend erforscht worden sind, daß wenig Wahrscheinlichkeit besteht, noch Dokumente auffinden zu können, die die bisherigen Forschungsergebnisse wesentlich ändern können. Einschlägige Dokumente — und dies haben in letzter Zeit durchgeführte archivalische Ermittlungen in sowjetischen Archiven bestätigt — können auch in sowjetischen Archiven nicht vorhanden sein; wie ehemalige Häftlinge nach der Befreiung ausgesagt und berichtet haben, sind die einschlägigen wesentlichen Dokumente während der Auflösung des KL Auschwitz von der Lagerführung vernichtet worden.

Es bleibt noch eine beträchtliche Differenz hinsichtlich der tatsächlichen Zahl der Opfer im Bereich von 1,1 bis 1,5 Millionen, angesichts derer ich die Möglichkeit einer gewissen Korrektur meiner Feststellungen in Betracht ziehe und diese meine Arbeit nicht als Abschluß der Forschungen zu dieser Frage betrachte, sondern als eine Zusammenfassung einer gewissen Etappe der Forschung.

Ich erachte diese Zusammenfassung und die Präzisierung einer Reihe von statistischen Daten zur Geschichte des KL Auschwitz nicht allein deshalb als erforderlich, weil dies der Grundsatz der Wissenschaft, nämlich die objektiv überprüfbare Wahrheit zu verkünden, sowie die anderen bereits genannten Aspekte fordern, sondern auch aus dem Grunde, daß **das Fehlen solcher Feststellungen sich negativ auf den Fortschritt der Forschungen zur Geschichte des KL Auschwitz ausgewirkt hat**[25] und zur Deformierung anderer Elemente des Wissens über dieses Konzentrationslager geführt hat. Zugleich hat das Fehlen einer dokumentierten Zahl der Opfer sowie eines klaren Bildes der Nationalitätenstruktur der Häftlinge in

---

[24] *Oświęcimska korekta — listy czytelników* [Korrektur in Auschwitz — Leserbriefe]. In: Przegląd Tygodniowy, 1990, Nr. 43.

[25] Auf diesen Aspekt des Problems der Zahl der Opfer hat bereits 1969 der damalige Vorsitzende des Rates der Gedenkstätte Auschwitz, Tadeusz Hołuj, hingewiesen und festgestellt: „Die Monographie sollte nicht veröffentlicht werden, solange nicht die vollständige Zahl der Menschen festgestellt wird, die in Auschwitz gestorben sind." Protokoll der Beratungen der VI. Sitzung des Rates der Gedenkstätte Auschwitz am 6. Mai 1969.

der polnischen Literatur, die häufig weiter massiv durch den in diesem Bereich einseitigen Erinnerungscharakter vieler Veröffentlichungen gezeichnet ist, zu einer **ungenügenden Exponierung oder gar zu einer Minimalisierung der Tragödie der Juden geführt.** Häufig ist der Begriff „Jude" durch die Bezeichnung „Bürger Polens, Italiens, Belgiens usw." ersetzt worden, während es tatsächlich um polnische, italienische oder belgische Juden ging. Gerechtfertigt wurde diese Art der Darstellung der Nationalitätenprobleme im KL Auschwitz mit Unschärfe und Diskrepanzen der Definition des Begriffs Jude im allgemeinen Sprachgebrauch und nach den nationalsozialistischen Nürnberger Gesetzen oder mit dem Willen, die Botschaft von Auschwitz stärker universal und an die ganze Menschheit gerichtet zu vermitteln, als eine Botschaft, die nicht aus der Tragödie eines oder einiger Völker hervorgeht, sondern aus der der ganzen europäischen oder sogar der Weltgemeinschaft. Eine Darstellung der Geschichte des KL Auschwitz, in dem die Juden 90 Prozent der Opfer darstellten und in einer alphabetischen Aufzählung an 28. Stelle als „palästinensische Juden" genannt wurden, mußte energischen Widerspruch sowohl von jüdischen Besuchern der Gedenkstätte Auschwitz, wie von jüdischen Lesern der in der Gedenkstätte erhältlichen Veröffentlichungen auslösen.

Andererseits **wird in Veröffentlichungen aus der Feder von jüdischen Historikern die Tatsache marginal behandelt oder ganz übergangen, daß das Konzentrationslager Auschwitz auch**, wenn auch in beträchtlich geringerem Umfang, **Ort der Ausrottung von Polen und auch anderen Nationalitäten war**. Zuweilen wird die Zahl der zuletzt genannten kraß verkleinert. So hat z.B. Reitlinger geschrieben, im KL Auschwitz seien mehr als 100 000 Nicht-Juden gewesen, er hat also die tatsächliche Zahl um die Hälfte reduziert. In Folge dieser Darstellung der Geschichte von Auschwitz in der Mehrzahl der außerhalb Polens erschienenen Veröffentlichungen ist die öffentliche Meinung im Westen fast durchgehend der Auffassung, Auschwitz sei ausschließlich Ort der Vernichtung der Juden gewesen.

Auf dem Hintergrund des Umstands, daß durchschnittliche Polen und Juden kein gemeinsames Bild des historischen KL Auschwitz haben und **daß eine zutreffende Interpretation der Bedeutung von Auschwitz in der Geschichte beider Völker aussteht, kommt es nicht selten zu Mißverständnissen, Auseinandersetzungen und gegenseitigen Anklagen**. Eines der bezeichnendsten Beispiele ist wohl der langjährige Streit um die Lokalisierung des Karmeliterinnen-Klosters in Oświęcim. Der Zusammenhang zwischen einer ungenügenden Kenntnis der Geschichte und dem Mangel an Verständnis für die aufeinandertreffenden Seiten zeigt sich deutlich akzentuiert in einem dieser Frage gewidmeten Zeitungsartikel, dessen Verfasser u.a. schreibt:[26] *„Was reizt sie (die Juden — F.P.) gerade so an*

---

[26] Awi: *Zakończony spór* [Ein abgeschlossener Streit]. In: Oświęcimski Chemik, 1990, Nr. 17.

diesem einen und einzigen Kloster in Polen, und warum zeigen sie in dieser Angelegenheit eine solche Entschiedenheit? Die in Frage gestellten bisherigen Angaben zur Zahl der Opfer von Auschwitz und die vorgestellten neuen (...) haben die große quantitative Disproportionalität im Verhältnis der Opfer der einen zu dem der anderen offengelegt: des Opfers der Juden im Verhältnis zu dem des ganzen Rests der Inhaftierten und Ermordeten. Der 960 000 jüdischen Opfer von Auschwitz, und der 75 000 polnischen Opfer (...) diese quantitative Dimension der getöteten Juden und aller übrigen muß wahrgenommen werden und muß Berücksichtigung finden (...). Es ist an der Zeit, die Auseinandersetzungen und Polemiken abzuschließen, die Fakten zu akzeptieren und die in dieser Frage getroffenen abschließenden Entscheidungen nicht in Frage zu stellen.''

Die vorliegenden Arbeit stellt sich die Aufgabe, die einschlägigen Quellen darzustellen und die Methoden, die Grundlagen und die Glaubwürdigkeit der Schätzungen zur Zahl der Opfer des KL Auschwitz einer Bewertung zu unterziehen, die im Verlauf der vergangenen 45 Jahre von Institutionen unterschiedlicher Art sowie von einzelnen Forschern durchgeführt wurden sind, und einen Versuch zu unternehmen, die Zahl der Deportierten und der Opfer im Licht der gegenwärtig zugänglichen Quellen und der Ergebnisse der neuesten Forschungen zu bestimmen.

Ich möchte der Überzeugung Ausdruck geben, daß die vorliegende Arbeit ungeachtet ihrer Unvollkommenheit ein Beitrag zum besseren Verständnis sowohl der Komplexität der Forschungen zu diesem Kapitel der Geschichte wie der Annäherung an die Wahrheit über die Tragödie der Opfer von Auschwitz ist. Ebenso habe ich die Hoffnung, daß sie eine **Verständigung aller Menschen erleichtert**, denen die Sorge um die Weitergabe der Lehren von Auschwitz und der aus der Tragödie von Auschwitz hervorgehenden moralischen Botschaft an die zukünftigen Generationen ein Anliegen ist.

In der vorliegenden Arbeit habe ich die Forschungsergebnisse vieler Forscher zitiert und genutzt — es steht außer Zweifel, daß diese Arbeit in der hier dargestellten Form niemals ohne ihre schöpferische Leistung hätte entstehen können.

Ich spreche allen meinen herzlichen Dank aus, die mir mit wertvollem Rat und Hinweisen geholfen haben, sie zu verbessern; insbesondere danke ich den wissenschaftlichen Rezensenten Dr. Stanisław Biernacki, Prof. Dr. Wacław Długoborski und Prof. Dr. Czesław Łuczak für ihre Hinweise und Vorschläge sowie für ihre Empfehlung, die Arbeit zum Druck anzunehmen.

I.

DIE ENTSTEHUNG, DIE AUFGABEN UND DIE FUNKTION DES KONZENTRATIONSLAGERS AUSCHWITZ-BIRKENAU

1. Die Entstehung und die Entwicklung des KL Auschwitz

Infolge der gezielten Tätigkeit von Institutionen des Staatsapparats des Dritten Reiches sind in den besetzten Ländern fast zwanzig Millionen Menschen ums Leben gekommen.[1] Der Vernichtungspolitik der Anhänger Hitlers lagen weitreichende Pläne zur Germanisierung Osteuropas und des Umbaus der demographischen Struktur des übrigen Teils des europäischen Kontinents zugrunde.[2] Im Zuge der Verwirklichung dieser Pläne war vorgesehen, **mehrere Völker vollständig (die Juden und die Zigeuner), und andere zum Teil (die Slawen, unter ihnen vor allem die Polen [3]) zu vernichten.** Instrument zur Realisierung dieser Pläne waren neben einem ausgebauten System von Gerichts- und Polizeiinstitutionen die Konzentrationslager und die Stätten zur sofortigen Vernichtung, die Vernichtungslager. In ihrer alltäglichen Praxis waren die Konzentrationslager zugleich ein mächtiges Terrorinstrument gegen die Völker des besetzten Europa; in der Endphase des Krieges wurde in den Konzentrationslagern auch die Sklavenarbeit von mehreren hunderttausend Menschen ausgebeutet.[4]

---

[1] Nach Pilichowski starben in den Ländern der Anti-Hitler-Koalition an den Folgen des Terrors der Nazis mehr als 18 Millionen Menschen. Czesław Pilichowski, *Es gibt keine Verjährung*. Warschau 1980, S. 189.

[2] Alan Bullock. *Hitler*. Eine Studie über Tyrannei. Hamburg 1964, Bd. 2, S. 739 f.

[3] Czesław Madajczyk, *Faszyzm i okupacje 1938–1945* [Faschismus und Okkupationen 1938–1945], Bd. I. Warschau 1983, S. 703–728, Kapitel „Die Planung und Verwirklichung der 'Neuordnung' der Bevölkerungsstruktur im besetzten Europa".

[4] Im September 1939 befanden sich in sechs nationalsozialistischen Konzentrationslagern 21 400 Häftlinge. Bis Ende 1944, Anfang 1945 war die Gesamtzahl der Konzentrationslager und Nebenlager auf etwa 900 mit etwa 700 000 Häftlingen

Das größte dieser Konzentrationslager war das Konzentrationslager Auschwitz-Birkenau, das als Verbindung dieser beiden Arten der Vernichtungslager bezeichnet werden kann.

Das KL Auschwitz wurde ab Mai 1940 auf Initiative der regionalen Polizeibehörden in Schlesien aufgebaut [5], wo ab Beginn der Okkupation **Massenverhaftungen unter der polnischen Bevölkerung** durchgeführt wurden und die Haftstätten so überfüllt waren, daß keine weiteren Verhafteten aufgenommen werden konnten. Auch in den anderen Teilen Polens stieß der nationalsozialistische Polizeiapparat auf ähnliche Probleme. Die ersten Häftlinge des Konzentrationslagers wurden deshalb aus dem Gebiet des sogen. Generalgouvernements nach Auschwitz gebracht. Das KL Auschwitz sollte schnell aufnahmefähig gemacht werden, es wurde deshalb ausgeschlossen, das Konzentrationslager von Grund auf aufzubauen, und man plante, bereits bestehende Objekte entsprechend umzubauen. Eines der in Betracht gezogenen Objekte war die von der Wehrmacht genutzte Kaserne in der Vorstadt Zasole von Oświęcim (Auschwitz). Erste Umbauarbeiten begannen noch im Mai 1940 mit 30 zu diesem Zweck aus dem Konzentrationslager Sachsenhausen nach Auschwitz gebrachten deutschen Häftlingen und 200 bis 300 Juden aus der Stadt Oświęcim.[6] Anfänglich umfaßte das Konzentrationslager neben der Kaserne aus der Vorkriegszeit auch in der Nähe stehende Wirtschaftsgebäude. Die in der Umgebung des Lagers wohnende Zivilbevölkerung wurde in mehreren Schritten ausgesiedelt, und mit der Zeit unterstand der Verwaltung des KL Auschwitz schließlich ein 40 km^2 umfassendes Gebiet.

Im Oktober 1941 wurde auf Anweisung Himmlers damit begonnen, auf dem Gebiet des ausgesiedelten Dorfes Brzezinka ein neues Lager mit einer geplanten Aufnahmefähigkeit von zunächst 100 000 und später 200 000 Menschen zu bauen: Birkenau.

1943 umfaßte das KL Auschwitz neben dem Stammlager Auschwitz und dem Lager Birkenau etwa 15 Nebenlager. Wegen der mit der Verwaltung

---

gestiegen. Martin Broszat, *Nationalsozialistische Konzentrationslager 1933–1945.* In: *Anatomie des SS-Staates*, Bd. 2. Olten und Freiburg im Breisgau 1965, S. 96.; *Trials of War Criminals before the Nuernberg Military Tribunals*, Vol. 5. Washington 1950, S. 96 (weiter: Trials).

[5] Zur Entstehung des KL Auschwitz vgl. umfassend: Alfred Konieczny, *Bemerkungen über die Anfänge des KL Auschwitz*. In: Hefte von Auschwitz 12, 1971, S. 5–44.

[6] Die grundlegenden Daten zur Geschichte des Konzentrationslagers Auschwitz verzeichnet Danuta Czech, *Kalendarz wydarzeń w obozie koncentracyjnym Oświęcim-Brzezinka* [Kalendarium der Ereignisse im Konzentrationslager Auschwitz-Birkenau], das zuerst in Zeszyty Oświęcimskie, Nr. 2 bis 4, 6 und 7, Oświęcim 1958–1963, bzw. dann in deutsch: *Kalendarium der Ereignisse im Konzentrationslager Auschwitz-Birkenau,* Hefte von Auschwitz, Nr. 2 bis 4, 6 bis 8, Oświęcim 1959–1964, veröffentlicht wurde. Korrigierte und ergänzte Ausgabe, nach der im folgenden überwiegend zitiert wird: Danuta Czech, *Kalendarium der Ereignisse im Konzentrationslager Auschwitz-Birkenau.* Reinbek bei Hamburg 1989 (weiter: *Kalendarium*).

dieses ausgedehnten Lagerkomplexes verbundenen Probleme wurde das KL Auschwitz am 22. November 1943 in drei eng miteinander verbundene Lagerbereiche aufgegliedert: in das Konzentrationslager Auschwitz I (das Stammlager), in das Konzentrationslager Auschwitz II (das Lager Birkenau und die Nebenlager bei den landwirtschaftlichen Betrieben) und in das Konzentrationslager Auschwitz III (die übrigen, überwiegend bei Industriebetrieben angelegten Nebenlager; der Sitz der Kommandantur von Auschwitz III befand sich im Nebenlager Buna-Monowitz). Dieser Aufteilung entsprach in groben Zügen die Aufteilung der Funktionen der einzelnen Bereiche: **Auschwitz I** versorgte die zentralen Verwaltungs- und Wirtschaftseinrichtungen des ganzen Lagerkomplexes Auschwitz und die Firmen der SS. **Auschwitz II** war das Vernichtungszentrum und diente als Ort der vorübergehenden Verwahrung von Arbeitskräften, und in **Auschwitz III** waren die Häftlinge zusammengefaßt, die vor allem in Privatunternehmen und Staatsbetrieben in Oberschlesien eingesetzt waren.

2. Der Vernichtungsprozeß

In den ersten beiden Jahren des Bestehens des KL Auschwitz wurde die Vernichtung vor allem durch **Hunger** und **Arbeit** bewirkt.[7] Nicht ohne Bedeutung waren zu dieser Zeit auch **Einzelmorde**, wenn sie auch im Grunde als Instrument zur Aufrechterhaltung von drakonischer Disziplin und absolutem Gehorsam wirken sollten. Wie effektiv diese konventionellen Vernichtungsmethoden waren, zeigt am deutlichsten das Schicksal der zehntausend sowjetischen Kriegsgefangenen, die im Oktober 1941 nach Auschwitz gebracht wurden. Nach fünf Monaten Hunger, schwerer Arbeit, Mord und Totschlag waren — nach dem Stand am 1. März 1942 — noch 945 von ihnen am Leben.

Am **28. Juli 1941 wurde im Lager die erste Selektion von Kranken und Invaliden durchgeführt,** bei der 575 Häftlinge zum Tod in der Gaskammer der Euthanasieanstalt Sonnenstein bestimmt wurden. Kurze Zeit später wurden Versuch unternommen, zur Tötung **Gifte** einzusetzen, die **den Häftlingen injiziert** wurden, um ihren Tod herbeizuführen. Festgestellt wurde schließlich, daß die Einspritzung von Phenol direkt in das Herz am schnellsten zum Tode führt, und diese Mordmethode wurde seitdem im Häftlingskrankenbau praktiziert.[8]

---

[7] Vgl. umfassend: Franciszek Piper, *Zatrudnienie więźniów KL Auschwitz. Organizacja pracy i metody eksploatacji siły roboczej* [Der Arbeitseinsatz der Häftlinge des KL Auschwitz. Die Organisation der Arbeit und die Methoden zur Ausbeutungs der Arbeitskraft]. Oświęcim 1981 (weiter: *Zatrudnienie*).

[8] Zur Rolle der Häftlingskrankenbaureviere und des ärztlichen Dienstes des Konzentrationslagers bei der Ausrottung der Häftlinge vgl. Danuta Czech. *Die Rolle des Häftlingskrankenbaulagers im KL Auschwitz II*. In: Hefte von Auschwitz 15, Oświęcim 1975, S. 5–112; Irena Strzelecka, *Rozwój szpitali*

Im August und im September 1941 wurden in Block 11 mehrere Versuche zur Tötung von Menschen mit dem Gas Zyklon B (Zyanwasserstoff) durchgeführt, das bis dahin zur Desinsektion verwendet worden war. Auf die gleiche Weise wurden in der entsprechend hergerichteten Leichenhalle bei dem Krematorium I im Stammlager eine gewisse Zahl von Transporten mit sowjetischen Kriegsgefangenen getötet.

Im ersten Halbjahr 1942 wurden in Birkenau in zwei Häusern ausgesiedelter Bauern **provisorische Gaskammern** mit einer Aufnahmefähigkeit von 800 bzw. 1 200 Menschen in Betrieb genommen. Die Leichen der mit Gas getöteten Menschen wurden bis September 1942 in Massengräbern vergraben und später unter freiem Himmel verbrannt. **Zwischen dem 22. März und dem 25. Juni 1943 wurden in Birkenau vier moderne Gaskammern und Krematorien in Betrieb genommen**, die die bis dahin zur Vergasung benutzten „Bunker" ablösten. Die offizielle „Kapazität" der vier Krematorien betrug 4 416 Leichen pro Tag [9]; weil die Verbrennungszeit verkürzt wurde und weil die Knochen nicht bis zur vollständigen Kremierung verbrannt wurden, ist die Kapazität dieser Anlagen jedoch faktisch auf etwa 8 000 Leichen erhöht worden. Ab 1942 starb die Mehrzahl der Opfer von Auschwitz in den Gaskammern. Es waren vor allem Juden, die ab den ersten Monaten des Jahres 1942 im Rahmen der Aktion zur vollständigen Vernichtung der Juden in Europa nach Auschwitz deportiert wurden. Deportiert wurden ganze Familien, wurden Männer, Frauen und Kinder. Die Juden wurden sofort nach dem Eintreffen in Auschwitz zuerst sporadisch und ab dem 4. Juli 1942 regelmäßig einer Selektion unterzogen, die vorwiegend von SS-Ärzten durchgeführt wurde. Diese wählten aus den neu eingetroffenen Menschen die Jungen, Gesunden und Arbeitsfähigen, aus, während die Übrigen, darunter fast alle Kinder, direkt zu den Gaskammern geschickt wurden. Die am Leben gelassenen Arbeitsfähigen wurden in den Baracken des Lagers untergebracht und registriert. Nach dem Ablauf einer Quarantänezeit wurden sie bei Arbeiten innerhalb des Lagerbetriebs bzw. in Industriebetrieben (darunter in Kohlengruben und Rüstungsbetrieben) eingesetzt. Die in Industriebetrieben außerhalb von Auschwitz eingesetzten Häftlinge wurden in die bei den Arbeitsstellen eingerichtete Nebenlager verlegt. Bei längerer Krankheit oder bei Körperbeschädigung wurden sie nach Auschwitz-Birkenau zurückgeschickt.

Die nichtjüdischen Häftlinge wurden einer solchen Selektion bei der Einlieferung nicht unterzogen und in der Regel alle registriert. In der Zeit von Juli 1941 bis April 1943 unterlagen sie ebenso wie die Juden den

---

obozowych w Oświęcimiu-Brzezince [Die Entwicklung der Häftlings-Krankenbaureviere in Auschwitz-Birkenau]. In: Przegląd Lekarski 1984, Nr. 1, S. 84–88; Irena Strzelecka, *Pierwszy szpital obozowy w Brzezince* [Das erste Häftlings-Krankenbaurevier in Birkenau]. In: Przegląd Lekarski 1984. Nr. 1, S. 88–93.

[9] D. Czech, *Kalendarium*, S. 533. (vgl. Seite 24).

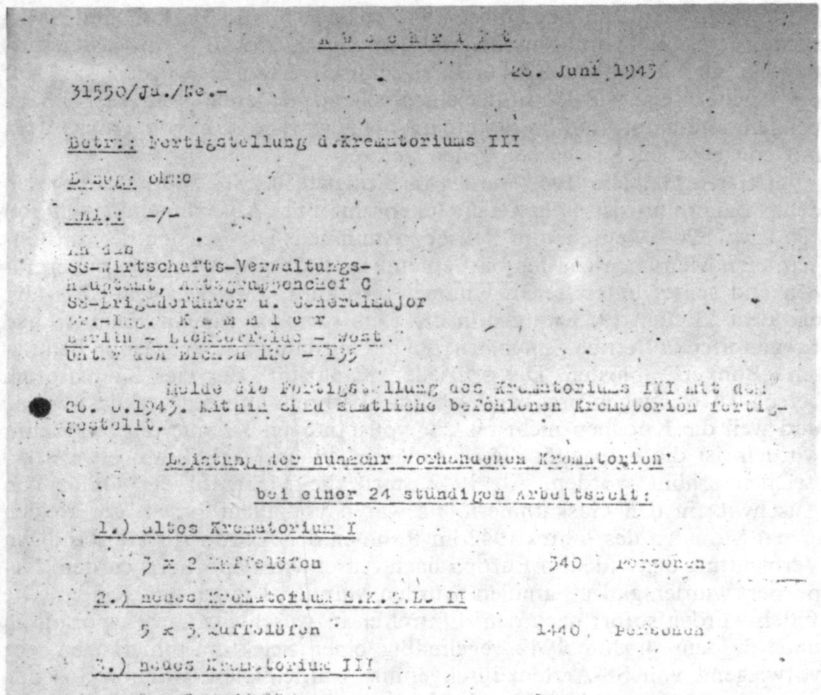

Abschrift

28. Juni 1943

31550/Ja./Ne.-

Betr.: Fertigstellung d. Krematoriums III

Bezug: ohne

Anl.: -/-

An das
SS-Wirtschafts-Verwaltungs-
Hauptamt, Amtsgruppenchef C
SS-Brigadeführer u. Generalmajor
Dr.-Ing. K a m m l e r
Berlin - Lichterfelde - West.
Unter den Eichen 126 - 135

Melde die Fertigstellung des Krematoriums III mit dem 26. 6.1943. Mithin sind sämtliche befohlenen Krematorien fertiggestellt.

Leistung der nunmehr vorhandenen Krematorien
bei einer 24 stündigen Arbeitszeit:

1.) altes Krematorium I		
3 x 2 Muffelöfen	340	Personen
2.) neues Krematorium i.K.G.L. II		
5 x 3 Muffelöfen	1440	Personen
3.) neues Krematorium III		
5 x 3 Muffelöfen	1440	Personen
4.) neues Krematorium IV		
8 Muffelöfen	768	Personen
5.) neues Krematorium V		
8 Muffelöfen	768	Personen
Insges. bei 24 stündiger Arbeitszeit	4 756	Personen

Verteiler:
Akt - Janisch
" - Kirschneck
Registratur K.G.L.BW.30

Der Leiter der Zentralbauleitung
der Waffen-SS und Polizei Auschwitz

gez.: Jährling

SS-Sturmbannführer

Für die Richtigkeit der Abschrift: (signature)

Schreiben des Leiters der Zentralbauleitung der Waffen-SS und Polizei Auschwitz an Kammler mit Angaben über die Tagesleistung der Krematorien : „4 756 Personen". APMO: BW 30/42, Bl. 2 (Kopie der Abschrift); das Original der Abschrift befindet sich im Archiv Domburg, BRD, Signatur ND 4586.

KL. Auschwitz II. A r b e i t s e i n s a t z für den 22. A u g u s t 1944

Kdo.Nr.	Arbeitskommando	Arb.Ort	Post.	Fach-Arb.	Hilfs-Arb.	Fach-Arb.	Hilfs-Arb.
	Lagerzwecke:						
201-B.	1. ϟϟ-Küche	ϟϟ-Unterk.	–	6	4		
202-B.	ϟϟ-Kartoffelschäler	ϟϟ-Unterk.	–	–	50	6	54
	5. Häftl. Küche	Lager	–	39	29		
203-B.	Lebensmittelmagazin	Lager.	–	–	20		
	Lebensmittellager	Lager	–	–	5	39	54
	6. Kartoffelschäler	Lager	–	1	73	[illegible]	73
	7. Häftl. Schneiderei	Lager	–	92	19	92	19
	8. Häftl. Schuhmacherei	Lager	–	82	42	82	42
	9. Häftl. Effektenkammer	Lager	–	61	112	61	112
	10. Häftl. Kammer	Lager	–	4	65	[illegible]	65
	11. Pflegerpersonal	Lager	–	126	146		
	Häftl. Krankenbau Unterk.	Lager	–	1	11		
	Entlausungskdo	Lager	–	–	12	127	169
	12. Blockpersonal	Lager	–	21	206	21	206
	13. Leichenkommando	Lager	–	–	6	–	6
	15. Büros: Häftl. Schreibstube	Lager	–	11	17		
	Arbeitseinsatz	Lager	–	9	8		
	Polit. Abtlg.	Lager	–	3	30		
	Postpaketstelle	Lager	–	–	10		
	Läufer	Lager	–	–	2	23	67
			–			456	867
	Lagerwirtschaft:						
	4. Häftl. Wäscherei	Lager	–	–	48	–	48
	5. Aufräumungskdos:						
	Reiniger Wachstube	Lager	–	–	2		
	Reiniger Blockführerstube	Lager	–	–	8		
	Lagerinstandsetzung	Lager	–	–	31		
208-B.	Reiniger Kommandantur KL. II.	Kommdtr.	–	1	10		
209-B.	Abortreiniger	ϟϟ-Unterk.	–	–	15		
210-B.	Reiniger Kläranlage I.	Lager	–	–	5		
	Grasmäher	Lagerber.	–	–	8		
213-B.	Unterkunftsverwaltung	Lager	–	3	43	4	122
	7. Transportkdos:						
214-B.	Rollkommando	Lager	–	–	72		
	Holzhof	Lager	–	–	38		
	Lebensmitteltransport	Lager	–	–	3		
215-B.	Kartoffeleinmieter	Lager	–	–	200	–	313
	8. Sicherheitskdos:						
	Feuerwehr	Lager	–	–	23		
216-B.	Wasserpumpen	Lager	–	8	2		
217-B.	Elektriker-Verwaltung	Lager	–	18	3		
219-B.	Kanalreiniger	Lager	1	–	100		
220-B.	Installateure-Verwaltung	Lager	–	11	2	35	130
	9. Wirtschaftsbetriebe der Verwaltung:						
	Häftl. Kantine	Lager	–	4	2		
218-B.	ϟϟ-Frisöre	ϟϟ-Unterk.	–	11	–	15	2
			1			54	615
	Amtsgruppe C. Kriegswichtige Zwecke: Baumassnahmen ausser des Lagers:						
129-B.	Vorflutgraben Nr. 13.	Rabitz	9	–	200		
130-B.	Dränage-Vorflutgraben	Plawy	10	2	198		
134-B.	Entladekdo	b.d.Dachpf.	5	–	40		
			24			2	438
	Übertrag:		25			512	1320

Meldung über den Arbeitseinsatz des KL Auschwitz II (Birkenau) für den 22. August 1944 (Männer). Das Dokukument nennt auf Seite 3 die Gesamtzahl der an diesem Tag im Lager Birkenau befindlichen Häftlinge — 19 587 — und verzeichnet u.a. den Umfang — 874 Häftlinge — der Tag— und der Nachtschicht der vier Krematorien und Gaskammern (Heizer Krematorien). APMO: D-AuII-3a/38, Inventarnummer 107364.

Lo.Nr.	Arbeitskommandos	Arb.Ort.	Post.	Fach-Arb.	Hilfs-Arb.	Fach-Arb.	Hilfs-Arb.
	Übertrag:		25			512	1920
	Amtsgruppe C. Kriegswichtige Zwecke:						
	Baumassnahmen im Standort:						
101-B.	Entladekommando B I u. II	Lager	–	–	30		
102-B.	Luftwaffenbergepark – Best	Lager	–	6	294		
103-B.	Mütterheim Truppenlazarett	Lager	–	–	20		
104-B.	Strassenbau B II	Lager	–	2	20		
105-B.	Bauleitungsmagazin	Lager	–	5	21		
106-B.	Dachdeckerkommando	Lager	–	39	27		
107-B.	Barackenausbau B II Zimmerer	Lager	–	107	118		
108-B.	Neutrale Zone	Lager	–	–	15		
109-B.	Kiesgrube	Lager	–	–	100		
110-B.	Allgemeine Elektriker	Lager	–	26	4		
111-B.	Bahnbüro KL. II	Lager	–	29	4		
112-B.	Planierungskommando	Lager	–	10	112		
113-B.	Strassenbau B II Maurer	Lager	–	1	19		
114-B.	Baukolonne KL. II	Lager	–	179	52		
115-B.	Baukommando B I u. II	Lager	–	65	55		
116-B.	Truppenlazarett Planierer	Lager	–	–	200		
117-B.	Gleisanschluß KL. II	Lager	5	6	204		
118-B.	Entladekdo. a. d. Rampe	Lager	–	–	70		
119-B.	Strassenbau Effektenlager	Lager	–	2	58		
121-B.	Truppenlazarett Strassenbau	Lager	–	1	49		
122-B.	Kläranlage B I u. II	Lager	–	1	219		
123-B.	Truppenlazarett Gehl. u. Schw.	Lager	–	9	5		
124-B.	Barackenausbau B II Hilfsarb.	Lager	–	–	50		
126-B.	Strassenverbreiterung zw. I u. II	"	–	–	200		
127-B.	Truppenlazarett Schachtkommando	Lager	–	–	140		
			5			486	2144
	Firmen im Auftrage der Bauleitung:						
351-B.	Fa. Ansat Kanalisation B II	Lager	–	11	29	11	29
352-B.	Fa. Lenz Strassenbau b.d.Kartflgh.	"	–	2	98		
353-B.	Fa. Lenz Kommandantur KL. II	Kmdtr.	–	1	80		
359-B.	Fa. Lenz Lebensmittelmagazin	Lager	–	–	100	3	278
354-B.	Fa. Riedel Strassenbau KL. II	Lager	–	2	153		
361-B.	Fa. Riedel Strassenbau KL. II	Lager	–	2	98		
372-B.	Fa. Riedel Strassenbau B I/b (F.L.)	"	–	–	150	4	401
355-B.	Fa. Brand Kanalisation B II	Lager	–	31	169	31	1[illegible]
356-B.	Fa. Deutsche Bau A.G. b. Kläranl. II	"	–	11	69	11	69
357-B.	Fa. Richter Brunnenbau	Lager	–	5	10	5	1[illegible]
358-B.	Fa. Keil Splittergrabenkdo.	Raisko	4	19	11	19	11
360-B.	Fa. Anhalt Barackenausbau B II	Lager	–	30	50	30	50
362-B.	Fa. Hirt Kanalisation B II	Lager	–	9	26	9	26
363-B.	Fa. Huta Barackenausbau B II	Lager	–	–	50	–	50
364-B.	Fa. Continent. Wasserwerksges.	Lager	–	7	143	7	143
365-B.	Fa. Wagner Strassenbau B II	Lager	–	–	100	–	100
368-B.	Fa. Spirra Brunnenbau	Babitz	2	5	3		
369-B.	Fa. Spirra Brunnenbau	Lager	–	7	1		
371-B.	Fa. Spirra Brunnenbau	Raisko	2	1	7	13	11
370-B.	Fa. Falk Barackeninstallation	Lager	–	9	2	9	2
			8			152	1349
	Rüstungsbetriebe:						
301-B.	DAW. Zerlegebetriebe – Ost	Lager	–	405	910	405	910
302-B.	D.A.W. Flechterei u. Weberei	Lager	–	56	114		
303-B.	D.A.W. Schlosser	Lager	–	3	–		
304-B.	D.A.W. Handwerker	Lager	–	11	4	70	18
						475	1028
	Übertrag:		38			1625	644:

107364

Syg. D-Au II-3a /38

Lfd.Nr.	Arbeitskommandos		Arb.Ort.	Post.	Fach-Arb.	Hilfs-Arb.	Fach-Arb.	Hilfs-Arb.
	Übertrag:			38			1625	6441
	SS-Dienststellen - Verwaltung:							
51-B.	Baubetriebsdienststellen		Lager	–	55	42	55	42
52-B.	Aufräumungskdo. Auschw. I.		Auschw.	–	–	3oo		
53-B.	Aufräumungskdo. Auschw. II.	E.Entw.	"	–	–	35o		
54-B.	Aufräumungskdo. Auschw. II.	a.d.R.	Lager	–	–	2oo		
55-B.	Resenwarensammlerkdo.	a.d.R.	Lager	–	–	4o		
56-B.	Rollkommando	a.d.R.	Lager	–	–	4o	–	93o
57-B.	Heizer Krematorium I.	Tag	Lager	2	2	1o9		
57-B.	Heizer Krematorium I.	Nacht	Lager	3	–	1o4		
58-B.	Heizer Krematorium II.	Nacht	Lager	3	–	11o		
58-B.	Heizer Krematorium II.	Tag	Lager	3	–	11o		
59-B.	Heizer Krematorium III.	Tag	Lager	2	1	1o9		
59-B.	Heizer Krematorium III.	Nacht	Lager	3	–	1o9		
6o-B.	Heizer Krematorium IV.	Nacht	Lager	3	–	11o		
6o-B.	Heizer Krematorium IV.	Tag	Lager	3	1	1o9	4	87o
				22			59	1842
	Amt W. 5 Landwirtschaft (aussen):							
1-B.	[illegible]		Lager	5	–	5o		
2-B.	Schilfmäher Brzeszcze		Brzeszcze	4	–	3o		
3-B.	Kompostierung I.		Plawy	3	–	2o		
4-B.	Kompostierung II.		Lager	5	–	6o		
				17			–	16o
	Gesamt:			77			1684	8443

Beschäftigte:		B II/a.	B II/d.	B II/B.	B II/f.	B II/g.	
a) Facharbeiter	M.	19	1524	21	59	61	
b) Hilfsarbeiter	M.	33	7748	74	133	455	
		52	9272	95	192	516	1o 127

Nicht arbeits u. einsatzfähige Häftlinge:		B I/a.	B II/a.	B II/d.	B II/e.	B II/f.	
1. Stationäre u. Sch. Kr.	M.	–	577	192	–	1689	
2. Invaliden	M.	–	–	133	–	–	
4. Knaben bis 14 Jahre	M.	171	384	171	4	–	
Zwill. f. Versuchsw.	M.	–	–	–	–	49	
Häftl. f. Versuchsw.	M.	–	–	–	–	82	
6. Vorbereitung zum Transp.		–	1ooo	9	–	–	
		171	1961	505	4	182o	4 461

Unbeschäftigte:							
2. Arztmelder	M.	–	–	7o	–	–	
3. Vernehmung	M.	–	1o	9	–	–	
4. Überstellung n. Natzweiler		–	–	1ooo	–	–	
Überstellung n. Natzweiler		–	–	1ooo	–	–	
6. Zugangsquarantäne	M.	–	2311	–	468	–	
7. Zugang	M.	–	–	–	131	–	
		–	2321	2079	599	–	4 999

Insgesamt: 19 587

Abteilung III a:

Abschrift.

Der Reichsführer-SS und Chef der Deutschen Polizei
SS-Wirtschafts - Verwaltungshauptamt

Amtsgruppe D - Konzentrationslager -
Fernsprecher: Sammel-Nr. 3171

Oranienburg b.Berlin, den 7.Mai 1943

Diktatzeichen:
D II/1 14/2 Ma./F.

Betrifft: Einsatz von Häftlingen

Bezug: Besprechung am 4. ds.M. in Schwientochlowitz O/S.

An die
"OSMAG"
Oberschlesische Maschinen- und Waggonfabrik AG
Werk Eintrachthütte

Schwientochlowitz 2 O/S.

Ich bestätige hiermit die am 4. ds.M. in Schwientochlowitz O/S mit Herrn Dir. Gömmer geführte Besprechung über den Einsatz von Häftlingen in Ihrem Werk wie folgt:

1.) Unterbringung

Die für den Einsatz insgesamt vorgesehenen 1.000 Häftlinge werden in dem beim Werk befindlichem, besichtigtem Lager, welches zu Zeit noch mit Juden belegt ist, untergebracht. Die besichtigten Baracken werden von den dort untergebrachten Juden freigemacht, entwest und gesäubert. Mit dem Einsatz der Häftlinge soll ab 1. Juni 1943 begonnen werden. Sie werden dem Kommandanten des Konzentrationslagers Auschwitz, SS-Obersturmbannführer Höß, dem das Arbeitslager unterstellt wird, einen Lageplan des jetzigen Lagers übersenden, damit die erforderlichen Änderungen und der Verlauf des Sicherungszaunes festgelegt werden können.
Da die jetzt vorhandenen Baracken für die Unterbringung der Gesamtzahl von 1.000 Häftlingen nicht ausreichen werden, ist die Erweiterung und Aufstellung von einer oder zwei weiteren Baracken erforderlich. Die Erweiterung kann mit Häftlingen, soweit Fachkräfte dafür nicht erforderlich sind, durchgeführt werden.
Am 1. Juni 1943 soll die Abstellung eines Häftlingsvorkommandos erfolgen.
Die für die Unterbringung benötigten Geräte, wie Betten, Stroh-

b.w.!

Schreiben des Chefs des Amtes Arbeitseinsatz des SS-WVHA, Maurer, an den Rüstungsbetrieb Eintrachtshütte in Schwientochlowitz (Swietochlowice), mit dem die vorher verabredeten Bedingungen der Nutzung von Häftlingen des KL Auschwitz bestätigt wurden. In Punkt vier wird festgestellt, daß die Firma lediglich für die arbeitenden Häftlinge bezahlen wird und daß die kranken Häftlinge jeweils gegen arbeitsfähige Häftlinge aus dem KL Auschwitz ausgetauscht werden. Diese Klausel war eine der Ursachen für die beschleunigte Vernichtung der ausgebeuteten Häftlinge. APMO: Mikrofilm Nr. 29/364-366.

98a

säcke, Schränke, Tische, Schemel, Decken usw. sowie die gesamte Kücheneinrichtung mit Küchengeräten und Eßgeschirr werden von Ihnen gestellt.
Die Kosten für die Schaffung der erforderlichen Sicherungsmaßnahmen sowie die sonstigen Aufwendungen, wie Heizung, Beleuchtung, Wasser und die laufenden Unterhaltungskosten des Arbeitslagers werden von Ihnen getragen. Die erforderlichen Kontingente stellen Sie.

2.) Bekleidung
Die Kosten der Bekleidung der Wachmannschaften und der Häftlinge sowie deren Instandhaltung und Reinigung werden vom Konzentrationslager Auschwitz getragen.

3.) Verpflegung
Die Verpflegung der Wachmannschaften und der Häftlinge bezahlt die Verwaltung des KL Auschwitz. Die Zubereitung der Verpflegung sowie die Zurverfügungstellung der Kontingente sind Angelegenheit des KL Auschwitz. Als Häftlingsküche soll die zur Zeit für die dortigen Wachmannschaften und für die zivilen Arbeitskräfte benutzte Küche Verwendung finden. Sie muß in Anbetracht der hohen Belegung des Lagers erweitert werden. Dieses soll dadurch erfolgen, daß in dies Küche die zur Zeit noch in der Judenküche vorhandenen Kochkessel aufgestellt werden. Es ist vorgesehen, daß sich die SS-Wachmannschaften in Ihrer Werkkantine mitverpflegen.

4.) Entgelt
Das tägliche Entgelt für die dort zum Einsatz kommenden Häftlinge beträgt:

RM 6.- für einen Facharbeiter und
RM 4.- für einen Hilfsarbeiter.

Die in der Küche und in der Unterkunft für die Zubereitung der Verpflegung und für die Instandhaltung der Unterkünfte eingesetzten Häftlinge werden gleichfalls zu diesen Sätzen berechnet. Ohne Berechnung bleiben die kranken Häftlinge, die nicht zur Arbeit eingesetzt werden können sowie die mit der Instandhaltung der Bekleidung der Wachmannschaften und der Häftlinge beschäftigten Kräfte. Die kranken Häftlinge, die nicht wieder zur Arbeit eingesetzt werden können, werden gegen arbeitsfähige Häftlinge aus dem KL Auschwitz jeweils ausgetauscht.
Es werden in der Hauptsache Hilfsarbeiter abgestellt, da Facharbeiter nicht zur Verfügung stehen. Das KL Auschwitz ist jedoch bemüht, Ihnen auch einige Facharbeiter (Schlosser usw.), die als

Blatt 2

Blatt 2 29

Vorarbeiter Verwendung finden sollen, mit zu überstellen, soweit derartige Fachkräfte im KL Auschwitz vorhanden sind.

5.) Sonstiges

Das KL Auschwitz trägt außerdem die Kosten für die ärztliche Betreuung der Wachmänner und der Häftlinge, die Beschaffung der Arzneimittel, die Krankenhauskosten usw. Die Kosten für den An- und Abtransport zum bezw. vom Arbeitslager werden ebenfalls vom KL Auschwitz getragen.-

SS-Hauptsturmführer Schwarz wird sich nach Vorliegen des an das KL Auschwitz zu übersendenden Planes mit dem für die Führung des Arbeitslagers vorgesehenen SS-Angehörigen nach Schwientochlowitz begeben, um die weiteren Einzelheiten für die Schaffung der Drahtsicherung und für den Zeitpunkt des Antransportes des Vorkommandos festzulegen.-

Ichhatte Sie gebeten, mir für das FKL Ravensbrück bei Fürstenberg i.Meckl. 1o Frauen oder Mädchen Ihres Betriebes zur Verfügung zu stellen, die sich als Aufseherinnen eignen. Es wird sich SS-Obersturmführer Bräuning vom FKL Ravensbrück mit Ihnen Anfang Juni ds.J. in Verbindung setzen, um den infrage kommenden Frauen Ihres Betriebes Einzelheiten über den Einsatz als Aufseherinnen mitzuteilen.-

Ich bitte um Bestätigung dieser Vereinbarungen.

Heil Hitler!
Der Chef des Amtes D II

/-/ gez. M a u r e r
SS-Obersturmbannführer

innerhalb des Lagers durchgeführten Selektionen, bei denen schwache und nicht arbeitsfähige Häftlinge ausgesondert und anschließend mit Phenolspritzen bzw. in den Gaskammern getötet wurden. Selektionen von Nicht-Juden waren jedoch seltener und wurden weniger rigoros durchgeführt.

Das Konzentrationslager Auschwitz war also Haftstätte und Ort der allmählichen Vernichtung von registrierten Häftlingen unterschiedlicher Nationalität unter Bewahrung eines u.a. durch die Ausstellung von Sterbeurkunden hergestellten Anscheins von Legalität, und zum anderen Ort des Massenmords vor allem an Juden aus ganz Europa, die in ihrer Mehrzahl formal nicht als Häftlinge registriert wurden, die nicht mit einer Häftlingsnummer gekennzeichnet wurden und für die auch keine Sterbeurkunden ausgestellt wurden.

Formal gesehen stellte Auschwitz-Birkenau also die Verbindung eines Konzentrationslagers (in der Art des KL Dachau oder des KL Groß-Rosen usw.) und eines Massenvernichtungslagers (wie Treblinka oder Sobibór) dar. In der Praxis waren beide Funktionen jedoch eng miteinander verzahnt, so daß wir im Grunde von der Herausbildung einer neuen dritten Kategorie von Vernichtungslagern [10] sprechen können, in denen parallel die sofortige Vernichtung — vor allem in den Gaskammern — und die schrittweise Vernichtung — durch Hunger und schwere Arbeit — durchgeführt wurde.

Die Hauptfunktion des Konzentrationslagers Auschwitz war während der ganze Zeit seines Bestehens die Vernichtung der nach Auschwitz deportierten Menschen. Dies ergab sich sowohl aus den Grundlagen der nationalsozialistischen Politik gegenüber den slawischen Völkern und den Juden, wie aus der Rolle der Konzentrationslager als Teil des Terrorapparats. Alle anderen Funktionen, darunter die Ausbeutung der Arbeitskraft der Häftlinge, waren nachgeordnet.

Polen

Juden und Polen haben den größten Anteil an der Gesamtbilanz der Opfer von Auschwitz, **die Geschichte des Konzentrationslagers Auschwitz läßt sich deshalb in zwei Perioden unterteilen: in die „polnische" Periode (1940 bis Mitte 1942)**, während der **die Mehrzahl der Deportierten und der Opfer von Auschwitz Polen waren [11], und in die „jüdische" Periode (Mitte 1942 bis Januar 1945)**, während der **die Mehrzahl der Deportierten und der Opfer Juden**

---

[10] Auch das Konzentrationslager Majdanek hatte diese Doppelfunktion, wenn auch nicht in diesem Umfang.

[11] Nach Informationen der Widerstandsbewegung befanden sich am 1.6.1942 insgesamt 23 070 Männer und Frauen als Häftlinge im KL Auschwitz, davon 10 575 Juden (45,83%) und 9 393 Polen (40,71%) sowie 3 102 (13,44%) Häftlinge anderer Nationalität. Vgl. *Obóz koncentracyjny Oświęcim w świetle akt Delegatury Rządu RP na kraj* [Das Konzentrationslager Auschwitz im Licht der Akten der Inlands-Delegatur der Regierung der Republik Polen]. In: Zeszyty Oświęcimskie.

KL Auschwitz II — Birkenau. Krematorium III, dessen Auskleideraum und Gaskammer unterirdisch angelegt waren. Es wurde am 25./26. Juni 1943 übergeben. Gegenüberliegend befand sich das auf dieser Aufnahme nicht sichtbare Krematorium II (SS-Fotoaufnahme, 1943).

KL Auschwitz II — Birkenau. Krematorium II, Ofenhalle. Jeder der fünf Öfen (die Aufnahme zeigt drei) hatte drei Brennkammern. Nach den Angaben der Zentralbauleitung der Waffen-SS betrug die Tagesleistung der Krematorien II und III jeweils 1 440 Leichen, nach den Angaben von Häftlingen aus dem Sonderkommando jeweils 2 500 Leichen (SS-Fotoaufnahme, 1943).

KL Auschwitz II — Birkenau. Krematorium IV, dessen Auskleideraum und Gaskammern oberirdisch angelegt waren. Es wurde am 22. März 1943 übergeben. Auf der anderen Seite befand sich das auf dieser Aufnahme nicht sichtbare, auf die gleiche Weise gebaute Krematorium V (SS-Fotoaufnahme, 1943).

KL Auschwitz II — Birkenau. Die Rampe. Juden, die in Auschwitz ermordet werden sollten, steigen aus den Eisenbahnwaggons aus (SS-Fotoaufnahme, 1944).

KL Auschwitz II — Birkenau. Die Rampe. Juden, die in Auschwitz ermordet werden sollten, steigen aus den Eisenbahnwaggons aus (SS-Fotoaufnahme, 1944).

KL Auschwitz II — Birkenau. Die Rampe. Zur Ermordung nach Auschwitz deportierte Juden steigen aus den Eisenbahnwaggons aus. Im Hintergrund sind die Krematorien II und III zu sehen (SS-Fotoaufnahme, 1944).

KL Auschwitz II — Birkenau. Die Rampe. Juden vor der Selektion (SS-Fotoaufnahme, 1944).

KL Auschwitz II — Birkenau. Die Rampe. Juden vor der Selektion (SS-Fotoaufnahme, 1944).

KL Auschwitz II — Birkenau. Die Rampe. Ablegen des Gepäcks (SS-Fotoaufnahme, 1944).

KL Auschwitz II — Birkenau. Die Rampe. Bereits von den Männern getrennte Frauen und Kinder vor der Selektion (SS-Fotoaufnahme, 1944).

KL Auschwitz II — Birkenau. Junge und Gesunde nach der Selektion auf dem Weg zu den Baracken (SS-Fotoaufnahme, 1944).

KL Auschwitz II — Birkenau. Arbeitsunfähige, alte Menschen und Kinder wurden über die zwischen den Lagerabschnitten B IIc und B IId verlaufende Straße zu den Gaskammern bei den Krematorien IV und V gebracht (SS-Fotoaufnahme, 1944).

KL Auschwitz II — Birkenau. Die Rampe. Das Gepäck, daß die nach Auschwitz deportierten Juden mit sich führten, wurde zu den Magazinen des Lagers abgefahren (SS-Fotoaufnahme, 1944).

waren. Der Genauigkeit halber soll bereits jetzt angemerkt werden, daß die Dimension des Verbrechens an den Juden im Vergleich mit der Ausrottung von Polen wie von anderen Nationalitäten erheblich größer war.[12]

Der Entstehung des KL Auschwitz lagen zwar, wie oben ausgeführt, lokale polizeiliche Probleme in Schlesien zugrunde, seit seiner Gründung erfaßte das KL Auschwitz mit seinem Einzugsbereich jedoch fast das gesamte Gebiet des besetzten Polen[13] und wurde zu **einem der Hauptdeportationsziele für** in die Konzentrationslager eingewiesene **Polen**. Kurz nach der Einlieferung des ersten Transports von 728 Polen am 14. Juni 1940 aus dem Gefängnis Tarnów trafen weitere Transporte in Auschwitz ein: am 20. Juni 1940 ein Transport von 313 Häftlingen aus Wiśnicz, am 22. Juni ein erster Transport von 23 Häftlingen aus Kattowitz, am 18. Juli ein erster Transport mit 65 Häftlingen aus Krakau, und am 15. August ein erster Transport von 1 666 Personen aus Warschau. Bis Ende 1940 wurden 7 879 Häftlinge in das Lager eingeliefert, mit wenigen Ausnahmen (es handelte sich um überwiegend kriminelle deutsche Häftlinge und einzelne Juden) ausschließlich Polen. Die überwiegende Mehrzahl dieser Häftlinge wurde **aus politischen Gründen** in das Lager eingewiesen: als Repressalie oder wegen des Verdachts von **Tätigkeit in der Widerstandsbewegung**, ein Teil präventiv im Rahmen der Inhaftierung von **unerwünschten Personen,** die für ihren Patriotismus, ihr gesellschaftliches und politisches Engagement in der Vorkriegszeit bekannt waren oder wegen ihrer gesellschaftlichen Position und ihres Bildungsstands der Führungsschicht zugerechnet wurden (etwa während der Aktion A-B).

Wydanie specjalne I. Oświęcim 1968, S. 31 f. (weiter: *Obóz koncentracyjny Oświęcim w świetle akt Delegatury*). Nach Auschwitz sind bis zum 30.6.1942 insgesamt mehr als 30 000 Juden (etwa 13 000 aus Polen, 11 000 aus der Slowakei, 5 000 aus Frankreich und 1 400 aus Majdanek) deportiert worden, von denen etwa 11 500 sofort getötet und etwa 18 500 registriert worden sind. Bis zu diesem Zeitpunkt sind insgesamt etwa 79 000 Personen nach Auschwitz gebracht worden, von denen in der allgemeinen Nummernserie 44 232 Männer und 8 110 Frauen, in der Serie der sowjetischen Kriegsgefangenen etwa 10 000, in der Serie E — Erziehungshäftlinge — etwa 3 000 registriert wurden; etwa 11 500 Juden und etwa 2 000 sowjetische Kriegsgefangene wurden ohne vorherige Registrierung getötet. Juden waren also zu dieser Zeit knapp 40% der nach Auschwitz Deportierten.

[12] Am 1.12.1942 waren von 30 623 Häftlingen — Männern und Frauen — im Konzentrationslager 14 477 (47%) Juden, 8 725 (28%) Polen, 3 216 (10%) Tschechen, 1 018 (3%) Deutsche und 3 187 Häftlinge anderer Nationalität. Zum gleichen Zeitpunkt überschritt jedoch die Zahl der nicht registrierten und in den Gaskammern getöteten Juden bereits 150 000. Vgl. *Obóz koncentracyjny Oświęcim w świetle akt Delegatury*, S. 75.

[13] Umfassender zur Frage der Rolle des Konzentrationslagers Auschwitz bei der Ausrottung von Polen vgl.: *Kommandant in Auschwitz. Autobiographische Aufzeichnungen von Rudolf Höß*. Eingel. und kommentiert von Martin Broszat. Stuttgart 1958, S. 99 f. (weiter: *Kommandant in Auschwitz*).

Außer politischen Häftlingen wurden in das KL Auschwitz auch Menschen eingeliefert, die bei terroristisch-präventiven **Razzien** verhaftet worden waren; ebenso wurden **Geiseln**[14] nach Auschwitz verbracht, die dort nach einiger Zeit als Repressalie für Aktionen der Widerstandsbewegung in ihrer Herkunftsregion erschossen wurden. Im KL Auschwitz wurden auch Urteile an **Polen** vollstreckt, **die durch Sondergerichte zum Tode verurteilt** worden waren[15] oder die im Rahmen der sogen. **Sonderbehandlung** als polizeiliche Maßnahme hingerichtet wurden. Eine gesonderte Häftlingskategorie waren Polen, die als sogen. **Erziehungshäftlinge** für Verstöße gegen Vorschriften des Arbeitseinsatzes und der Arbeitsdisziplin in das KL Auschwitz eingewiesen wurden. Im Unterschied zu den auf unbestimmte Zeit in ein Konzentrationslager eingewiesenen übrigen Häftlingen sollten diese „Erziehungshäftlinge" nach sechs oder acht Wochen entlassen werden; etwa zehn Prozent von ihnen starb jedoch vor dem Entlassungstermin, für andere wurde die Haftzeit verlängert oder sie wurden nach einer Änderung des Haftgrunds auf unbestimmte Zeit im Konzentrationslager festgehalten.[16]

Eine kleine Zahl von Polen wurde für gewöhnliche Verbrechen in das Konzentrationslager eingewiesen. Nach dem Ausbruch des Warschauer Aufstands wurden im August und im September 1944 etwa **13 000** Männer, Frauen und Kinder aus **Warschau** in das KL Auschwitz eingeliefert.[17]

Zu den nicht durchgeführten Vernichtungsplänen gegen Polen ist die geplante Deportation von mehreren zehntausend Männern, Frauen und Kindern aus der Region **Zamość** nach Auschwitz zu zählen, die als Versuchsgebiet für die Germanisierung in den polnischen Ostgebieten vorgesehen war. Geplant war, ab Anfang November 1942 wöchentlich drei Züge mit jeweils 1 000 Personen[18] der „schlechtesten" Wertungsgruppe IV

---

[14] Vgl. zur Exekution von Geiseln: *Kommandant in Auschwitz*, S. 100.

[15] Vgl. umfassend: Alfred Konieczny, *Pod rządami wojennego prawa karnego Trzeciej Rzeszy. Górny Śląsk 1939–1945* [Oberschlesien unter dem Regime des Strafrechts des Dritten Reiches 1939–1945]. Warschau, Wrocław 1972, S. 304 ff. (weiter: Pod rządami); *Kommandant in Auschwitz*, S. 100 f.; *Erinnerungen des SS-Angehörigen Pery Broad „KZ-Auschwitz"*. In: Hefte von Auschwitz 9, 1966, S. 14–21.

[16] Zu den Erziehungshäftlingen im KL Auschwitz vgl. Tadeusz Iwaszko, *Auschwitz-Häftlinge mit dem Buchstaben „E"*. In: Internationales Auschwitz-Komitee. Informationsbulletin, 1977, Nr. 9–10 (198–199), Nr. 11–12 (200–201), 1978, Nr. 2 (203); Alfred Konieczny, *Pod rządami*, S. 299 ff.; Alfred Konieczny, *Zwalczanie zbiegostwa polskich robotników przymusowych* [Die Bekämpfung der Flucht polnischer Zwangsarbeiter]. In: Studia Śląskie, Bd. 11, 1967, S. 218–235.

[17] Archiv der Gedenkstätte Auschwitz (weiter: APMO): Materialien der Widerstandsbewegung, Bd. 8a, 8b. Namenslisten von in das KL Auschwitz deportierten Bewohnern von Warschau.

[18] Biuletyn GKBZHwP, Bd. 13, 1960, Dokument Nr. 2, S. 6F, 7F: Telegramm von Günther an Krumey vom 26.10.1942 zur Frage der Deportation von Polen nach Berlin und nach Auschwitz.

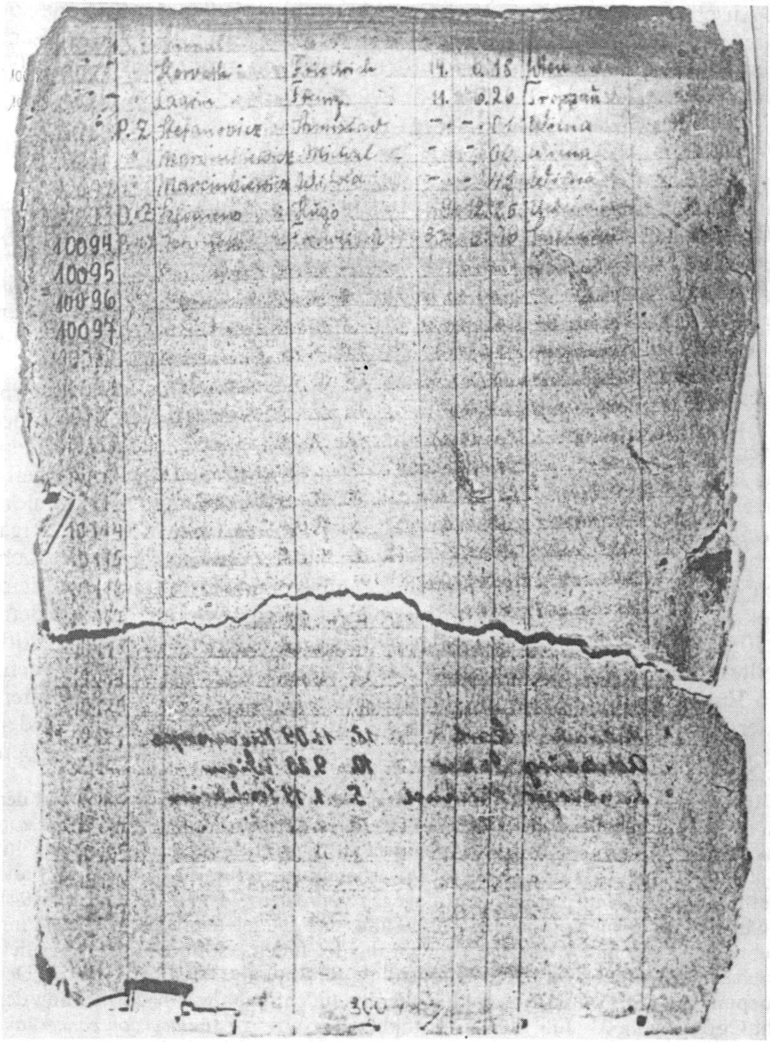

Die letzte Seite des Hauptbuchs Männer des Zigeunerlagers, in der unter der Nummer 10 094 der Name des als letzter registrierten Zigeuners verzeichnet ist. APMO: D-AuI-3/2, Inventarnummer 31296, Hauptbuch Zigeunerlager.

nach Auschwitz einzuweisen. Im letzten Augenblick ließen die Nationalsozialisten aus in der Literatur häufig erörterten Gründen von diesem Vorhaben ab — nach Auschwitz wurden schließlich mindestens etwa 1 300 Personen deportiert.

Juden

Auch später war das KL Auschwitz-Birkenau weiter Deportationsziel für Polen sowie verhältniswenig wenige Häftlinge anderer Nationalität, **ab 1942 hatte das Konzentrationslager Auschwitz-Birkenau jedoch vor allem die Funktion eines Massenvernichtungslagers für Juden.** Die Entscheidung, Auschwitz für diesen Zweck vorzusehen, fiel kurz nachdem Hitler (im Frühjahr oder Sommer 1941) den Befehl gegeben hatte, die im deutschen Einflußbereich befindlichen Juden vollständig zu ermorden.[19] Der erste Akt dieses gigantischen Verbrechens, dem mit den Opfern von Auschwitz zwischen fünf und sechs Millionen Männer, Frauen und Kinder zum Opfer fielen, waren die Massenerschießungen von Juden durch die Erschießungskommandos der Einsatzgruppen der Sicherheitspolizei und des SD im Rücken der in die Gebiete der Sowjetunion eindringenden Truppen. In den Regionen Minsk, Kowno und Riga wurden durch Massenexekutionen bzw. in fahrbaren Gaskammern auch Juden getötet, die ab Herbst 1941 aus Deutschland, Österreich und dem Protektorat Böhmen und Mähren deportiert worden waren.[20] Nach dem am 20. Januar 1942 während der **Wannsee-Konferenz** in Berlin vorgestellten Plan, **sollten alle mehr als 11 Millionen Juden vernichtet werden**, die in Europa einschließlich der zu diesem Zeitpunkt noch nicht besetzten Länder (wie England), der mit Deutschland verbündeten Länder und der neutralen Länder lebten.[21] Um die Transportwege zu verkürzen, wurden

---

[19] In der Historiographie bestehen Differenzen hinsichtlich des Termins und der Form der Entscheidung über die vollständige Vernichtung der Juden. Leon Poliakov und Robert M. Kempner nehmen an, daß Hitler die Entscheidung im Frühjahr 1941 im Zusammenhang der Vorbereitungen für den Angriff auf die Sowjetunion fällte, Raul Hilberg geht dagegen von einem Termin im Sommer 1941 aus. Christopher Browning ist der Auffassung, daß die letztendliche Entscheidung hinsichtlich der Art und Weise der Vernichtung der Juden erst im Oktober 1941 fiel, und Sebastian Haffner setzt diese Entscheidung für Anfang Dezember 1941 an. Der Wendepunkt in der Politik der „Endlösung der Judenfrage" war nach Fleming der Befehl Görings vom 31. Juli 1941. Christopher Browning, *Le décision concernant la solution finale*. In: L'Allemagne nazi et le génocide Juif, Paris 1985, S. 190–216; Gerald Fleming, *Hitler und die Endlösung*. München 1982, S. 62–85.

[20] *Juden unterm Hakenkreuz. Verfolgung und Ausrottung der deutschen Juden 1933–1945*. Berlin 1973.

[21] Leon Poliakov, Josef Wulf, *Das Dritte Reich und die Juden. Dokumente und Aufsätze*. Berlin-Grunewald 1961, S. 70–78. Brief Görings an Heydrich vom Juli 1941 und Protokoll der Wannsee-Konferenz.

neben dem bereits ab Dezember 1941 betriebenen Vernichtungslager **Chełmno-Kulmhof** im Verlauf des Jahres 1942 drei weitere Vernichtungslager (**Treblinka, Sobibór** und **Bełżec**) an der Ostgrenze des Generalgouvernements errichtet, die über besondere Gaskammern zur Massentötung vieler tausend Menschen verfügten.[22] Diese Vernichtungslager **waren vor allem Ort der Vernichtung der polnischen Juden — Juden aus anderen Ländern** waren ein geringer Prozentsatz der dort Getöteten. Für diese war vor allem **Auschwitz** der Vernichtungsort.

Seit seiner Gründung wurden in das KL Auschwitz auch in geringem Umfang Juden eingeliefert. Schon zu dem ersten Transport aus Tarnów, der 728 Häftlinge umfaßte, gehörten mehrere Juden.[23] Nach der sogen. Zugangsliste waren von den zwischen dem 21. Mai und dem 22. Dezember 1941 eingelieferten 9415 Häftlingen 1079 Juden.[24] Die Juden waren besonderen Schikanen und Quälereien von Seiten der SS-Männer und Funktionshäftlinge ausgesetzt und starben schnell, sie waren deshalb im Konzentrationslager als gesonderte nationale Gruppe nur in sehr geringem Umfang wahrnehmbar.

Auschwitz wurde in die Aktion zur Massenvernichtung der Juden auf Grund eines Befehls Himmlers vom Sommer 1941 einbezogen, den Himmler wenige Monate nach seiner Inspektion des KL Auschwitz am 1. März 1941 erlassen hatte. Um keine schriftlichen Spuren zu hinterlassen, beorderte Himmler den Kommandanten Höß nach Berlin und sprach den Befehl mündlich aus, ohne daß wie sonst üblich ein Adjutant dabei war. Himmler begründete die Einbeziehung von Auschwitz in die Aktion der Judenvernichtung mit den Worten:[25] „Die bestehenden Vernichtungsstellen im Osten sind nicht in der Lage, die beabsichtigten großen Aktionen durchzuführen", und er „habe daher Auschwitz dafür bestimmt, einmal wegen der günstigen verkehrstechnischen Lage und zweitens läßt sich das dafür dort zu bestimmende Gebiet leicht absperren und tarnen". Orte wie Auschwitz hätten jedoch viele gefunden werden können, entscheidend

---

[22] Szymon Datner, Janusz Gumkowski, Kazimierz Leszczyński, *Zagłada Żydów w obozach na ziemiach polskich* [Die Vernichtung der Juden in den Lagern auf dem Territorium Polens]. In: Biuletyn GKBZHwP, Bd. 13, 1960, S. 59–177, 27F — 120F.

[23] Irena Strzelecka, *Die ersten Polen im KL Auschwitz*. In: Hefte von Auschwitz 18, 1990, S. 5–145; M. Gilbert, *Endlösung*, S. 46.

[24] APMO: Bestand Ausarbeitungen, Bd. 100: Tadeusz Iwaszko, *Struktura narodowościowa więźniów* [Die Nationalitätenstruktur der Häftlinge].

[25] *Kommandant in Auschwitz*, S. 153–167 (Die „Endlösung der Judenfrage" im KL Auschwitz). Möglicherweise wurde die Entscheidung für Auschwitz als Ort der Judenvernichtung auch durch die Person des Kommandanten selbst beeinflußt, der dem Eintrittsalter nach ein frühes Mitglied der NSDAP (Nr. 3240) war und zu den persönliche Bekannten Martin Bormanns, des einflußreichen Sekretärs der Parteikanzlei, gehörte. Gemeinsam mit Bormann war Höß an dem politischen Mord an Kadow beteiligt.

dürfte in diesem Fall deshalb gewesen sein, daß in Auschwitz bereits ein funktionierendes Konzentrationslager mit seinem ganzen technischen Apparat und seiner Verwaltung bestand.

Das genaue Datum des Beginns der Judenvernichtung in Auschwitz ist nicht bekannt. Ehemalige Häftlinge und frühere SS-Angehörige aus Auschwitz beschreiben zwar in Berichten und Aussagen mehrere Fälle der Ermordung von Judentransporten in der Gaskammer bei dem Krematorium I in Auschwitz, lediglich in einem Fall ist jedoch das Datum dieses Vorgangs näher bestimmt: Herbst 1941. Der frühere Kommandant des KL Auschwitz Höß stellt in seinen Aussagen fest, er sei nicht in der Lage, das genaue Datum anzugeben: einerseits schreibt er, es könne Dezember 1941 oder Januar 1942 gewesen sein, an anderer Stelle nennt er das Frühjahr 1942 oder ein Datum vor der Gründung des Frauenlagers, also vor dem 26. März 1942.[26] Die jüdischen Massentransporte begannen erst im Frühjahr 1942[27], mit dem Beginn der Deportation der slowakischen Juden nach Auschwitz am 26. März 1942.

Der erste jüdische Transport, für den das genaue Datum des Eintreffens im Konzentrationslager bekannt ist, ist ein Transport mit mehreren hundert Juden aus Bytom (Beuthen) — damals Deutsches Reich — am 15. Februar 1942.[28] Der erste registrierte Transport ist dagegen ein am 26. März 1942 eingelieferter Transport mit 999 Jüdinnen aus der Slowakei. Weiter folgten Transporte aus Frankreich — der erste am 30. März 1942 —, aus Polen — 5. Mai 1942 —, aus Holland — 17. Juli 1942 —, aus Belgien — 5. August 1942 —, aus Jugoslawien — 18. August 1942 —, aus dem Protektorat Böhmen und Mähren (Theresienstadt) — 7. Oktober 1942 —, aus Norwegen — 1. Dezember 1942 —, aus Griechenland — 20. März 1943 —, aus Italien — 23. Oktober 1943 — und aus Ungarn — 2. Mai 1944.[29] Im Januar 1942 befanden sich auf dem Gebiet der

---

[26] *Kommandant in Auschwitz*, S. 123, 155, 156.

[27] Eine Analyse der im Archiv der Gedenkstätte Auschwitz aufbewahrten Quellen zeigt eindeutig, daß Fälle der Tötung von Juden mit Gas zwischen September 1941 und dem 25. März 1942 sporadisch waren. Die Behauptung Yehuda Bauers, im Herbst 1941 und im Januar 1942 seien in Auschwitz 100 000 Juden vergast worden, beruht auf einer irrtümlichen Interpretation der Aussagen und Aufzeichnungen von Höß und einiger ehemaliger Häftlinge. Es ist absolut ausgeschlossen, daß die Tatsache der Vergasung von zehntausenden Menschen nicht in zahlreichen Erinnerungen, Berichten und Aussagen ehemaliger Häftlinge sowie in den Aufzeichnungen der Widerstandsbewegung festgehalten worden wäre. So stellt unter anderem der ehemalige Häftling Ludwik Rajewski, der in der Politischen Abteilung eingesetzt war, in seinen Aussagen eindeutig fest, daß jüdische Transporte erst ab März 1942 in das Lager kamen. Yehuda Bauer, *Auschwitz*, In: *Der Mord an den Juden im Zweiten Weltkrieg*. Stuttgart 1985, S. 168; APMO: Höß-Prozeß, Bd. 23, Bl. 175 ff. Aussage von Ludwik Rajewski.

[28] *Kommandant in Auschwitz*, S. 123, Anm. 3.

[29] D. Czech, *Kalendarium*, S. 175–764.

genannten Staaten (ohne den Westen der Ukraine und Belorußlands und den nicht besetzten Teil Frankreichs) nach dem Protokoll der Wannsee-Konferenz etwa fünf Millionen Juden — potentielle Opfer von Auschwitz.[30]

Die von der Judenvernichtung erfaßten Gebiete Europas können in vier Zonen eingeteilt werden:

— das Gebiet östlich des Bug (das Einsatzgebiet der Einsatzgruppen),

— das Generalgouvernement (das Einzugsgebiet der Vernichtungslager Treblinka, Sobibór, Bełżec und Majdanek),

— dem Norden und Westen der in das Reich eingegliederten Gebiete Polens, das sogen. Wartheland (das Einzugsgebiet des Vernichtungslagers Chełmno-Kulmhof),

— und die übrigen Gebiete Mittel-, West-, Süd- und Nordeuropas, einschließlich des in das Reich eingegliederten Regierungsbezirks Kattowitz (das Einzugsbegiet des Konzentrationslagers Auschwitz-Birkenau).

Diese Einteilung läßt sich nicht auf rigoros angewandte von oben vorgegebene Grundsätze zurückführen; sie gibt eher eine gewisse Praxis wieder, von der es viele Abweichungen gab. So sind zum Beispiel der größte Teil der österreichischen und der deutschen [31] oder der slowakischen Juden in das Gebiet der Sowjetunion (Minsk, Riga und Kowno), in das Ghetto Litzmannstadt oder in Orte in der Region Lublin deportiert worden. Zum anderen **war das Konzentrationslager Auschwitz zwar vor allem Ort der Vernichtung von Juden, die aus anderen Ländern als Polen nach Auschwitz gebracht** worden waren, in Auschwitz starb jedoch auch eine verhältnismäßig große Zahl polnischer Juden, u.a. aus Zentralpolen (aus dem sogen. Generalgouvernement), aus Westpolen (Oberschlesien und das Dąbrowa-Gebiet) und aus Nordpolen (die Regionen Ciechanów [Zichenau] und Białystok) — insgesamt etwa 300 000.

Die Bedeutung des Konzentrationslagers Auschwitz im Rahmen des Völkermords nahm noch größere Ausmaße an, als 1943 die Vernichtungslager Chełmno-Kulmhof, Bełżec, Treblinka und Sobibór ihre Tätigkeit einstellten. **Nach** der letzten großen Exekution in Majdanek am **3. November 1943** (Aktion Erntefest) **wurde das Konzentrationslager Auschwitz zum einzigen Vernichtungslager für die Massenvernichtung der Juden** (allein das Vernichtungslager Chełmno-Kulmhof wurde noch einmal für drei Wochen in Betrieb genommen). Es ist dabei daran zu erinnern, daß die innerdeutschen Konzentrationslager, deren jüdische Häftlinge im Oktober 1942 auf Befehl Himmlers nach Auschwitz bzw. nach Lublin überstellt werden mußten und die so „judenfrei" wurden [32], bis Frühjahr 1944 aus der Aktion der Judenvernichtung ausgegliedert waren.

---

[30] Protokoll der Wannsee-Konferenz, vgl. Anm. 21.

[31] *Juden unterm Hakenkreuz*, passim.

[32] Aus den Konzentrationslagern im Reichsinneren sollten 1 600 Juden nach Auschwitz überstellt werden; vgl. Schreiben des WVHA D II/1 an den Kommandanten des KL Auschwitz vom 5.10.1942: „Es handelt sich um etwa 1 600

Im Frühjahr 1944 wurde der Grundsatz, das Reich „judenfrei" zu machen, im Zusammenhang mit der schwierigen wirtschaftlichen Lage des Reiches, insbesondere dem Arbeitskräftemangel, aufgegeben, und in zunehmendem Ausmaß wurden jüdische Arbeitskräfte zur Arbeit in der deutschen Industrie eingesetzt. Seit dieser Zeit war Auschwitz nicht allein Stätte der Vernichtung und der Ausbeutung der Arbeit von Häftlingen in den vor allem in Schlesien gelegenen Nebenlagern, sondern wurde zugleich zum Durchgangspunkt für jüdische Arbeitskräfte, die aus den von der Offensive der Roten Armee bedrohten Gebieten zurückgezogen wurden. Hier fand eine gigantische Durchsiebung von Menschenmaterial statt: die zur Arbeit geeigneten Menschen wurden am Leben gelassen und in bei deutschen Industriebetrieben gelegene Lager verbracht, die übrigen wurden ermordet und verbrannt. Durch Auschwitz gingen so mehr als 400 000 Juden aus Ungarn, etwa 60 000 bis 70 000 Juden aus Łódź sowie Häftlinge aus Majdanek, aus Płaszów und aus den jüdischen Arbeitslagern im Generalgouvernement.

Wie aus dieser kurzen Übersicht deutlich wird, befanden sich in den nach Auschwitz gebrachten Transporten Juden aus fast allen europäischen Staaten und sogar aus außereuropäischen Ländern.

Zigeuner

Die ihrer Zahl nach drittgrößte nationale Gruppe der Häftlinge waren Zigeuner. Wie im Fall der Juden, beabsichtigten die Nationalsozialisten auch die vollständige Vernichtung der Zigeuner. Eine Ausnahme war lediglich für die beiden Zigeunerstämme Sinti und Lalleri vorgesehen. Auf dem Gebiet der Sowjetunion wurden die Zigeuner von den Einsatzgruppen erschossen. Auch in Polen, wo insgesamt etwa 50 000 Zigeuner umkamen, wurden sie am Ort der Ergreifung erschossen oder mit den Juden in den Vernichtungslagern getötet.[33] In die Vernichtungslagern und in die Ghettos wurden auch Zigeuner aus Westeuropa, aus Deutschland, aus Österreich und aus dem Protektorat Böhmen und Mähren deportiert.[34] Die größte Zahl von Zigeunern wurde in das Konzentrationslager Auschwitz verbracht. Grundlage zur Deportation der Zigeuner nach Auschwitz waren

---

Mann. Damit werden die im Reichsgebiet gelegenen KL judenfrei." In: *Dokumenty i materiały* [Dokumente und Materialien], Bd. 1. Łódź 1946, S. 73. So wurden nach Auschwitz am 6.10.1942 aus Ravensbrück 522 Jüdinnen und am 14.10.1942 aus Buchenwald 405 Juden überstellt. D. Czech, *Kalendarium*, S. 315, 320.

[33] Die Gesamtzahl der Zigeuner in Polen betrug bei Kriegsbeginn etwa 75 000 bis 85 000. Czesław Łuczak, *Polityka ludnościowa i ekonomiczna hitlerowskich Niemiec w okupowanej Polsce* [Die Bevölkerungs- und Wirtschaftspolitik Hitlerdeutschlands im besetzten Polen]. Poznań 1979, S. 99.

[34] Jerzy Ficowski, *Cyganie na polskich drogach* [Zigeuner auf Polens Straßen]. Krakau 1965, S. 99, 105, 107.

ein Befehl Himmlers vom 16. Dezember 1942 und die Ausführungsbestimmungen des Reichssicherheitshauptamts vom 29. Januar 1943 zu diesem Befehl.[35] **Insgesamt sind von Februar 1943 bis August 1944 in einen abgetrennten Sektor des Lagers Birkenau**, ein sogen. Familienlager, **etwa 23 000 Zigeuner eingeliefert worden** — Männer, Frauen und Kinder. Die Mehrzahl von ihnen starb an Hunger, Krankheiten und Entkräftung. Am 2. August 1944 wurde das Zigeunerlager in Birkenau nach der Vergasung der letzten Gruppe von 2 897 Männern, Frauen und Kindern aufgelöst.

Sowjetische Kriegsgefangene

Unter Verletzung des Völkerrechts wurden in das Konzentrationslager Auschwitz auch sowjetische Kriegsgefangene eingeliefert. Lediglich in der ersten Zeit wurden diese unter Aufrechterhaltung eines Anscheins in einem als „Kriegsgefangenen-Arbeitslager" abgetrennten Teil des Stammlagers Auschwitz gefangengehalten. Im Verlauf der ersten fünf Monate ihres Aufenthalts im Lager, d.h. von Oktober 1941 bis März 1942, sind von den 10 000 sowjetischen Kriegsgefangenen mehr als 9 000 verhungert oder getötet worden. Bis zum Ende des Bestehens des Lagers wurden nach Auschwitz weitere etwa 2 000 sowjetische Kriegsgefangene eingeliefert. Außerdem war das Konzentrationslager auch Exekutionsort von in den Kriegsgefangenenlagern ausgesonderten sowjetischen Kriegsgefangenen — diese Kriegsgefangenen wurden nicht registriert, sondern unmittelbar nach ihrem Eintreffen erschossen oder in den Gaskammern getötet.[36]

Andere Nationalitäten

In geringerem Umfang war Auschwitz auch Ort der Vernichtung von Häftlingen anderer Nationalität: von Tschechen (u.a. von Mitgliedern der Organisation „Sokol", von Belorussen (allein aus der Region Minsk-Vitebsk wurden mehr als 5 000 Personen, darunter auch Kinder, nach Auschwitz deportiert, die bei Partisanenbekämpfungsaktionen, als „Flurbereinigung" bezeichnet, gefangengenommen worden waren), Jugoslawen, Franzosen, Deutschen und Österreichern. Unter den Deutschen und Österreichern befanden sich politische Häftlinge, darunter Angehörige der Internationalen Brigaden in Spanien, im überwiegenden Maße handelte es sich jedoch um kriminelle Verbrecher.

---

[35] Hans Joachim Döring, *Die Zigeuner im NS-Staat*. Hamburg 1964, S. 214 ff.

[36] Jerzy Brandhuber, *Die sowjetischen Kriegsgefangenen im Konzentrationslager Auschwitz*. In: Hefte von Auschwitz, Nr. 4, 1961, S. 5–62.

II.

DIE ZAHL DER DEPORTIERTEN UND DIE ZAHL DER OPFER DES KL AUSCHWITZ-BIRKENAU ALS PROBLEM DER FORSCHUNG

1. Die Quellen.

a. Die Aktenüberlieferung des KL Auschwitz zu den registrierten Häftlingen

Von entscheidender Bedeutung für die Feststellung der Zahl der nach Auschwitz deportierten Menschen ist das **System der Registrierung der** Häftlinge. Die nach Auschwitz deportierten Menschen können in zwei große Gruppen unterteilt werden: in die der **registrierten und mit Nummern gekennzeichneten Häftlinge** — diese Häftlingsnummern wurden in mehreren Nummernserien ausgegeben —, sowie in die **der Deportierten, die im eigentlichen Sinne gar nicht Häftlinge** wurden, sondern die **ohne Registrierung** und Kennzeichnung mit einer Nummer zumeist unmittelbar nach dem Eintreffen in Auschwitz vergast wurden. Zu der ersten Gruppe gehörten Menschen unterschiedlicher Nationalität: Juden, Polen, Zigeuner, sowjetische Kriegsgefangene und andere, zu der zweiten Gruppe gehörten jedoch fast ausschließlich die mit Massentransporten nach Auschwitz gebrachten Juden. Diese wurden unmittelbar nach dem Eintreffen an der Ausladerampe der Selektion unterzogen, bei der ein Teil — im statistischen Mittel knapp zwanzig Prozent —, die Jungen, Starken und Gesunden — zur Arbeit ausgewählt wurde; diese Menschen wurden registriert, also der ersten Gruppe zugeteilt, während die übrigen, in der Regel die Mehrzahl der nach Auschwitz gebrachten Menschen, zu den Gaskammern gebracht und dort getötet wurden. Ohne einer Selektion unterzogen zu werden, wurden neben den Juden auch Gruppen sowjetischer Kriegsgefangener, zum Vollzug der Exekution in das KL Auschwitz verbrachte Polen (darunter vom Standgericht abgeurteilte Personen) und arbeitsunfähige Häftlinge aus anderen Konzentrationslagern nach Auschwitz gebracht und ohne Registrierung getötet.

Die Registrierung der neu in das Konzentrationslager Eingelieferten wurde von dem zur Politischen Abteilung gehörenden Referat Aufnahme vorgenommen. Grundlage der für einen neu eingelieferten Häftling angefertigten Dokumentation war der Häftlingspersonalbogen, ein Formular, mit dem die grundlegenden Angaben zur Person des jeweiligen Häftlings abgefragt wurden. Der Häftlingspersonalbogen wurde von in der Schreibstube des Referats Aufnahme eingesetzten Häftlingen auf der Grundlage der mündlichen Mitteilungen des Häftlings und der von der einweisenden Gestapo-Dienststelle übermittelten Akten ausgefüllt. Gestützt auf die Häftlingspersonalbogen wurden Zugangslisten der mit dem jeweiligen Transport eingelieferten Häftlinge angefertigt, die den Haftgrund, die Häftlingsnummer, den Vor- und den Zunamen, das Geburtsdatum und den Geburtsort sowie den Beruf verzeichneten. Im Kopf der Zugangsliste wurden das Einlieferungsdatum sowie die Bezeichnung der einliefernden Polizeidienststelle vermerkt. Bei den Massentransporten mit Juden wurde als einweisende Dienststelle häufig lediglich das Reichssicherheitshauptamt genannt, zuweilen wurde das Herkunftsland des Transports angegeben. Die Zugangslisten wurden in zwölf Exemplaren angefertigt und an die einzelnen Schreibstuben des Lagers gegeben, wo auf der Grundlage der Zugangslisten Karteien geführt und andere Verzeichnisse angefertigt wurden. Alle anderen Dokumente zu dem jeweiligen Häftling wurden dem Häftlingspersonalbogen beigegeben und bildeten die Akte des Häftlings.[1]

Von 1940 bis Frühjahr 1943 wurden — mit Ausnahme der mit Massentransporten nach Auschwitz gebrachten Juden, der Zigeuner und der sowjetischen Kriegsgefangenen — grundsätzlich alle neu eingelieferten Häftlinge fotografiert. Im Frühjahr 1943 wurde die fotografische Erfassung erheblich eingeschränkt, und lediglich ein kleiner Teil der Häftlinge wurden auf Anweisung der Lagerführung fotografiert.[2]

Eine unter dem Gesichtspunkt der Erfassung der Häftlinge wichtige Dienststelle war das zur Politischen Abteilung gehörende lagereigene Standesamt, in dem Sterbe- und Geburtsurkunden ausgestellt wurden. Eine Analyse der in der Gedenkstätte Auschwitz im Original bzw. als Kopie aufbewahrten Sterbeurkunden zeigt, daß die Ausstellung von Sterbeurkunden für Juden 1943 eingestellt wurde — dies betraf jedoch nicht die auf der Grundlage von individuellen Einweisungen in das KL Auschwitz eingelieferten Häftlinge sowie die Juden aus Theresienstadt,

---

[1] Vgl. zum Verlauf der Registrierung die Aussagen der ehemaligen Häftlinge Tadeusz Wąsowicz und Jan Trębaczewski. In: Biuletyn GKBZHwP, Bd. 13, Warschau 1960, S. 153–156.

[2] Erhalten sind (nach dem Stand von 1957) 39 159 der während der Registrierung der neu eingelieferten Häftlinge angefertigten Fotoaufnahmen. Mehr als 37 500 dieser Aufnahmen sind bis Mitte 1943 angefertigt worden. APMO: Bestand Ausarbeitungen, Bd. 125, Bl. 53, Brief von Wilhelm Brasse; Tadeusz Iwaszko, *Die Häftlinge. In: Auschwitz — faschistisches Vernichtungslager*, Warschau 1988, 3. erw. u. verb. Aufl., S. 48.

die unter besonderen Bedingungen in einem sogen. Familienlager untergebracht waren.

In der Dienststelle des Lagerführers wurden vor allem die sogen. Hauptbücher für die einzelnen Nummernserien geführt. In diese Bücher wurden alle Häftlinge nach der Reihenfolge der ausgegebenen Nummern eingetragen. In den Stärkebüchern wurden bei den täglichen Appellen der Häftlingsstand verzeichnet sowie die Namen der an dem jeweiligen Tag gestorbenen, überstellten und entflohenen Häftlinge vermerkt. In den Nummernbüchern wurde neben den Nummern vermerkt, wo sich der jeweilige Häftling befand bzw. was mit ihm geschah.

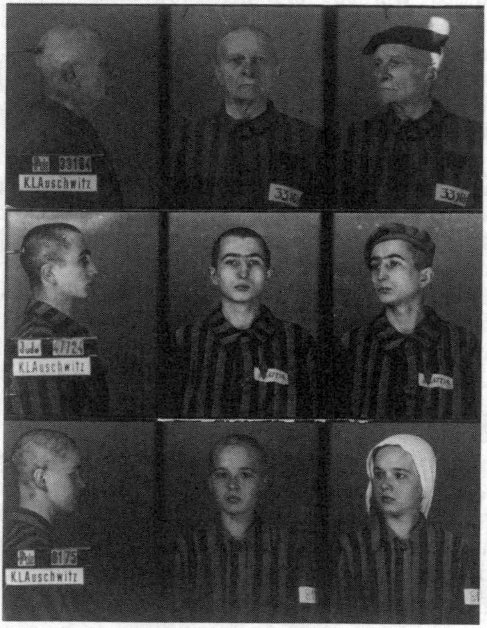

Häftlingsaufnahmen, die während der Registrierung angefertigt wurden. Häftlinge haben während der Auflösung des KL Auschwitz fast 40 000 dieser Aufnahmen vor der Vernichtung gerettet (Archiv-Fotoaufnahmen, 1942). Von oben nach unten:
Der Pole Ludwik Puget, geb. am 21.6.1877 in Krakau, Kunstmaler und Bildhauer. Er wurde während der Razzia im Café der Künstler verhaftet, am 25.4.1942 nach Auschwitz verbracht und am 27.5.1942 an der Hinrichtungswand erschossen.
Ein jüdischer Häftling. Nähere Angaben zur Person sind nicht bekannt. Er wurde am 17.7.1942 mit einem Sammeltransport in das KL Auschwitz eingeliefert und starb am 22.8.1942.
Die Polin Helena Walczyńska, geb. am 10.5.1923 in Będzin. Sie wurde am 1.7.1942 in das KL Auschwitz eingeliefert und starb am 20.12.1942.

In der Schreibstube des Häftlingskrankenbaus wurden eine Krankenkartei sowie eine Dokumentation der Sterbefälle geführt.

Daneben führten alle übrigen Schreibstuben und Einrichtungen des Konzentrationslagers ihre eigenen Dokumentationen und Karteien, so z.B. die Abteilung Arbeitseinsatz mehrere Karteien aller registrierten Häftlinge. Wären diese Akten erhalten geblieben, so könnten sowohl die Einzelschicksale der Häftlinge, wie ein statistisches Gesamtbild der Häftlingsgemeinschaft rekonstruiert werden. Da der größte Teil der Akten des KL Auschwitz von der Lagerführung vernichtet wurde, ist dies jedoch nicht möglich.[3]

Die wichtigsten der erhaltenen Akten, die neu eingelieferte Häftlinge betreffen, sind:

— 39 159 während der Registrierung der Häftlinge angefertigte Fotografien.[4]
— Ein Teil der Nummernbücher für die in der allgemeinen Serie von Nummer 150 000 bis 200 000 registrierten Männer.
— Die Häftlingspersonalbögen von mehr als 7 000 Häftlingen.
— Die Hauptbücher des Zigeunerlagers mit mehr als 20 000 Namen von Zigeunern, von Männern, Frauen und Kindern.[5]
— Die Zugangslisten von neu eingelieferten Häftlingen unterschiedlicher Nationalität, in der Mehrzahl Polen, für das Jahr 1941 mit etwa 17 000 Namen, die Zugangslisten von neu eingelieferten Juden für das Jahr 1942 mit 10 117 Namen und die Zugangslisten von neu eingelieferten Häftlingen unterschiedlicher Nationalität für das Jahr 1943 mit 960 Namen, insgesamt also mit etwa 28 000 Namen. In der Politischen Abteilung eingesetzte Häftlinge fertigten illegal auszugsweise Abschriften der Zugangslisten an, die folgende Angaben enthalten: Tag der Einlieferung bzw. der Registrierung, erste und letzte Häftlingsnummer auf der jeweiligen Zugangsliste und für die meisten Trans-

---

[3] Vgl. zur Funktionsweise der Dienststellen und Schreibstuben des KL Auschwitz: Anna Palarczykowa, *Władze hitlerowskiego obozu koncentracyjnego w Oświęcimiu, ich kancelarie i pozostała po nich spuścizna aktowa* [Die Führung des nationalsozialistischen Konzentrationslagers Auschwitz, ihre Kanzleien und ihre Aktenüberlieferung]. *In:* „Archeion", 1964, Nr. 10, S. 227–249; APMO: Bestand Referate, Bd. 29, S. 180–194, Tadeusz Iwaszko, *Archiwalia KL Auschwitz, ich charakterystyka i podział* [Die Archivalien des KL Auschwitz, ihre Beschreibung und Gliederung] (unveröffentlichtes Typoskript).

[4] Die Negative dieser Fotografien wurden von den Häftlingen gerettet, die die Registratur des Erkennungsdienstes verbrennen sollten. Vgl. *KL Auschwitz. Fotografie dokumentalne* [KL Auschwitz. Dokumentaraufnahmen] Warschau 1980, S. 6; APMO: Bestand Erklärungen, Bd. 3, Bl. 379, 405, Bd. 19, Bl. 31, Aussagen der ehemaligen Häftlinge Bronisław Jureczek und Wilhelm Brasse.

[5] Die Hauptbücher des Zigeunerlagers wurden während der Liqudierung des Zigeunerlagers von dem Häftling Tadeusz Joachimowski vergraben.

porte den Ort bzw. das Land, aus dem der jeweilige Transport kam. Für die allgemeine Serie der Männer verzeichnen die Abschriften die Transporte bis zum 20. September 1944, für die allgemeine Serie der Frauen bis zum 26. Februar 1944, für die Serie A der Männer bis zum 24. August 1944, für die Serie A der Frauen bis zum 20. September 1944, und für die Serie B der Männer bis zum 21. September 1944.[6]

Von den erhaltenen Akten, die den Tod von Häftlingen verzeichnen, sind von besonderer Bedeutung:

— Das im Stammlager für die Zeit vom 7. Oktober 1941 bis zum 31. August 1943 geführte Leichenhallenbuch[7]. In dem Leichenhallenbuch sind die Nummern von 22 902 Häftlingen verzeichnet[8], deren Leichen, bevor sie verbrannt bzw. vergraben wurden, in die Leichenhalle in Block 28 gebracht worden waren. Es erfaßt nicht alle in diesem Zeitraum gestorbenen Häftlinge, weil ein Teil der Leichen, z.B. die von Erschossenen, nicht in die Leichenhalle, sondern direkt zum Krematorium gebracht wurde[9];

— Das Stärkebuch[10]. Erhalten ist der Teil des Stärkebuchs für die Zeit vom 19. Januar bis zum 19. August 1942. Das Stärkebuch verzeichnet die Namen von 20 696 gestorbenen Häftlingen[11] und 1 472 Nummern von gestorbenen sowjetischen Kriegsgefangenen[12], insgesamt also 22 168 Sterbefälle;

— Das Totenbuch des Russischen Kriegsgefangenenlagers Auschwitz. Das Totenbuch umfaßt die Zeit vom 7. Oktober 1941 bis zum 28. Februar 1942, also den Gesamtzeitraum des Bestehens des sogen. Russischen Kriegsgefangenenlagers. Insgesamt wurden in diesem Buch 8 320 Namen[13] sowie in Einzelfällen die Nummern von gestorbenen sowjetischen Kriegsgefangenen verzeichnet.

---

[6] Vgl. detaillierter Danuta Czech, *Kalendarium*, S. 10.

[7] APMO: D-AuI-5. Nummernliste der im Konzentrationslager Auschwitz gestorbenen Häftlinge. Leichenhallenbuch 7.10.1941–31.8.1943.

[8] Vgl. die statistische Analyse dieses Dokuments in den Akten des Höß-Prozesses: APMO: Höß-Prozeß, Bd. 10, Bl. 143.

[9] APMO: Höß-Prozeß, Bd.4, Bl. 81. Aussage des ehemaligen Häftlinge Tadeusz Wąsowicz. Aufgrund der geringen Kapazität des beim Stammlager Auschwitz gelegenen Krematoriums I wurde bereits im September 1941 ein Teil der Leichen der in Block 11 vergasten Häftlinge und sowjetischen Kriegsgefangenen nach Birkenau gebracht und dort in Massengräbern vergraben. Dort wurden auch Ende 1941, Anfang 1942 die Leichen von sowjetischen Kriegsgefangenen und von Häftlingen vergraben, als dieses Krematorium während des Baus eines dritten Krematoriumsofens stillgelegt war.

[10] APMO: D-AuI-2. Stärkebuch.

[11] Jan Sehn, *Konzentrationslager Oświęcim-Brzezinka (Auschwitz-Birkenau)*, Warschau 1957, S. 47.

[12] J. Sehn, a.a.O., S. 126.

[13] J. Brandhuber, a.a.O., S. 32 ff.

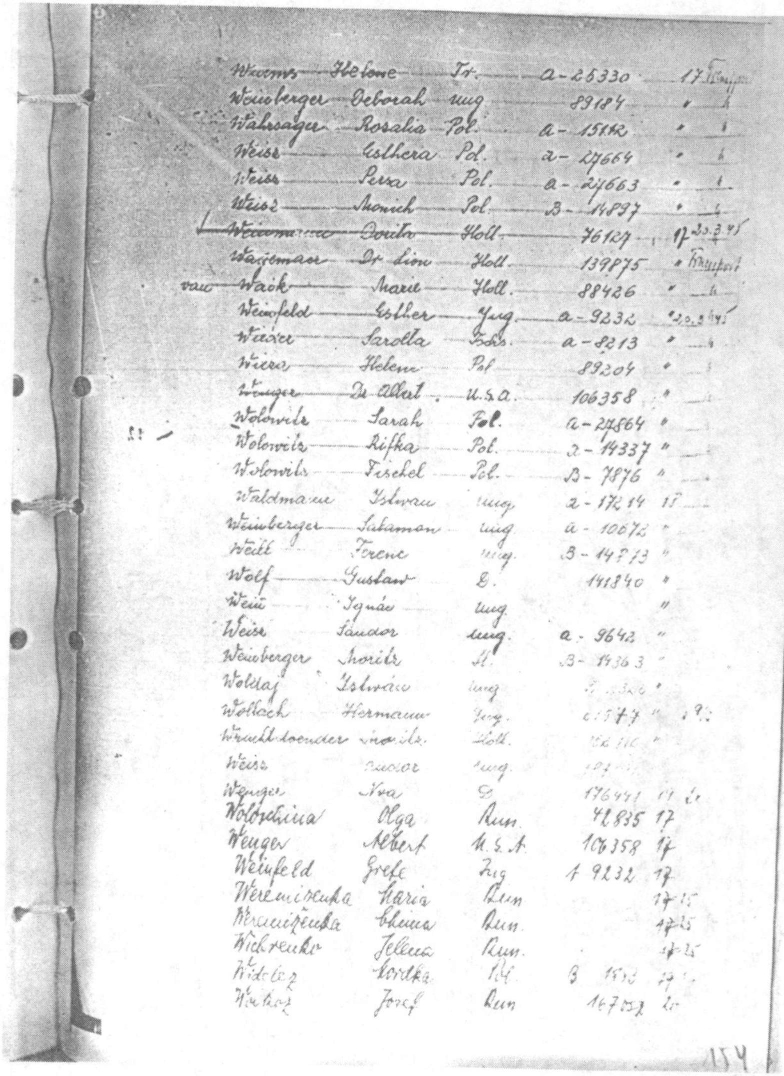

Wurms	Helene	Tr.	a-25330	17 Transport
Weinberger	Deborah	ung.	89184	" "
Wahrsager	Rosalia	Pol.	a-15182	" "
Weiss	Esthera	Pol.	a-27664	" "
Weiss	Perza	Pol.	a-27663	" "
Weisz	Monich	Pol.	B-14897	" "
~~Weinmann~~	~~[illegible]~~	~~Holl.~~	~~76127~~	17 20.3.45
Wagemaar	Dr Lion	Holl.	139875	" Transport
van Waik	Marie	Holl.	88426	" "
Weinfeld	Esther	Jug.	a-9232	" 20.3.45
Weiner	Sarolta	Tsch.	a-8213	" "
Wiera	Helene	Pol	89204	" "
Wenger	Dr Albert	U.S.A.	106358	" "
Wolowitz	Sarah	Pol.	a-27864	" "
Wolowitz	Rifka	Pol.	a-14337	" "
Wolowitz	Fischel	Pol.	B-7876	" "
Waldmann	Istvan	ung.	a-17214	15
Weinberger	Salamon	ung.	a-10672	"
Weill	Ferenc	ung.	B-14873	"
Wolf	Gustav	D.	141840	"
Weiss	Ignác	ung.		"
Weiss	Sandor	ung.	a-9642	"
Weinberger	Moritz	H.	B-14363	"
Woltaj	Istvan	ung.	[illegible]	"
Wollach	Hermann	Jug.	[illegible]	"
[illegible]	Moritz	Holl.	[illegible]	"
Weiss	Sandor	ung.	[illegible]	
Wenger	Ava	D.	176441	17 [illegible]
Woloschina	Olga	Run.	42835	17
Wenger	Albert	U.S.A.	106358	17
Weinfeld	Grete	Jug.	A 9232	17
Weremiszenka	Maria	Run		17.15
Weremiszenka	[illegible]	Run.		17.15
Wichrenko	Jelena	Run.		17.15
[illegible]	[illegible]	Pol.	B 1553	[illegible]
[illegible]	Josef	Run	167052	20

Ein Blatt eines Verzeichnises befreiter Häftlinge. Die Nummer B-14897 des jüdischen Häftlings Monich Weisz ist die höchste bekannte Nummer aus der Nummernserie B. APMO: Mat/402, Bd. 2. Buch Bellert.

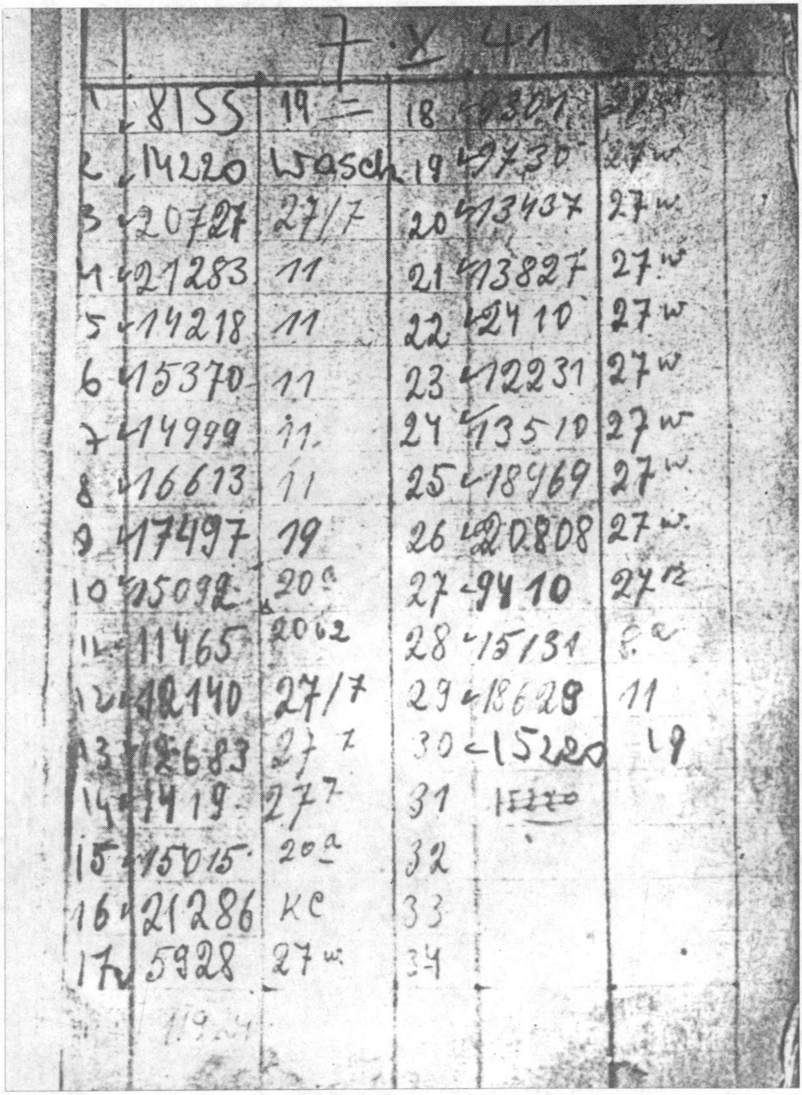

7. X. 41

1	8155	19 =	18	9301	27
2	14220	Wasch	19	17730	27 w
3	20727	27/7	20	13437	27 w.
4	21283	11	21	13827	27 w
5	14218	11	22	2410	27 w
6	15370	11	23	12231	27 w
7	14999	11.	24	13510	27 w.
8	16613	11	25	18969	27 w.
9	17497	19	26	20808	27 w.
10	15092	20a	27	9410	27 R
11	11465	20a 2	28	15131	8a
12	12140	27/7	29	18628	11
13	12683	27 7	30	15220	19
14	1419	27 7	31	~~15220~~	
15	15015	20a	32		
16	21286	KC	33		
17	5928	27 w.	34		

Erste Seite des Leichenhallenbuchs, in das die Nummern der gestorbenen Häftlinge eingetragen wurden, deren Leichen in die Leichenhalle in Block 28 des Stammlagers Auschwitz I gebracht wurden. Verzeichnet sind die Namen von 30 Häftlingen, deren Leichen am 7. Oktober 1941 in die Leichenhalle gebracht worden waren. Im Leichenhallenbuch sind insgesamt die Nummern von 22 902 gestorbenen oder getöteten Häftlingen verzeichnet. APMO: D-AuI-5/3, Inventarnummer 4774, LH Nummernverzeichnis der Gestorbenen, Bd. 1.

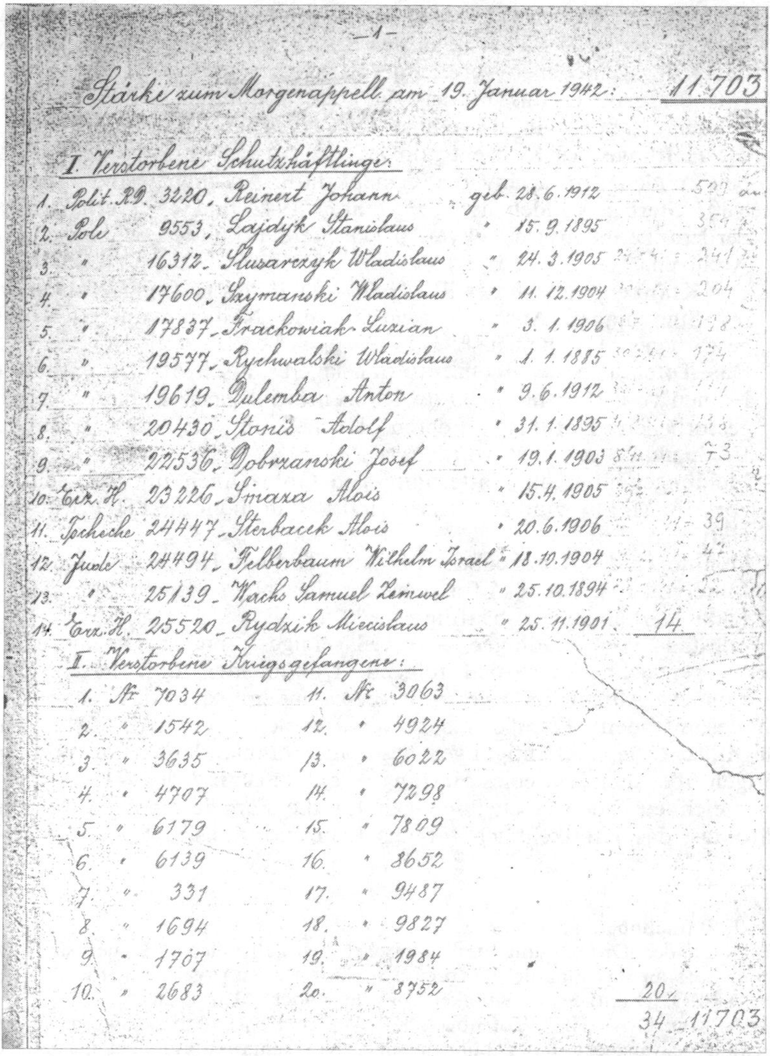

—1—

Stärke zum Morgenappell am 19. Januar 1942: 11.703

I. Verstorbene Schutzhäftlinge:

1. Polit. RD. 3220. Reinert Johann geb. 28.6.1912
2. Pole 9553. Lajdyk Stanislaus " 15.9.1895
3. " 16312. Slusarczyk Wladislaus " 24.3.1905
4. " 17600. Szymanski Wladislaus " 11.12.1904
5. " 17837. Frackowiak Luzian " 3.1.1906
6. " 19577. Rychwalski Wladislaus " 1.1.1885
7. " 19619. Dulemba Anton " 9.6.1912
8. " 20430. Stonis Adolf " 31.1.1895
9. " 22536. Dobrzanski Josef " 19.1.1903
10. Erz. H. 23226. Smaza Alois " 15.4.1905
11. Tscheche 24447. Sterbacek Alois " 20.6.1906
12. Jude 24494. Felberbaum Wilhelm Israel " 18.10.1904
13. " 25139. Wachs Samuel Zemwel " 25.10.1894
14. Erz. H. 25520. Rydzik Mieczislaus " 25.11.1901 — 14

II. Verstorbene Kriegsgefangene:

1. Nr 7034	11. Nr 3063
2. " 1542	12. " 4924
3. " 3635	13. " 6022
4. " 4707	14. " 7298
5. " 6179	15. " 7809
6. " 6139	16. " 8652
7. " 331	17. " 9487
8. " 1694	18. " 9827
9. " 1707	19. " 1984
10. " 2683	20. " 8752

20

34 — 11703

Erste Seite des Stärkebuchs. Am 19. Januar 1942 sind im Stärkebuch die Namen von 14 gestorbenen Häftlingen und die Nummern von 20 gestorbenen sowjetischen Kriegsgefangenen verzeichnet worden. Die gestorbenen Häftlingen waren Polen, Juden, ein Tscheche und ein Deutscher (Polit. RD.) In dem Stärkebuch sind die Namen von 20 696 Häftlingen und von 1 473 Nummern von sowjetischen Kriegsgefangenen verzeichnet. APMO: D-AuI-3. Stärkebuch, Bd. 1.

— Die Kartei der sowjetischen Kriegsgefangenen mit 7 641 Karteiblättern. In 5 953 Fällen ist in der Rubrik „Verstorben" der Todestag des Kriegsgefangenen verzeichnet.[14]
— Das Sterbebuch, das in dem bei der Politischen Abteilung bestehenden Standesamt II geführt wurde, ist die Sammlung der für die Häftlinge des Konzentrationslagers Auschwitz ausgestellten Sterbeurkunden. Im Archiv der Gedenkstätte Auschwitz sind insgesamt 8 803 Sterbeurkunden aus den Jahren 1942 und 1943 erhalten; außerdem befinden sich etwa 70 000 Sterbeurkunden in sowjetischen Archiven.[15]
— Das Krankenbaubuch der Blöcke 20 und 28 des Häftlingskrankenbaus im Stammlager Auschwitz enthält die Namen von etwa 5 000 gestorbenen Häftlingen.[16]
— Das Totenbuch des Konzentrationslagers Auschwitz III enthält die Namen von mehr als 1 600 im Konzentrationslager Buna (Monowitz) gestorbenen Häftlingen, deren Leichen in die dort befindliche Leichenhalle gebracht wurden.[17]
— Meldungen über die Entfernung von Goldzähnen für den Zeitraum vom 16. Mai bis zum 10. Dezember 1942 für mehr als 1 800 gestorbene Häftlinge.[18]
— Meldungen des Krankenbaus über den Tod von Häftlingen sind für die Jahre von 1942 bis 1945 fragmentarisch erhalten; sie betreffen mehr als 1 000 Sterbefälle von Häftlingen.[19]

Todesfälle von Häftlingen — jeweils einige wenige bis mehrere hundert — verzeichnen außerdem folgende Dokumenten für unterschiedliche Zeiträume: Abschriften von Sterbeurkunden, die das lagereigene Standesamt den Familien der verstorbenen Häftlinge übersandte; telegrafische Benachrichtigungen des Lagerkommandanten an die Angehörigen über den Tod eines Häftlings; vom Lagerarzt des KL Auschwitz unterzeichnete Todesbescheinigungen für die Familie eines verstorbenen Häftlings; das Krankenbuch für das Konzentrationslager Auschwitz III

---

[14] J. Brandhuber, a.a.O., S. 35 ff.

[15] Nach der Drucklegung der polnischen Ausgabe dieses Buches sind diese Dokumente an das Staatliche Museum in Oświęcim übergeben worden.

[16] APMO: D-AuI-5/1-8, Krankenbaubuch, Block 20 und 28.

[17] APMO: D-Au III-5, Totenbuch KL Au III. Das Dokument wurde in einer Blechbüchse versteckt und zufällig in einer Kloakengrube auf dem Gelände des früheren Nebenlagers Buna-Monowitz aufgefunden.

[18] APMO: D-AuI-5. Meldungen über die Entfernung von Goldzähnen. Die Zahnstation hat diese Meldungen an die Politische Abteilung weitergegeben.

[19] APMO: D-AuI. Meldungen des Häftlingskrankenbaus über den Tod von Häftlingen. Verschiedene Berichte aus der Tätigkeit des Häftlingskrankenbaus.

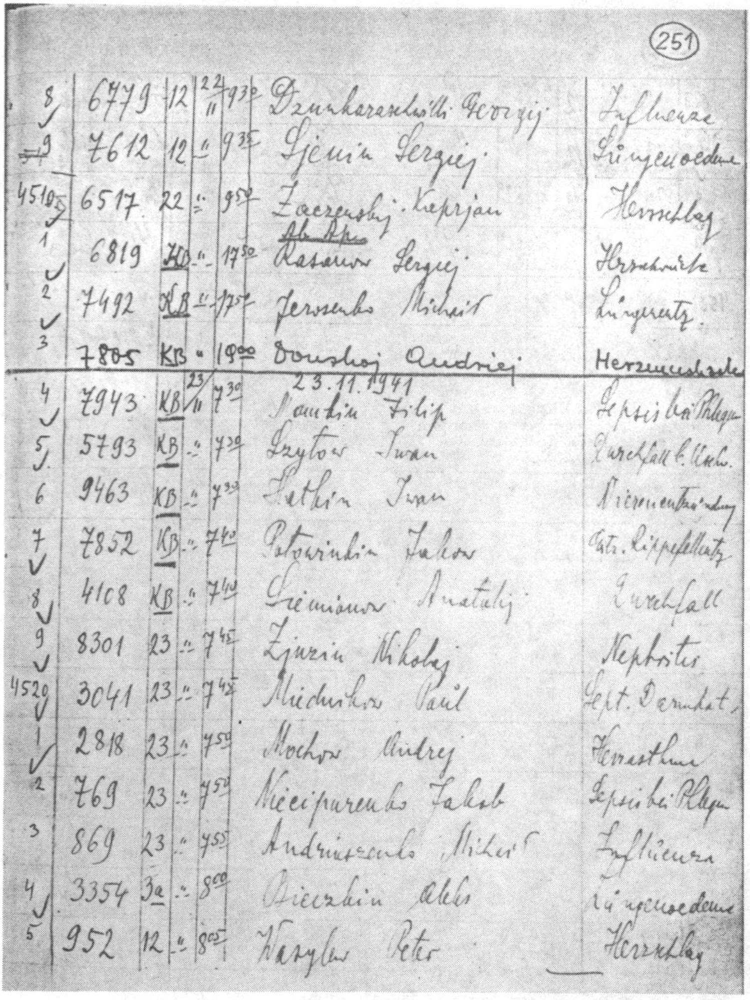
251

8	6779	12	22/11	9.30	Dzunkaraschwili Georgij	Influenza
9	7612	12	"	9.35	Sjemin Sergej	Lungenoedem
4510	6517	22	"	9.50	Zaczenskij Kiprjan	Herzschlag
1	6819	KB	"	17.50	Kasanow Sergej	Herzschwäche
2	7492	KB	"	17.55	Jerosenko Michail	Lungenentz.
3	7805	KB	"	19.00	Dowskoj Andriej	Herzmuskelschw.
					23.11.1941	
4	7943	KB	23/11	7.30	Naumkin Filip	Sepsis bei Phlegm.
5	5793	KB	"	7.30	Szytow Iwan	Durchfall b. Unt.
6	9463	KB	"	7.33	Sethkin Iwan	Nierenentzündung
7	7852	KB	"	7.40	Patarinkin Jakow	Entz. Rippenfellentz.
8	4108	KB	"	7.40	Sziemionow Anatolij	Durchfall
9	8301	23	"	7.45	Zjuzin Nikolaj	Nephritis
4520	3041	23	"	7.45	Miedwikow Paul	Sept. Dermat.
1	2818	23	"	7.50	Mochow Andrej	Herzschwäche
2	769	23	"	7.50	Niecipurenko Jakob	Sepsis bei Phlegm.
3	869	23	"	7.55	Andriuszenko Michail	Influenza
4	3354	3a	"	8.00	Bieczkin Aleks	Lungenoedem
5	952	12	"	8.05	Wasylew Peter	Herzschlag

Seite 251 des Totenbuchs der sowjetischen Kriegsgefangenen, in dem vom 7. Oktober 1941 bis zum 28. Februar 1942 insgesamt 8 320 Namen und sporadisch die Nummern von gestorbenen sowjetischen Kriegsgefangenen verzeichnet wurden. Neben den Namen wurden fiktive Todesursachen eingetragen. Am 23. November 1941 sind in dem Totenbuch 88 Namen von gestorbenen oder getöteten sowjetischen Kriegsgefangenen verzeichnet worden. APMO: D-AuI-5/1, Inventarnummer 4758, Totenbuch Original.

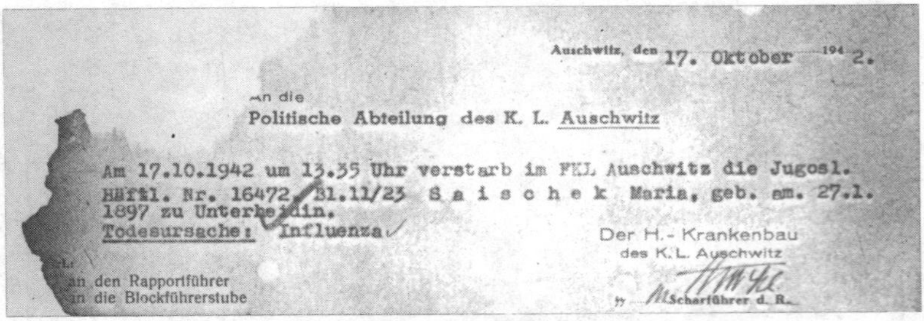
Auschwitz, den 17. Oktober 1942.

An die
Politische Abteilung des K. L. Auschwitz

Am 17.10.1942 um 13.35 Uhr verstarb im FKL Auschwitz die Jugosl.
Häftl. Nr. 16472, Bl.11/23 S a i s c h e k Maria, geb. am. 27.1.
1897 zu Unterheidin.
Todesursache: Influenza.

Der H.- Krankenbau
des K. L. Auschwitz

an den Rapportführer
an die Blockführerstube

SS Scharführer d. R.

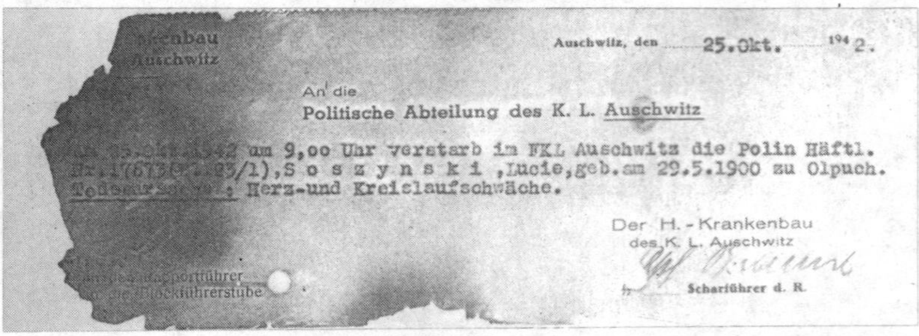
Auschwitz, den 25.Okt. 1942.

An die
Politische Abteilung des K. L. Auschwitz

... um 9,00 Uhr verstarb im FKL Auschwitz die Polin Häftl.
Nr. ..., S o s z y n s k i , Lucie, geb. am 29.5.1900 zu Olpuch.
... Herz-und Kreislaufschwäche.

Der H. - Krankenbau
des K. L. Auschwitz

SS Scharführer d. R.

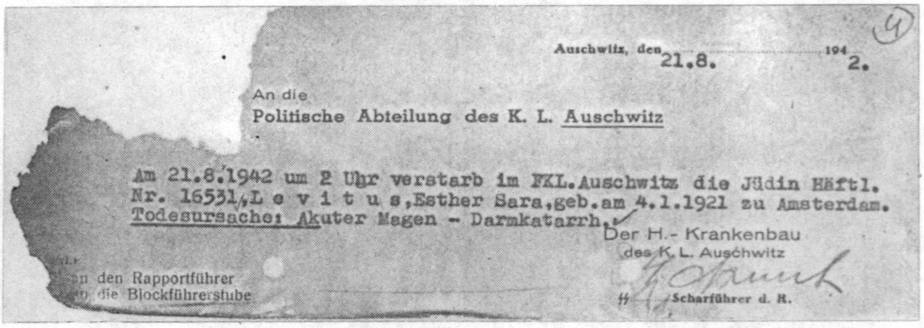
Auschwitz, den 21.8. 1942.

An die
Politische Abteilung des K. L. Auschwitz

Am 21.8.1942 um 2 Uhr verstarb im FKL.Auschwitz die Jüdin Häftl.
Nr. 16531, L e v i t u s, Esther Sara, geb. am 4.1.1921 zu Amsterdam.
Todesursache: Akuter Magen - Darmkatarrh.

Der H.- Krankenbau
des K. L. Auschwitz

an den Rapportführer
an die Blockführerstube

SS Scharführer d. R.

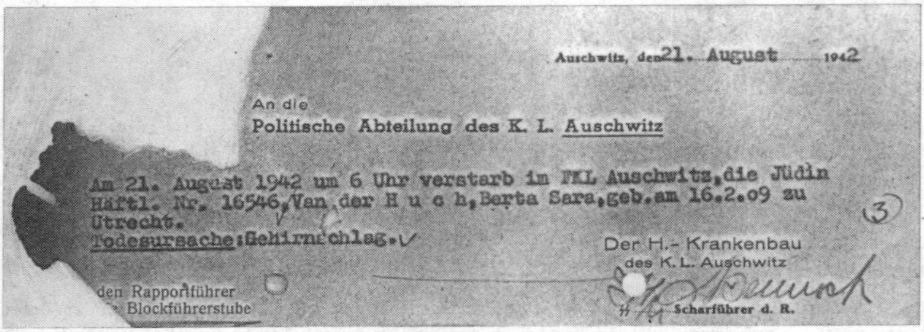
Auschwitz, den 21. August 1942

An die
Politische Abteilung des K. L. Auschwitz

Am 21. August 1942 um 6 Uhr verstarb im FKL Auschwitz, die Jüdin
Häftl. Nr. 16546, Van der H u c h, Berta Sara, geb. am 16.2.09 zu
Utrecht.
Todesursache: Gehirnschlag.

Der H.- Krankenbau
des K. L. Auschwitz

an den Rapportführer
an die Blockführerstube

SS Scharführer d. R.

Meldungen des Häftlingskrankenbaus über den Tod von Häftlingen: der Jugoslawin Maria Saischek, der Polin Lucie Soszynska und der Jüdinnen Berta Sara Van der Huch und Esther Sara Levitus. APMO: D-AuII-5/1, Inventarnummer 151294, Meldungen des Häftlingskrankenbaus über den Tod von Häftlingen.

und die Meldungen des Häftlingskrankenbaus im Konzentrationslager Auschwitz II über den Tod von Häftlingen; das „Bunkerbuch" über Einlieferungen in den Lagerarrest in Block 11 des Stammlagers.[20]

b. Die Aktenüberlieferung des KL Auschwitz zu den nicht als Häftlinge registrierten Personen

Neben den im KL Auschwitz als Häftlinge registrierten und mit einer Häftlingsnummer gekennzeichneten Häftlingen starb in Auschwitz eine große Zahl Menschen (etwa 880 000), die formal nicht Häftlinge waren, weil sie ohne Registrierung zumeist unmittelbar nach ihrem Eintreffen im Lager in den Gaskammern getötet oder — seltener — erschossen wurden. Überwiegend waren dies Juden (98 Prozent), die ab 1942 im Rahmen der Aktion zur „Endlösung der Judenfrage" in großen Transporten nach Auschwitz gebracht wurden.

Zu dieser Gruppe der nicht registrierten Opfer gehören weiter sowjetische Kriegsgefangene, die in den Kriegsgefangenenlagern selektiert worden waren, insbesondere Offiziere und Mitglieder der kommunistischen Partei, sowie eine gewisse Zahl Polen, Zigeuner und Häftlinge anderer Konzentrationslager.

Die genannten Personen sollten nicht registriert werden, sie wurden nicht in Zugangslisten verzeichnet, jeglicher Schriftverkehr wurde zur Geheimhaltung der Massenvernichtung auf ein Minimum beschränkt, und Mitteilungen und Anordnungen wurden grundsätzlich lediglich mündlich übermittelt. Zu den wenigen Dokumenten, die über die ohne Registrierung sofort nach dem Eintreffen in Auschwitz getöteten Personen entstanden sind, gehören die **Meldungen** des Konzentrationslagers **an die vorgesetzte Behörde** über die Ergebnisse der unter den neu eingetroffenen Juden durchgeführten Selektionen.[21] Erhalten sind lediglich drei Meldungen dieser Art des Chefs der Abteilung Arbeitseinsatz des KL Auschwitz Schwarz an das Wirtschaftsverwaltungshauptamt:[22]

— Ein Bericht vom 20. Februar 1943 über 5 022 am 21., 24. und 27. Januar 1943 aus dem Ghetto Theresienstadt nach Auschwitz gebrachte Juden. In dem Dokument wird festgestellt, daß von ihnen 930, davon

---

[20] Die genannten Dokumenten werden im Archiv der Gedenkstätte Auschwitz aufbewahrt.

[21] Diese Berichte hat u.a. der Häftling Herta Hoffmann, eingesetzt als Sekretärin von Sell und Hössler, angefertigt. APMO: Krakauer Auschwitz-Prozeß, Bd. 42, Bl. 201, Aussagen von Herta und Sieglinde Hoffmann am 28.9.1945.

[22] Der ehemalige Häftling Jan Trębaczowski hat ausgesagt, daß die Kopien dieser Meldungen an das SS-WVHA von der Lagerführung vernichtet wurden. Biuletyn GKBZHwP, Bd. 13, Warschau 1960, S. 155 f.

[23] APMO: D-AuI-3a/65-66. Arbeitseinsatz — Briefe und Telegramme betr. den Arbeitseinsatz von Häftlingen.

614 Männer und 316 Frauen, zum Arbeitseinsatz gebracht wurden, für die übrigen 4 092 Personen, darunter 1 422 Männer und 2 670 Frauen und Kinder sei wegen ihrer Gebrechlichkeit „Sonderunterbringung" angeordnet worden, sie wurden also getötet.[23]

— Ein Telegramm vom 8. März 1943 betreffend drei am 5. und 7. März aus Berlin und Breslau nach Auschwitz gebrachte Transporte mit 3 223 Juden. Von ihnen wurden 1 324, davon 973 Männer und 351 Frauen, zum Arbeitseinsatz gebracht, und 1 899 Personen, davon 306 Männer und 1 593 Frauen und Kinder „wurden sonderbehandelt", also getötet.[24]

— Eine Meldung vom 15. März 1943 betreffend einen Transport von 964 Juden aus Berlin, von denen 365 — davon 218 Männer und 147 Frauen — zum Arbeitseinsatz kamen, 599 Personen, davon 126 Männer und 473 Frauen und Kinder, wurden „gesondert untergebracht", das heißt getötet.[25]

Auch die Politische Abteilung übersandte solche Meldungen an das Reichssicherheitshauptamt. Keines dieser Dokumente ist jedoch erhalten geblieben.[26]

Bezüglich der in Auschwitz ohne Registrierung als Häftlinge getöteten sowjetischen Kriegsgefangen, Polen und Zigeuner sind überwiegend indirekte Quellen vorhanden.

c. Quellen deutscher amtlicher Herkunft und andere außerhalb des KL Auschwitz entstandene Quellen

Für die Frage der Zahl der Opfer sind von den außerhalb des Konzentrationslagers entstandenen Quellen deutscher amtlicher Herkunft die **mit der Vorbereitung und Deportation der Judentransporte nach Auschwitz zusammenhängenden Akten** am aufschlußreichsten. Es handelt sich hierbei um die in mehreren Exemplaren angefertigten Transportlisten sowie um Deportationslisten, Korrespondenz und Karteien unterschiedlicher Art der den jeweiligen Transport einweisenden Dienststellen bzw. der an der Vorbereitung des Transports beteiligten Einrichtungen und Institutionen (RSHA, WVHA, jüdische Institutionen und Organisationen im Rahmen der „Selbstverwaltung", Auswärtiges Amt des Dritten

---

[24] Reimund Schnabel, *Macht ohne Moral. Eine Dokumentation über die SS*. Frankfurt am Main 1957, S. 514.

[25] APMO: D-AuI-3a/131, Arbeitseinsatz — Briefe und Telegramme betr. den Arbeitseinsatz von Häftlingen; Reproduktion in: Hefte von Auschwitz 4, 1961, S. 116.

[26] APMO: Höß-Prozeß, Bd. 4, Bl. 130, Aussage des in der Politischen Abteilung eingesetzten ehemaligen Häftlings J. Trębaczowski. Nach Hermann Langbein wurden die Kopien der an das RSHA übersandten Meldungen nach einiger Zeit im Lager verbrannt. Hermann Langbein, *Menschen in Auschwitz*. Wien 1972, S. 78.

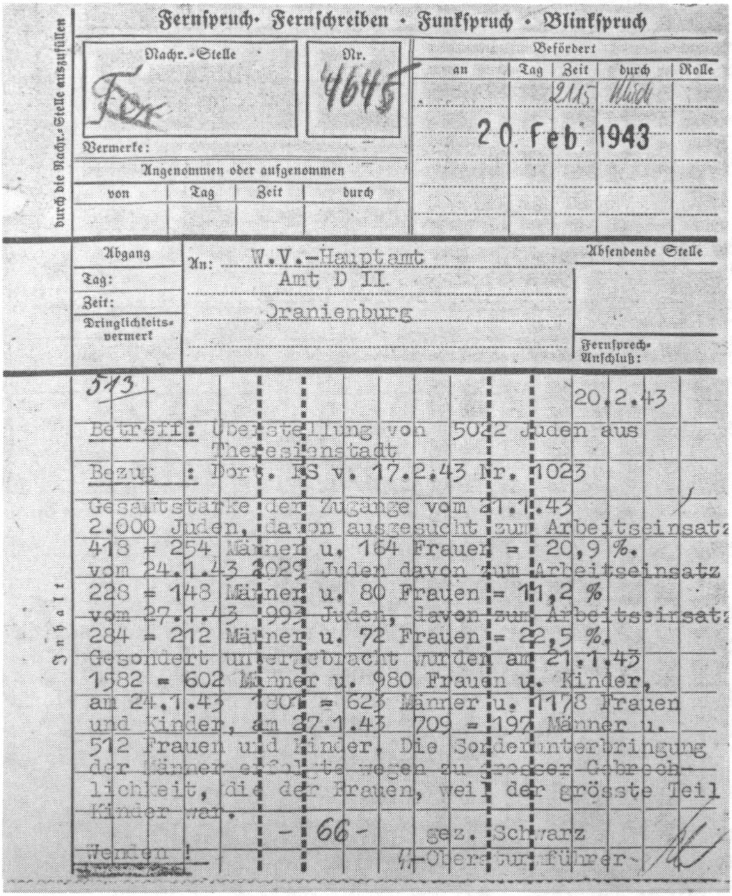

Fernspruch · Fernschreiben · Funkspruch · Blinkspruch

durch die Nachr.-Stelle auszufüllen

Nachr.-Stelle: Fer

Nr. 4645

Befördert

an	Tag	Zeit	durch	Rolle
		2115		

20. Feb. 1943

Vermerke:

Angenommen oder aufgenommen

von	Tag	Zeit	durch

Abgang
Tag:
Zeit:
Dringlichkeitsvermerk

An: W.V.-Hauptamt
Amt D II
Oranienburg

Absendende Stelle

Fernsprech-Anschluß:

Inhalt

513

20.2.43

Betreff: Überstellung von 5022 Juden aus Theresienstadt

Bezug : Dort. FS v. 17.2.43 Nr. 1023

Gesamtstärke der Zugänge vom 21.1.43
2.000 Juden, davon ausgesucht zum Arbeitseinsatz
418 = 254 Männer u. 164 Frauen = 20,9 %.
vom 24.1.43 2029 Juden davon zum Arbeitseinsatz
228 = 148 Männer u. 80 Frauen = 11,2 %
vom 27.1.43 993 Juden, davon zum Arbeitseinsatz
284 = 212 Männer u. 72 Frauen = 22,5 %.
Gesondert untergebracht wurden am 21.1.43
1582 = 602 Männer u. 980 Frauen u. Kinder,
am 24.1.43 1801 = 623 Männer u. 1178 Frauen
und Kinder, am 27.1.43 709 = 197 Männer u.
512 Frauen und Kinder. Die Sonderunterbringung
der Männer erfolgte wegen zu grosser Gebrechlichkeit, die der Frauen, weil der grösste Teil
Kinder war.

\- 66 -

gez. Schwarz
SS-Obersturmführer

Wenden !

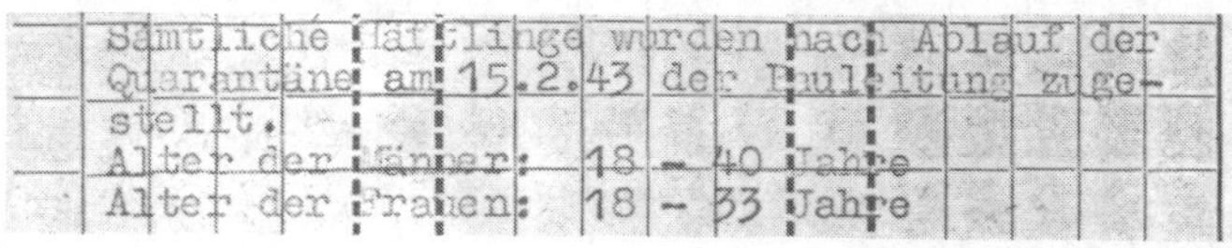

Sämtliche Häftlinge wurden nach Ablauf der
Quarantäne am 15.2.43 der Bauleitung zugestellt.
Alter der Männer: 18 - 40 Jahre
Alter der Frauen: 18 - 33 Jahre

Mitteilung des Leiters der Abteilung Arbeitseinsatz des KL Auschwitz an das Amt D II des SS-WVHA vom 20. Februar 1943, mit der das Ergebnis der Selektion der am 21., 24. und 27. Januar 1943 aus Theresienstadt nach Auschwitz deportierten Transporte mit Juden übermittelt wurde. Von 5022 Personen wurden 930 Männer und Frauen „zum Arbeitseinsatz" ausgesucht, 4092 Männer, Frauen und Kinder wurden dagegen in den Gaskammern getötet („Gesondert untergebracht"). Die Männer wurden „wegen zu großer Gebrechlichkeit" getötet, die Frauen, „weil der größte Teil Kinder war". APMO: D-AuI-3a/65, Inventarnummer 32119.

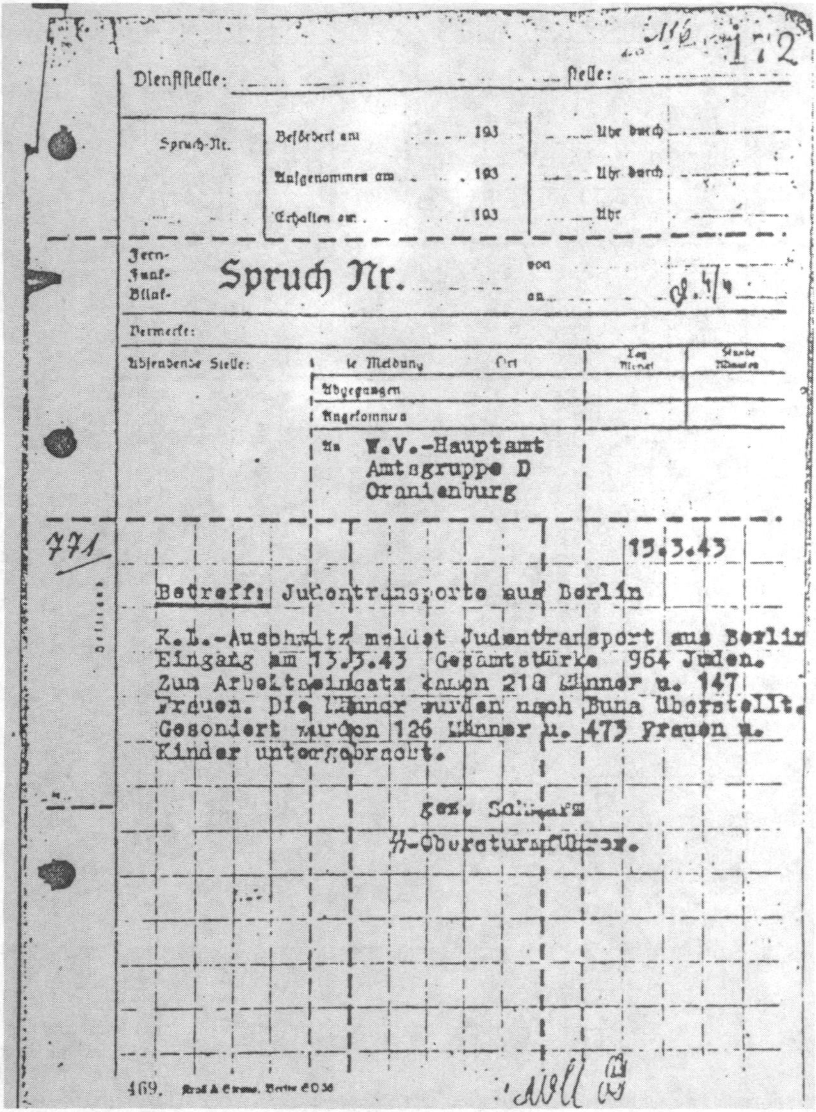

172

Dienststelle: ... stelle:

Spruch-Nr. | Befördert am ... 193 ... Uhr durch
Aufgenommen am ... 193 ... Uhr durch
Erhalten am ... 193 ... Uhr

Fern-
Funk-
Blink-
Spruch Nr. ... von ... an ...

Vermerke:

Absendende Stelle: | le Meldung | Ort | Tag Monat | Stunde Minuten
Abgegangen
Angekommen

An W.V.-Hauptamt
Amtsgruppe D
Oranienburg

771

15.3.43

Betreff: Judentransporte aus Berlin

K.L.-Auschwitz meldet Judentransport aus Berlin
Eingang am 13.3.43 Gesamtstärke 964 Juden.
Zum Arbeitseinsatz kamen 218 Männer u. 147
Frauen. Die Männer wurden nach Buna überstellt.
Gesondert wurden 126 Männer u. 473 Frauen u.
Kinder untergebracht.

gez. Schwarz
SS-Obersturmführer.

469.

Mitteilung des Leiters der Abteilung Arbeitseinsatz des KL Auschwitz an die Amtsgruppe D des SS-WVHA vom 15. März 1943, mit der das Ergebnis der Selektion des am 13. März 1943 aus Berlin nach Auschwitz deportierten Transports mit 964 Juden übermittelt wurde. 218 Männer und 147 Frauen wurden „zum Arbeitseinsatz" gebracht, 126 Männer und 473 Frauen und Kinder wurden dagegen in den Gaskammern getötet („Gesondert [...] untergebracht"). APMO: Höß-Prozeß, Bd. 12, Bl. 172, Mikrofilm Nr. 206/172.

Reiches). Ein Exemplar der Transportliste, in der die Namen aller Deportierten verzeichnet waren, wurde vom Transportführer des jeweiligen Transportes einem Angehörigen der Politischen Abteilung übergeben[27] und im Referat Aufnahme der Politischen Abteilung aufbewahrt. Die Namen der bei der Selektion zum Arbeitseinsatz gebrachten und als Häftlinge registrierten Personen wurden in diesen Listen rot gekennzeichnet.[28] Alle Deportationslisten wurden im Rahmen der Aktion zur Verwischung der Spuren des Verbrechens verbrannt.[29]

Lediglich für die aus Frankreich, aus Belgien, aus Holland, aus dem Protektorat Böhmen und Mähren (Theresienstadt), aus Norwegen sowie für einen Teil der aus Deutschland und aus der Slowakei deportierten Juden sind in Archiven dieser Länder Kopien der Deportationslisten erhalten geblieben. Sie enthalten die Nummer und das Datum des Transports, den Vor- und den Zunamen, in den meisten Fällen das Geburtsdatum und den Geburtsort und zum Teil noch weitere Angaben.[30] Listen dieser Art und entsprechende Korrespondenz sind außer in den mit der Deportation befaßten deutschen Institutionen zuweilen auch von mit den Deutschen zusammenarbeitenden Dienststellen der Regierungen der Satellitenländer bzw. der besetzten Länder angefertigt worden.

Aufgrund der erhaltenen **Berichte des deutschen Botschafters in Ungarn** Edmund Veesenmayer können die Vorbereitungen und der Verlauf der Deportation von 437 402 ungarischen Juden in das Konzentrationslager Auschwitz mit großer Genauigkeit verfolgt werden.[31] Von besonderer Bedeutung sind in diesen Berichten die in Abständen von mehreren Tagen genannten Angaben über die Zahl der Deportierten.

---

[27] APMO: Krakauer Auschwitz-Prozeß, Bd. 43, Bl. 118. Aussage des Chefs der Politischen Abteilung Maximilian Grabner; P. Broad, *KZ-Auschwitz,* S. 34, 43. Wie der ehemalige Häftling J. Trębaczowski ausgesagt hat, waren die Transportlisten das einzige Dokument, in dem die nicht registrierten Opfer des KL Auschwitz verzeichnet waren.

[28] APMO: Höß-Prozeß, Bd. 4, Bl. 130, Aussage des in der Politischen Abteilung eingesetzten ehemaligen Häftlings F. Myłyk.

[29] Zahlreiche Aussagen von Augenzeugen der Verbrennung der Akten des KL Auschwitz liegen vor. APMO: Höß-Prozeß, Bd. 3, Bl. 132, 138, Bd. 4, Bl. 77, 78, 85, Aussagen der ehemaligen Häftlinge Stanisława Rachwałowa, Tadeusz Wąsowicz, Ludwik Rajewski, Willibald Pająk; Krakauer Auschwitz-Prozeß, Bd. 42, Bl. 202, Aussage von Herta und Sieglinde Hoffmann; Bestand Erinnerungen, Bd. 127, Bl. 85f., Erinnerungen des ehemaligen Häftlings Jan Olszowski; *Kommandant in Auschwitz,* S. 162; Pery Broad, KZ-Auschwitz, S. 48. Der in der Politischen Abteilung eingesetzte ehemalige Häftling Tadeusz Wąsowicz hat ausgesagt, daß die Transportlisten und die Zugangslisten im September 1944 verbrannt wurden. Biuletyn GKBZHwP, Bd. 13, Warschau 1960, S. 153f.

[30] Die Ergebnisse der Analyse dieser Listen werden in den zitierten Veröffentlichungen zur Deportation der Juden aus den einzelnen Ländern dargestellt.

[31] Randolph L. Braham, *The Destruction of Hungarian Jewry.* New York 1963, passim.

Eine außerhalb des Konzentrationslagers entstandene ungewöhnliche Quelle, durch deren Auswertung im Zusammenhang mit anderen Quellen die Zahl der nach Auschwitz deportierten griechischen Juden festgestellt werden konnte, sind **Eisenbahnfahrkarten**, die nach dem Krieg auf dem Bahnhof Oświęcim aufgefunden wurden.

d. Materialien der Widerstandsbewegung im KL Auschwitz

Das Ausmaß der im KL Auschwitz verübten Verbrechen war kontinuierlich Gegenstand des Interesses der im KL Auschwitz bestehenden Untergrundbewegung. Die Untergrundgruppen hatten Vertraute in den einzelnen Verwaltungsstellen und Einrichtungen des Lagers, die systematisch Informationen über das Lager sammelten, darunter auch Zahlenangaben, und diese aus dem KL Auschwitz herausbrachten. Dies war möglich, obwohl die SS-Führung versuchte, den im KL Auschwitz verübten Massenmords geheim zu halten; die Maßnahmen zur Ausschaltung und dann zur physischen Liquidierung von Augenzeugen erwiesen sich jedoch als begrenzt wirksam. Sowohl die schrittweise Vernichtung durch extrem schwere Arbeit und Hunger, die als Tod durch natürliche Todesursachen zu tarnen versucht wurde, wie die für die Vernichtungslager charakteristische Liquidierung von tausenden von Menschen, die unmittelbar nach dem Eintreffen im Konzentrationslager heimtückisch zu den Gaskammern gebracht wurden und deren Leichen zur Verwischung aller Spuren verbrannt wurden, waren allen Häftlingen und Angehörigen der SS-Besatzung mehr oder weniger detailliert bekannt, und zwar aufgrund eigener Wahrnehmung oder aus Berichten anderer. Die Vernichtungsanlagen (die Gaskammern und die Exekutionsstellen) befanden sich ja direkt auf dem Gelände des Lagers bzw. in seiner unmittelbaren Nachbarschaft. Sie waren in größerem oder geringerem Ausmaß sowohl für einen großen Teil der Häftlinge, wie auch für die SS-Angehörigen der Lagerbesatzung zugänglich. Das Krematorium I und die benachbarte Gaskammer lagen knapp 20 Meter von dem Zaun um das Stammlager Auschwitz entfernt; auch die Gasbunker und die Krematorien in Birkenau befanden sich in der Nachbarschaft der Häftlingsbaracken. Die Funktionsweise des Konzentrationslagers legt nahe, daß sich seine Leitung des bei der Durchführung des Vernichtungsauftrags in erster Linie an pragmatischen Überlegungen orientierte und die auferlegten Erfordernisse der Geheimhaltung in erheblichem Ausmaß nicht beachtete. Fast täglich gingen ja tausende zu den Gaskammern gebrachte Menschen an den Baracken des Lagers vorbei, von wo aus die Häftlinge sie beobachteten. Ab Mai 1944 spielten sich vor ihren Augen die dramatischen Szenen der Selektion der neu eingetroffenen Juden ab. Denn ab dieser Zeit wurden die Züge mit den zur Vernichtung antransportierten Menschen zum Zweck der Beschleunigung des Ablaufs des Vernichtungsvorgangs in Birkenau auf der zwischen den Baracken des Frauenlagers B I und der Lagerabschnitte des Lagers B II, in dem sich u.a. das Männerlager und das Zigeunerlager befanden, gelegenen Eisenbahnrampe ausgeladen. Zeugen des Marsches zu den Gaskammern und Krematorien waren schließlich auch Angehörige der Zivilbevölkerung, darunter Bahnpersonal und beim Ausbau des KL Auschwitz eingesetzte Bau- und Montagearbeiter. Fast in allen Verwaltungsstellen und Abschnitten des KL Auschwitz wurden Häftlinge als Hilfspersonal verwendet, so in den Schreibstuben der einzelnen Abteilungen, wo Häftlinge als Schreiber oder Reiniger arbeiteten, in den Werkstätten und Magazinen sowie als Hauspersonal in den Privatwohnungen und Privathäusern der SS-Angehörigen. Überall dort hatten sie einen umfangreicheren oder begrenzteren Einblick in der Geheimhaltung unterliegende Vorgänge.

Schließlich wurden Häftlinge auch, und vor allem dies ist hier von Bedeutung, direkt im Apparat der Vernichtung und den mit ihm zusammenhängenden Dienststellen und Verwaltungsstellen eingesetzt, d.h. bei der Erstellung von Dokumenten unterschiedlicher Art, dem Verbringen zur Mordstelle und dem Wegbringen der Leichen, dem Henken und der Verabreichung der tödlichen Spritzen, bei der Selektion der neu eingetroffenen Häftlinge und bei der Selektion innerhalb des Lagers, beim Transport der Selektierten zu den Gaskammern, bei der Entfernung der Leichen aus den Gaskammern und ihrem Vergraben bzw. der Verbrennung. Es gab im Grunde wenige Vorgänge im Konzentrationslager, bei denen nicht Häftlinge anwesend waren und Zeugen wurden. In Abhängigkeit von der Arbeitsstelle, den Bewegungsmöglichkeiten innerhalb bzw. außerhalb des Lagers und der Dauer der bereits im Konzentrationslager verbrachten Haftzeit hatten die Häftlinge mit der Zeit Zugang zu den größten Geheimnisse des Lagers, darunter auch zu Wissen über die Methoden und das Ausmaß der Vernichtung. Die mit den Massentransporten in Auschwitz eingetroffenen und zur Arbeit selektierten Juden erfuhren meist noch am gleichen Tag, daß ihre Angehörigen, von denen sie kurze Zeit zuvor auf der Rampe getrennt worden waren, nicht mehr lebten. Mithäftlinge oder Funktionshäftlinge begleiteten ihre Aussage zumeist mit einer deutlichen Geste in Richtung der rauchenden Schornsteine der Krematorien.

Es war deshalb möglich, durch Zusammenfassung der von der Untergrundbewegung im KL Auschwitz von Häftlingen und zuweilen auch SS-Angehörigen erlangten Informationen ein verhältnismäßig umfassendes Bild der Gesamtvorgänge innerhalb des KL Auschwitz zusammenzutragen. **Als schriftliche Darstellung oder als statistische Daten gelangten diese Informationen auf verschiedenen Wegen zu den Zentren des Untergrunds im besetzten Polen und wurden in den Untergrundzeitungen verbreitet; die wichtigsten dieser Informationen wurden über Funk**

oder durch Kuriere an die polnische Exilregierung in London weitergeleitet.[32]

Selbstverständlich erreichten nicht alle dieser Berichte ihren Empfänger. Eine dieser Sendungen wurde — wie aus einem Telegramm des deutschen Botschafters in Budapest Veesenmayer an das deutsche Auswärtige Amt bekannt ist — von den Deutschen in Ungarn abgefangen. In dem Telegramm wird über den Inhalt der Sendung ausgeführt: „Insbesondere ist auch über die Vorgänge im Lager Auschwitz eingehend berichtet worden. Aus dem Material muß geschlossen werden, daß die PPS [Polnische Sozialistische Partei; d. Übers.] über ein gut funktionierendes Nachrichtennetz auf dem in Rede stehenden Gebiet verfügt und in der Lage ist, eine genaue Statistik über die Zahl der Festnahmen, Zu- und Abgänge usw. zu führen. Dem Material ist u.a. eine umfangreiche Liste von Häftlingen beigefügt." [33]

Die aus dem besetzten Polen nach London übermittelten Materialien waren u.a. Grundlage von veröffentlichten Erklärungen, Aufrufen und diplomatischen Noten der **polnischen Exilregierung** und bestärkten die Exilregierung darin, sich an Vorhaben zu beteiligen, die die Schaffung von Grundsätzen und rechtlichen Grundlagen für die Verfolgung der Nazi-Verbrecher zum Ziel hatten.

Diese Informationen gelangten auf diesem Weg auch in die Weltpresse. So berichtete die Los Angeles Times am 22. März 1944: [34] „Das Polnische Informationsministerium teilte heute mit, daß mehr als 500 000

---

[32] Vgl. dazu umfassend: Henryk Świebocki, *Przyobozowy ruch oporu w akcji niesienia pomocy więźniom KL Auschwitz* [Die Widerstandsbewegung in der Region Auschwitz und ihre Hilfsaktion für die Häftlinge des KL Auschwitz]. *In:* Zeszyty Oświęcimskie 19, 1988, S. 120–150 (Abschnitt zur Frage der Weitergabe von Informationen und Dokumenten über die Verbrechen der SS. Der SS-Mann Pery Broad aus der Politischen Abteilung des Konzentrationslagers Auschwitz schreibt in seinem Bericht über diese von der Untergrundbewegung weitergegebenen Materialien: „Die polnische Widerstandsbewegung war unterdessen unermüdlich tätig, das Geheimnis um Auschwitz zu lichten, und der Welt Kunde von dem sich dort abspielenden Verbrechen zu vermitteln. Geflohene Häftlinge und durch, im Lagerbereich beschäftigte Zivilarbeiter übermittelte Kassiber brachten viel Material. Es wurde eine Schrift verfaßt, die 'Das Todeslager' hieß. Während wahrscheinlich die meisten Außenstehenden diese Schilderung als übertriebene Greuelpropaganda auffaßten, enthielt sie doch nur einen Bruchteil des wirklichen Geschehens." Pery Broad, *KZ-Auschwitz,* S. 47. Vgl. a. John Conway, *Frühe Augenzeugenberichte aus Auschwitz — Glaubwürdigkeit und Wirkungsgeschichte. In: Vierteljahreshefte für Zeitgeschichte* 1979, H. 2, S. 260-284; Walter Laqueur, *The Terrible Secret. Suppression of the Truth about Hitler's „Final Solution".* Boston 1982.

[33] R.L. Braham, *The Destruction,* S. 584.

[34] Reproduktion des Artikels in: Mel Mermelstein, *By Bread Alone, the story of A-4685.* California 1981, S. 61; Übersetzung aus dem Englischen: J.A.

Los Angeles Times

EQUAL RIGHTS

LIBERTY UNDER THE LAW — TRUE INDUSTRIAL FREEDOM

WEDNESDAY MORNING, MARCH 22, 1944

Poles Report Mass Murder

LONDON, March 21. (AP)—The Polish Ministry of Information said today that more than 500,000 persons, mostly Jews, had been put to death at a concentration camp at Osweicim, southwest of Krakow.

In a lengthy report on Nazi atrocities the ministry declared three crematoriums had been erected inside the camp to dispose of 10,000 bodies a day. Gas chambers were said to have been attached to the crematoriums.

The report asserted that men, women and children arrive by truckloads and are removed to the gas chambers where 10 to 15 minutes are required for execution, but since the supply of poison gas is limited some persons are not dead when they are thrown into the crematorium.

Artikel aus der "Los Angeles Times" vom 22. März 1944, in dem berichtet wird, daß nach Informationen des Polnischen Informationsministeriums mehr als 500 000 Personen, überwiegend Juden, in dem Konzentrationslager in Oświęcim südwestlich von Krakau ermordet worden sind. In drei Krematorien könnten täglich 10 000 Leichen verbrannt werden, und in den mit ihnen verbundenen Gaskammern könnten die Menschen im Verlauf von zehn bis fünfzehn Minuten getötet werden. M. Mermelstein, By Bread alone, S. 61.

Menschen[35], hauptsächlich Juden, in dem Konzentrationslager in Oświęcim südwestlich von Kraków ermordet worden sind. In einem langen Bericht über die Nazi-Grausamkeiten informierte das Ministerium darüber, daß in diesem Lager drei[36] Krematorien zur Beseitigung von 10 000 Leichen täglich[37] errichtet worden sind. Wie gesagt wird, sind die Krematorien mit Gaskammern ausgestattet. Der Bericht behauptet, daß Männer, Frauen und Kinder mit Güterwaggons antransportiert und in Gaskammern gebracht werden, wo sie im Verlauf von 10 bis 15 Minuten getötet werden, da die Zulieferung von Giftgas jedoch beschränkt ist, sind einige Menschen noch nicht tot, wenn sie in das Krematorium geworfen werden."

Die von der Widerstandsbewegung im KL Auschwitz zusammengetragenen und dann nach London übermittelten Informationen wurden auch über den Rundfunk verbreitet. Am 15. Juni 1944 hörte der deutsche Abhördienst eine in deutsch aus London ausgestrahlte Sendung ab, in der u. a. berichtet wurde: „4 000 tschechoslowakische Juden, die im Dezember 1943[38] von

[35] Es war dies noch vor der Deportation der 438 000 ungarischen Juden und der 60 000 bis 70 000 Juden aus Łódź sowie der Juden aus Płaszów und von anderen Orten nach Auschwitz.

[36] Es sollte heißen: vier.

[37] Nach deutschen Angaben konnten in den vier Krematorien in Birkenau im Verlauf von 24 Stunden 4 416 Leichen verbrannt werden. Nach den Aussagen von beim Verbrennen der Leichen eingesetzten ehemaligen Häftlingen wurden beim Verbrennen der Leichen durch die Verkürzung des Verbrennungsprozesses und die Vergrößerung der Zahl der gleichzeitig verbrannten Leichen im Verlauf eines Tages 8 000 Leichen verbrannt. Je nach Bedarf wurden Leichen auch gleichzeitig unter freiem Himmel auf Scheiterhaufen oder in Verbrennungsgruben verbrannt. Vgl. APMO: BW 30/42, Bl. 2, Brief von Bischoff an Kammler vom 28.6.1943. Vgl. den Inhalt des Briefes in: D. Czech, *Kalendarium*, S. 533. Nach Höß konnten in den Krematorien II und III zusammen innerhalb von 24 Stunden etwa 4 000 und in den Krematorien IV und V zusammen 3 000, also insgesamt 7 000 Leichen verbrannt werden. Vgl. *Kommandant in Auschwitz*, S. 160. Der Angehörige des Sonderkommandos Alter Feinsilber hat ausgesagt, daß in den Krematorien II und III jeweils 2 500 und in den Krematorien IV und V jeweils 1 500, also insgesamt 8 000 Leichen verbrannt wurden. Vgl. *Inmitten des grauenvollen Verbrechens. Handschriften von Mitgliedern des Sonderkommandos*. Hefte von Auschwitz. Sonderheft I, Oświęcim 1972, S. 52 (weiter: *Inmitten des grauenvollen Verbrechens*). Ein anderer Angehöriger des Sonderkommandos, der ehemalige Häftling Henryk Tauber, hat ausgesagt, daß im Krematorium II im Verlauf eines Tages durchschnittlich 2 500 Leichen verbrannt wurden, was beim Umrechnen auf die einzelnen Krematorien ebenfalls eine Zahl von etwa 8 000 ergibt. APMO: Höß-Prozeß, Bd. 2, Bl. 139.

[38] Sie wurden am 7. März in das Lager B II a gebracht und am 8. März 1944 ermordet. Die Zahl der Ermordeten betrug 3 791. Es handelte sich um 5 006 Juden, die am 8. September 1943 nach Auschwitz gebracht worden waren und für eine Aufenthaltsdauer von sechs Monaten in Auschwitz bleiben sollten. D. Czech, *Kalendarium*, S. 600, 734 ff.

Theresienstadt nach Birkenau transportiert wurden, sind am 7. März in Gaskammern ermordet worden."

In der Sendung wurde weiter berichtet, für den 20. Juni sei angeordnet worden, weitere 3 000 tschechoslowakische Juden hinzumorden [39]; über die Massenmorde in Birkenau lägen in London genaueste Berichte vor, und alle Verantwortlichen für diese Massenmorde würden zur Rechenschaft gezogen werden.[40]

Die angeführten Beispiele sollen den Mechanismus illustrieren und die Bedeutung der von den Häftlingen unternommenen Handlungen unterstreichen, die zum einen die Offenlegung der Maßnahmen der Nazi-Führung vor der Öffentlichkeit und damit die Zurückdrängung des Terrors gegen die Häftlinge zum Ziele hatten und zum anderen die Dokumentierung dieser Verbrechen für die Nachwelt bewirken sollten. Für die hier erörterten Fragen haben jedoch die Angaben zur Gesamtzahl der Opfer in bestimmten Zeitabschnitten die größte Bedeutung.

Diesbezügliche Angaben enthalten die **Akten der Delegatur** für die Jahre 1942 bis 1944. In einem der frühesten dieser Dokumente mit Hinweisen auf die Gesamtzahl der Opfer vom 29. August 1942 heißt es: [41]

„Am bedrohlichsten sind die Massenexekutionen mit Hilfe von Gas in besonders zu diesem Zweck gebauten Kammern. Es sind zwei, die 1 200 Menschen fassen [42] [...] auf diese Weise sind schon mehr als 300 000 [43] gegangen."

In einem Dokument vom 24. Februar 1943 wird festgestellt: [44]

„Aus dem Konzentrationslager Auschwitz gelangte in letzter Zeit eine erschütternde Opferstatistik in die Hauptstadt [d.h. nach Warschau; d. Übers.]. Sie stellt fest, daß seit Bestehen des Lagers bis zum 15. Dezember 1942 in ihm 640 000 [45] Menschen gestorben und daß 30 000 Häftlinge am

---

[39] Dies geschah am 10. Juli 1944. Die übrigen 4 000 Juden aus Theresienstadt wurden am Tag darauf vergast. Vgl. D. Czech, *Kalendarium*, S. 820.

[40] Reproduktion des Abhörberichts des „Sonderdienstes Seehaus" vom 16.6.1944 in: *Obóz koncentracyjny w Oświęcimiu w świetle akt Delegatury*, S. 137.

[41] *Obóz koncentracyjny Oświęcim w świetle akt Delegatury*, S. 43. Das Dokument ist überschrieben: „Brief aus Oświęcim".

[42] Ab 1942 waren in Birkenau zwei Gaskammern in zwei zu diesem Zweck hergerichteten früheren Bauernhäusern in Benutzung, deren Bewohner ausgesiedelt worden waren. In die als Bunker 2 bzw. „weißes Haus" bezeichnete Gaskammer konnten gleichzeitig etwa 1 200 Menschen gebracht werden, in die als Bunker 1 bzw. „rotes Haus" bezeichnete Gaskammer 800. Vgl. *Kommandant in Auschwitz*, S. 154, 158.

[43] Tatsächlich hatte die Zahl der vergasten Juden nach dem Stand von Ende 1942 noch nicht 200 000 überschritten. Vgl. Tabellen 15 bis 17, 19, 20, 23 bis 25 und 27.

[44] *Obóz koncentracyjny Oświęcim w świetle akt Delegatury*, S. 89.

[45] Die Zahl ist zu hoch angesetzt. Vgl. Anm. 43.

Leben geblieben sind. 66 000[46] *polnische Männer sind dort erschossen, aufgehängt, malträtiert oder vergast worden oder an Hunger und Krankheiten gestorben, am Leben sind 17 000*[47]. *Frauen, in der Hauptsache Polinnen, leben im Lager 6 800*[48], *ermordet wurden und gestorben sind 19 000*[49]. *Sowjetische Kriegsgefangene sind mehr als 26 000*[50] *vernichtet worden, am Leben sind 100. 520 000*[51] *Juden sind mit Gas vergiftet worden, davon etwa 20 000*[52] *aus Polen, der Rest aus Frankreich, aus Belgien, aus Holland, aus Jugoslawien und aus anderen Ländern.*[53] *Die Lebensbedingungen im Konzentrationslager Auschwitz sind weiter unverändert, also wie bisher entsetzlich.*"

In einem Dokument vom 22. September 1943 wird festgestellt:[54]

„*Bis September 1942 sind in Auschwitz 468 000*[55] *nicht registrierte Juden vergast worden. Von September 1942 bis September 1943 sind etwa 60 000*[56]

---

[46] Die Zahl ist zu hoch angesetzt. Aus den Angaben ergäbe sich, daß mit den im Konzentrationslager am Leben gebliebenen bis zu diesem Zeitpunkt 83 000 Polen registriert worden wären. Die Zahl aller registrierten Häftlinge ohne die Kriegsgefangenen betrug zu diesem Zeitpunkt 87 000 (darunter etwa 3 000 „Erziehungshäftlinge").

[47] Nach den Akten des KL Auschwitz befanden sich am 1. Januar 1943 insgesamt 24 263 Männer als Häftlinge im Kl Auschwitz. APMO: D AuI-3a, Monatsbericht über den Arbeitseinsatz der Häftlinge des KL Auschwitz, Bl. 492.

[48] Nach den Akten des KL Auschwitz befanden sich am 1. Januar 1943 insgesamt 5 367 Frauen im Lager. APMO: D AuI-3a, Monatsbericht über den Arbeitseinsatz der Häftlinge des KL Auschwitz, Bl. 450.

[49] Diese Angabe entspricht der Statistik des Lagers — bis zum 15.12.1942 sind im Konzentrationslager 27 169 Frauen registriert worden.

[50] Bis zu diesem Zeitpunkt sind im Konzentrationslager nach deutschen Angaben etwa 10 000 registrierte sowie mindestens etwa 2 000 nichtregistrierte Kriegsgefangene gestorben. Die Zahl 26 000 kann nicht ausgeschlossen werden, sie ist jedoch nicht durch Dokumente aus dem KL Auschwitz belegt.

[51] Diese Zahl ist beträchtlich zu hoch angesetzt, wie auch in einem anderen entsprechenden Dokument vom 28.2.1943 (*Obóz koncentracyjny Oświęcim w świetle akt Delegatury,* S. 89 f.), in dem die annähernd gleichen Zahlen wiederholt werden: 20 000 Juden aus Polen und 502 000 Juden aus Frankreich, Belgien und Holland. Vgl. Anm. 43.

[52] Die Zahl ist zu niedrig angesetzt, faktisch sind bis zu diesem Zeitpunkt etwa 50 000 Juden aus Polen nach Auschwitz deportiert worden. Vgl. Tabelle 15.

[53] Die Gesamtzahl der Verluste der Juden während des zweiten Weltkrieges in Frankreich, Belgien, Holland und Jugoslawien beträgt etwa 260 000.

[54] *Obóz koncentracyjny Oświęcim w świetle akt Delegatury*, S. 124 f.

[55] Die Zahl ist zu hoch angesetzt. Vgl. Anm. 43.

[56] Die Transporte mit griechischen Juden wurden zwischen März 1943 und August 1944 nach Auschwitz gebracht. Nach dem Verzeichnis der Transporte wurden in diesem Zeitraum etwa 55 000 Menschen deportiert. Diese Zahl ergibt sich ebenfalls aus der Bilanz der Verluste der griechischen Juden. Der ehemalige Kommandant des Konzentrationslagers Höß nennt die höhere Zahl 65 000. Danuta Czech, *Deportation und Vernichtung der griechischen Juden im KL Auschwitz. In: Hefte von Auschwitz 11*, 1970, S. 24. Vgl. Tabelle 18.

Juden aus Griechenland (Saloniki, Athen); 50 000[57] *aus der Slowakei und dem Protektorat Böhmen und Mähren, etwa 60 000 aus Holland, Belgien und Frankreich, 6 000*[58] *aus Chrzanów; 5 000*[59] *aus Kęty, Żywiec, Sucha und Slemien und Umgebung* [also zusammen 175 000 — F. P.] *eingetroffen. Von diesen Menschen leben heute 2 Prozent. Von diesen wurden 98 Prozent überwiegend vollständig gesunde, junge Menschen ins Gas geschickt und halb lebend verbrannt. Jeder nach Auschwitz kommende Transport wird ausgeladen, Männer und Frauen werden getrennt und dann werden ohne Auswahl (in der Masse) 98 Prozent*[60] *(hauptsächlich Frauen und Kinder) auf Kraftwagen geladen und zu der Gaskammer in Birkenau gefahren.*"

Ein weiteres Dokument für den Zeitraum vom 1. bis zum 30. November 1943 beschreibt die Fortsetzung der Massenvernichtung:[61]

„*Der Massenmord an den Juden geht weiter — vor allem Frauen. [...] Während der Vergasung von 30 000 Juden*[62] *aus dem Dąbrowa-Gebiet kamen die Krematorien nicht mit dem Verbrennen der Leichen nach, so daß sie auf Scheiterhaufen verbrannt wurden, und die Kinder wurden lebendig ins Feuer geworfen.*"

Vielen Häftlingen und Augenzeugen dieser Vorgänge hat sich besonders die 1944 durchgeführte Aktion der Liquidierung der ungarischen Juden ins Gedächtnis eingegraben. Im Verlauf von zwei Monaten wurden damals etwa 450 000 Männer, Frauen und Kinder nach Birkenau gebracht. In einem Dokument der Widerstandsbewegung vom 8. Juni 1944 heißt es über diese Aktion:[63]

„*In Oświęcim sind bereits mehr als 100 000 ungarische Juden vergast*

---

[57] Die Zahl ist zu hoch angesetzt. Tatsächlich wurden etwa 17 000 Juden nach Auschwitz deportiert. Vgl. Tabellen 19 und 23.

[58] Nach D. Czech, *Kalendarium*, S. 416, sind am 18.2.1943 1 000 Juden direkt aus Chrzanów nach Auschwitz deportiert worden.

[59] Für diese Transporte liegt keine Bestätigung vor.

[60] Die Prozentangabe ist zu hoch angesetzt — vgl. Text S. 65 f.

[61] *Obóz koncentracyjny Oswiecim w swietle akt Delegatury*, S. 142.

[62] Die Zahl von 30 000 Deportierten (Szternfinkiel nennt eine Zahl von 10 000) bestätigen deutsche Dokumente. Vgl. *Dokumenty o eksterminacji Żydów Zagłębia Dąbrowskiego podczas okupacji hitlerowskiej.* Wybor Zofia Boda-Krężel i Jadwiga Osojca [Dokumente über die Vernichtung der Juden des Dąbrowa-Gebiets während der Nazi-Okkupation. Eine Auswahl von Zofia Boda-Krężel und Jadwiga Osojca]. *In:* Biuletyn ZIH, Nr. 43-44. 1962, S. 113-116 (Bericht des Polizeipräsidenten von Sosnowitz an den Inspekteur der Ordnungspolizei in Breslau vom 7.8.1943); Natan E. Szternfinkiel, *Zagłada Żydów Sosnowca* [Der Untergang der Juden von Sosnowiec]. Katowice 1946, S. 56, 59. Der tatsächliche Zeitraum der Vorgänge war August 1943.

[63] *Obóz koncentracyjny Oświęcim w świetle akt Delegatury*, S. 163. Die Zahl ist zu niedrig angesetzt. Nach dem Stand vom 8.6.1944 betrug die Zahl der Deportierten bereits 289 357. Vgl. R.L. Braham, *The Destruction*, S. 588, 603.

worden. Täglich treffen 13 Züge[64] *ein. Die zum Tode Verurteilten glauben, daß sie in den Osten oder zum Austausch mit England fahren.*"

In einem weiteren Dokument vom 17. Juni 1944 wird berichtet.[65]

„*Seit dem 1. 5. sind die 4 Krematorien rund um die Uhr in Betrieb, die Ziegelei*[66], *manchmal verbrennen sie auch auf Scheiterhaufen. Liquidiert werden täglich bis zu 10 000*[67]."

In dem für die hier erörterten Fragen grundlegenden letzten erhaltenen Dokument aus den Akten der Delegatur (7. Juli 1944) wird ausgeführt[68]:

„*Ermordung der ungarischen Juden in Auschwitz. Bisher sind in Auschwitz mehrere hunderttausend ungarische Juden vergast worden.*"[69]

1944 gelang es der ungarischen Gegenaufklärung, drei geheime Telegramme der Botschafter der USA und Großbritanniens in der Schweiz an ihre Regierungen abzufangen und zu dechiffrieren, in denen der Verlauf der Vernichtung der ungarischen Juden in Auschwitz detailliert dargestellt und über die Ermordung von 1 500 000 Juden[70] in diesem Konzentrationslager berichtet wird. Der ungarische Premierminister Sztojay setzte den deutschen Botschafter in Ungarn Veesenmayer von ihrem Inhalt in Kenntnis. In der Depesche Veesenmayers an Ribbentrop vom 6 Juli 1944, aus der der Vorgang bekannt ist, wird zwar der Name Auschwitz nicht genannt, aus dem Kontext geht jedoch eindeutig hervor, daß es um dieses Konzentrationslager ging.[71]

Die in den genannten Telegrammen enthaltenen Informationen entstammen wahrscheinlich den Berichten von Häftlingen des Konzentrations-

---

[64] Nach den Berichten Veesenmayers sind während der ersten Woche durchschnittlich 13 000 Personen nach Auschwitz deportiert worden. Dies entspricht in etwa den Festlegungen der Konferenz in Wien (vom 4. bis 6.5.1944), wo beschlossen worden ist, daß täglich vier Züge mit jeweils 3 000 Personen in Auschwitz eintreffen werden. R. L. Braham, *The Destruction*, S. 366, 373 (Telegramme Veesenmayers vom 4. und 11. Mai 1944). Die Zahl von 13 Zügen ist also zu hoch angesetzt.

[65] *Obóz koncentracyjny Oświęcim w świetle akt Delegatury*, S. 168. Die ersten beiden Transporte aus Ungarn sind Ende April, Anfang Mai deportiert worden. Die Massendeportation begann mit dem 16.5.1944.

[66] Im poln. Text: "cegelnia". Gemeint sind sicherlich die Verbrennungsgruben.

[67] Dies wird durch die Feststellungen zur Zahl der in das Konzentrationslager deportierten Transporte bestätigt. Vgl. Anm. 64.

[68] *Obóz koncentracyjny Oświęcim w świetle akt Delegatury*, S. 174.

[69] Nach einem Telegramm Veesenmayers vom 11.7.1944 sind bis zum 9.7.1944 insgesamt 437 402 Personen deportiert worden. Der Beamter des deutschen Auswärtigen Amtes Wagner nannte einige Monate später in einem Bericht für Ribbentrop vom 31.10.1944 die gleiche Zahl. R.L. Braham, *The Destruction*, S. 443, 522.

[70] Die Zahl ist zu hoch angesetzt.

[71] R.L. Braham, *The Destruction*, S. 427.

NG-5523

Telegramm Geh.Reichssache

aus Budapest Nr. 239 vom 6.7.1944

Citissime m.Vorrang !

Für Herrn Reichsaussenminister über Botschafter Ritter.

Erfahre soeben durch telefonische Rückfrage bei Sztojay, dass Reichsverweser offensichtlich im Einvernehmen mit ungarischer Regierung Fortsetzung der Juden-Aktionen gestoppt hat. Sztojay hat mich für morgen zu sich gebeten, um mir genau Auskunft über Zusammenhänge zu erteilen, die zu diesem Schritt geführt haben. Hatte gestern Abend noch längere Aussprache mit Sztojay, in der ich ihm unter Bezugnahme auf Drahterlaß RAM 738/44 ! vom 3.Juli weisungsgemäss Mitteilung machte. Sztojay war hierüber sehr betroffen und bat mich nochmals, beim Herrn RAM dringend vorstellig zu werden und das Einverständnis der Reichsregierung für die verschiedenen ausländischen Angebote zu Gunsten der ungarischen Juden zu erwirken. Als Begründung führte er aus:

1. Die ungarische Regierung hätte festgestellt, daß in Rumänien keine besonderen Maßnahmen gegen die dortigen Juden erfolgten und auch seitens der Reichsregierung es geduldet würde, daß eine verhältnismässig grosszügige Behandlung des Judenproblems stattfinde.

2. Auch in der Slowakei gebe es noch tausende von Juden, die mit Billigung der Reichsregierung unter dem

Schutz

110651

Erstes und drittes Blatt des Telegramms von Veesenmayer an Ribbentrop vom 6. Juli 1944. In Punkt fünf des Telegramms wird mitgeteilt, daß die ungarische Abwehr drei Geheimtelegramme des englischen und des amerikanischen Gesandten in der Schweiz an ihre Regierungen abgefangen hat, in denen das Schicksal der ungarischen Juden detailliert dargestellt wurde. Die Gesandten berichteten, daß an dem Ort, zu dem die ungarischen Juden deportiert wurden, bereits 1,5 Millionen Juden vernichtet worden seien und daß den größten Teil der ungarischen Juden das gleiche Schicksal erwarte. In den Telegrammen werde auch vorgeschlagen, den Bestimmungsort sowie die Bahnverbindungen aus Ungarn zu diesem Ort zu bombardieren und zu zerstören. R.L. Braham, The Destruction, S. 425.

NG-5523

Persönlichkeiten im eigenen Lande selbst.

5.Streng vertraulich las mir Sztojay ferner drei von ungarischer Abwehr entzifferte Geheimtelegramme des englischen und des amerikanischen Gesandten in Bern an ihre Regierungen vor. Dieselben enthalten eine detaillierte Darstellung, was mit den Juden, die aus Ungarn deportiert werden, geschieht. Es wird darin erwähnt, daß dort bereits 1 1/2 Millionen Juden vernichtet worden seien und derzeit laufend der grösste Teil der abtransportierten Juden das gleiche Schicksal erleiden. In denselben Telegrammen wird dann folgender Vorschlag gemacht: Bombardierung und Vernichtung des Bestimmungsortes, wohin die Juden kommen, ferner Zerstörung der Bahnen, die Ungarn mit diesem Ort verbinden. Ziel Bombardierungen aller ungarischen und deutschen Dienststellen mit genauen, zutreffenden Strassen und Nummern-Angaben in Budapest die in dieser Sache mitwirken und zuletzt großaufgezogene Propaganda ~~unter~~ über die ganze Welt und die Darstellung des genauen Sachverhalts. In einem weiteren Telegramm sind 70 ungarische und deutsche Persönlichkeiten namentlich genannt, die hauptverantwortliche darstellen.

Sztojay erklärte mir, daß ihn persönlich diese Drohung kalt lassen, da er im Falle unseres Sieges die Sache als uninteressant betrachte, im anderen Falle sowieso

110653

lagers Auschwitz, die im Frühjahr 1944 aus dem Lager geflohen waren, und zwar von **Alfred Wetzler** und **Walter Rosenberg** (Rudolf Vrba) — sie flohen am 7. April 1944 [72] —, von **Czesław Mordowicz** und **Arnošt Rosin** — die Flucht fand am 27. Mai 1944 [73] statt — und (möglicherweise) von **Jerzy Tabeau** (im KL Auschwitz unter dem Namen Wesołowski inhaftiert), der einige Monate früher — am 19. November 1943 [74] — geflohen war. Die Berichte wurden im November 1944 ohne Verfasserangabe vom War Refugee Board beim Präsidenten der Vereinigten Staaten veröffentlicht.[75] Jerzy Tabeau schätzte, daß bis November 1943 allein etwa 1,5 Millionen [76] Juden in Auschwitz ermordet wurden; Rosenberg und Wetzler schätzten dagegen die Zahl der von April 1942 bis April 1944 vernichteten Juden auf 1 765 000 [77], davon aus Polen etwa 300 000 [78] mit Kraftfahrzeugen und 600 000 [79] mit der Eisenbahn nach Auschwitz gebrachte Juden, ferner 100 000 aus Holland [80], 45 000 aus Griechenland [81], 150 000 aus

---

[72] Tadeusz Iwaszko, *Häftlingsfluchten aus dem Konzentrationslager Auschwitz. In: Hefte von Auschwitz 7*, 1964, S. 38 f., 67 (dort Reproduktion des Telegramms über die Flucht von Wetzler und Rosenberg); D. Czech, *Kalendarium*, S. 751.

[73] D. Czech, *Kalendarium*, S. 786.

[74] D. Czech, *Kalendarium*, S. 657; T. Iwaszko, *Häftlingsfluchten*, S. 7 f., 38.

[75] APMO: Krakauer Auschwitz-Prozeß, Bd. 44, Bl. 24-94: Bericht von Wesołowski (Tabeau) "Bericht des polnischen Majors"; George Wellers, *The Existence of Gas Chambers.* **In**: *The Holocaust and Neo-Nazi Mythomania*, New York 1978, S. 116. Der Bericht Wetzlers ist auch unter dem Pseudonym Jožko Lánik, *Oswiecim — hrobka štyroch milionow l'udi* [Auschwitz — das Grab von vier Millionen Menschen]. Bratislava o.J. erschienen. Die Berichte wurden in der Sitzung des Internationalen Militärgerichtshofs in Nürnberg am 14.12.1945 vorgestellt. Vgl. hierzu Tadeusz Cyprian, Jerzy Sawicki, *Sprawy polskie w procesie norymberskim* [Polnische Angelegenheiten im Nürnberger Prozeß]. Poznań 1956, S. 133.

[76] APMO: Krakauer Auschwitz-Prozeß, Bd. 44, Bl. 24. Stanisław Kłodziński, Mitglied der Widerstandsbewegung im KL Auschwitz, schrieb in einem Kassiber vom 16.12.1943 zu den Informationen, die der aus dem KL Auschwitz entflohene Tabeau (Wesołowski) geben kann: „Nutzt ihn vor allem sehr umfassend als Propagandamaterial — er hat sehr viel gesehen und weiß sehr viel — man kann ihm glauben." APMO: Materialien der Widerstandsbewegung, Bd. 1, Bl. 50.

[77] T. Cyprian, J. Sawicki, a.a.O., S. 132 f.

[78] Die Zahl ist zu hoch angesetzt und wird durch andere Quellen nicht bestätigt. Vgl. Tabelle 15

[79] Die Zahl ist zu hoch angesetzt und wird durch andere Quellen nicht bestätigt. Vgl. Tabelle 15.

[80] Die Zahl ist zu hoch angesetzt. Die Gesamtzahl der Verluste der holländischen Juden in allen Konzentrationslagern und Vernichtungszentren beträgt 100 000 bis 106 000, von dieser Zahl sind etwa 60 000 nach Auschwitz deportiert worden. Vgl. Tabelle 17

[81] Die Zahl ist zu niedrig angesetzt. Nach Auschwitz sind etwa 55 000 griechische Juden deportiert worden. Vgl. Tabelle 18.

Frankreich[82], 50 000 aus Belgien[83], 60 000 aus Deutschland[84], 50 000 aus Jugoslawien, Italien und Norwegen[85], 30 000 aus Litauen[86], 30 000 aus Böhmen, Mähren und Österreich, 30 000 aus der Slowakei[87] und 300 000 aus Lagern für ausländische Juden in Polen[88].

Die von Rosenberg und Wetzler genannte Zahl von 1 765 000 ist die höchste Zahl, die in den Materialien der Widerstandsbewegung genannt wird. Sie bezieht sich ausschließlich auf Juden und umfaßt lediglich einen Zeitraum von zwei Jahren, sie berücksichtigt z.B. nicht die mehreren hunderttausend ungarischen Juden, die mehreren zehntausend Juden aus Łódź und andere, erst nach der Flucht von Rosenberg und Wetzler, also ab Mai bis Herbst 1944, nach Auschwitz deportierte Gruppen. Wie bereits dargelegt, ist sie beträchtlich zu hoch angesetzt.

Aus allen bisher angeführten Zahlen der Widerstandsbewegung ergibt sich, daß im KL Auschwitz mindestens 2 000 000 Menschen umkamen. Diese Zahl setzt sich zusammen aus: 1 765 000 in der Zeit von April 1942 bis April 1944 ermordeten Juden, mehreren hunderttausend im Frühjahr und Sommer 1944 ermordeten Juden, 95 000 bis Ende 1942 gestorbenen Polen sowie mehreren zehntausend Russen, Zigeunern, Tschechen, Jugoslawen, Franzosen und Häftlingen anderer Nationalität. Auch diese Globalzahl ist, ebenso wie die zugrundegelegten Einzelzahlen, beträchtlich zu hoch angesetzt.

e. Aussagen und Berichte von Häftlingen

Beträchtlich weniger detaillierte Angaben zur Zahl der Opfer enthalten die Einzelberichte, Aussagen, Erinnerungen oder andere Überlieferungen von Häftlingen, die nicht in die Arbeit der organisierten Widerstandsbewegung einbezogen waren. Aus diesem Grunde finden wir in

---

82 Die Zahl ist zu hoch angesetzt. Die Gesamtverluste der französischen Juden betragen etwa 75 000 bis 83 000. Von dieser Zahl sind maximal etwa 69 000 nach Auschwitz deportiert worden. Vgl. Tabelle 16.

83 Die Zahl ist zu hoch angesetzt. Die Gesamtverluste der belgischen Juden werden auf etwa 25 000 geschätzt; der größte Teil von ihnen starb in Auschwitz. Vgl. Tabelle 25.

84 Die Zahl ist zu hoch angesetzt. Vgl. Tabellen 20 und 21.

85 Die Zahl ist zu hoch angesetzt. Aus diesen Ländern sind etwa 18 000 Juden nach Auschwitz deportiert worden (10 000 aus Jugoslawien, 7 500 aus Italien und 690 aus Norwegen. Vgl. Tabellen 24, 26 und 27.

86 Deportationen direkt aus Litauen nach Auschwitz werden durch andere Quellen nicht bestätigt.

87 Diese Zahl entspricht annähernd faktischen Zahl. Vgl. Tabellen 17, 22 und 23.

88 Die Zahl ist um ein vielfaches zu hoch angesetzt. Aus allen Lagern zusammengenommen sind etwa 50 000 Häftlinge in das KL Auschwitz überstellt worden. D. Czech, Kalendarium, passim.

Quellen dieser Art eher allgemein gefaßte Beschreibungen des Massencharakters der in Auschwitz durchgeführten Vernichtung, als konkrete Zahlen.

Es ist bezeichnend, daß Häftlinge die Zahl der Opfer bereits zur Zeit des Bestehens des KL Auschwitz auf der Grundlage von eigenen Beobachtungen und Wahrnehmungen im Größenbereich von mehreren Millionen schätzten. Eine Reihe von solchen Feststellungen enthalten die Aufzeichnungen von Häftlingen aus dem bei den Krematorien und Gaskammern eingesetzten Sonderkommandos, die nach dem Krieg bei den Ruinen der Krematorien aufgefunden wurden. Der **Angehörige des Sonderkommandos Zalmen Gradowski**, der Auschwitz nicht überlebt hat, schreibt zum Beispiel: [89]

„*Ich habe es unter der Asche vergraben, dies für den sichersten Ort annehmend, wo man bestimmt graben wird, um die Spuren von Millionen umgebrachter Menschen zu finden.*"

Ein anderer Angehöriger des Sonderkommandos, **Salmen Lewental**, der wie Gradowski Auschwitz nicht überlebt hat, schreibt in seinen Aufzeichnungen: [90]

„*Die Geschichte von Auschwitz-Birkenau als Arbeitslager im allgemeinen, und im besonderen als Vernichtungslager von Millionen Menschen wird — wie ich glaube — der Welt nicht gut genug übermittelt werden.*"

Lewental stützte seine Schlußfolgerungen und Wahrnehmungen auf die Beobachtung der Tag für Tag in Auschwitz eintreffenden Transporte: [91]

„*So sah das tägliche Leben im Lager aus. Jeden Tag Tausende von Ermordeten, ohne Übertreibung, wirklich Tausende.*"

Diese Worte schrieben für die Nachgeborenen Menschen auf, die sich sicher waren, Auschwitz nicht zu überleben, und die von dem tiefen inneren Bedürfnis erfüllt waren, die Wahrheit über den alle menschliche Vorstellungskraft überfordernden Albtraum, dessen Zeugen sie in Auschwitz wurden, an die Nachwelt zu übermitteln. Waren die Angehörigen des Sonderkommandos nicht mehr verwendbar oder überflüssig geworden waren, zum Beispiel bei Unterbrechungen zwischen den Transporten oder durch eine Abnahme der Zahl der Transporte, wurden sie selbst als direkte Zeugen des Vorgangs der Massenvergasung ermordet. Es wird geschätzt, daß dem Sonderkommando insgesamt zu unterschiedlicher Zeit insgesamt mindestens 2000 Menschen angehörten,

---

[89] *Inmitten des grauenvollen Verbrechens*, S. 79, vgl. a. S. 80, 102. Nach den Aussagen eines anderen Angehörigen des Sonderkommandos, des während der Evakuierung des Konzentrationslagers geflohenen Szlama Dragon, hat Gradowski Informationen zu allen Krematorien gesammelt. APMO: Höß-Prozeß, Bd. 11, Bl. 113.

[90] *Inmitten des grauenvollen Verbrechens*, S. 155.

[91] *Inmitten des grauenvollen Verbrechens*, S. 156.

von denen wahrscheinlich lediglich einige Dutzend überlebt haben.[92] Einigen von ihnen gelang es, während der Evakuierung der Häftlinge im Januar 1945 zu fliehen, es handelte sich um: **Szlama Dragon, Henryk Tauber, Stanisław Jankowski** (Alter Feinsilber bzw. Alter Fajnzylberg), **Henryk Mandelbaum, Abram Dragon** und **Eliezer Eisenschmidt**. Sie alle waren polnische Juden. Die ersten vier legten kurz nach der Flucht umfangreiche Aussagen über die im Konzentrationslager verübten Verbrechen nieder. Jankowski sagte dabei am 16. April 1945:[93]

„*Die Zahl der Verbrannten nicht registrierten beträgt einige Millionen. [...] Auf Grund meiner eigenen Wahrnehmung und Gesprächen mit anderen Häftlingen des Sonderkommandos komme ich zu dem Schluß, daß im Laufe des Bestehens des Sonderkommandos, und es bestand zwei Jahre lang, in den Krematorien und Bunkern in Birkenau zusammen nicht weniger als zwei Millionen Personen verbrannt worden sind. Diese Zahl umfaßt nicht diejenigen, die durch verschiedene, schon früher in Birkenau bestehende Sonderkommandos, verbrannt wurden welche durch die SS-Männer liquidiert wurden, und uns daher nicht über die Zahl der verbrannten Personen während des Bestehens jener Sonderkommandos, informieren konnten.*"

Henryk Tauber hat ausgesagt, daß in der Zeit, in der er im Sonderkommando eingesetzt war, also von Februar 1943 bis Januar 1945, zwei Millionen Menschen und in der Zeit davor ebenfalls zwei Millionen Menschen vergast worden sind.[94]

Szlama Dragon, der im Sonderkommando vom 9. Dezember 1942 bis Januar 1945 eingesetzt war, hat ausgesagt:[95]

„*Ich berechne die Zahl der in den beiden Bunkern und in den vier Krematorien vergasten Menschen auf mehr als vier Millionen.*"

Henryk Mandelbaum, der von Juni 1944 bis Januar 1945 im Sonderkommando gearbeitet hat, hat ausgesagt:[96]

„*Wie mir meine Kameraden sagten, sind in Auschwitz in der Gesamtzeit 4,5 Millionen Menschen gestorben.*"

Vergleichbare Zahlen finden sich auch in den Aussagen, Berichten und Erinnerungen anderer Häftlinge. Im Folgenden zitiere ich Äußerungen von ehemaligen Häftlingen, die durch die innerhalb des KL Auschwitz

---

[92] Etwa 100 Häftlinge aus dem Sonderkommando, die in der Masse der Häftlinge nicht auffielen, verließen das KL Auschwitz im Januar 1945 mit den anderen Häftlingen, als die Häftlinge im Zuge der Evakuierung des KL Auschwitz im Fußmarsch nach Włodzisław Śląski (Loslau) gehen mußten. Vgl. Inmitten des grauenvollen Verbrechens, S. 128; Miklos Nyiszli, *Auschwitz. A doctor's Eyewitness Account*, New York 1960, S. 197 f.

[93] *Inmitten des grauenvollen Verbrechens*, S. 56, 66.

[94] APMO: Höß-Prozeß, Bd. 11, Bl. 149.

[95] APMO: Höß-Prozeß, Bd. 11, Bl. 113.

[96] APMO: Höß-Prozeß, Bd. 26, Bl. 156.

ausgeübte Funktion bzw. die ausgeführte Arbeit oder auch durch langjährige Haft in Auschwitz näheren Kontakt mit den Massenvernichtungsanlagen hatten.

So hat der ehemalige Häftling **Kazimierz Smoleń**, der in der Politischen Abteilung eingesetzt war, geschätzt, daß nach seinen Berechungen *„von allen nummerierten Häftlingen des Konzentrationslagers Auschwitz insgesamt etwa 300 000 Häftlinge gestorben sind"*. Smoleń weiter: *„Die Zahl der direkt von der Eisenbahnrampe aus Vergasten, also der Opfer, die nicht in der Evidenz erfaßt wurden, berechne ich auf ungefähr 2,5 Millionen."* **Erwin Olszówka**, der Rapportschreiber in der Schreibstube des Lagerführers, schätzt die Zahl der Opfer auf der Grundlage der von den Krematorien und aus den Häftlings-Krankenbaurevieren eingehenden Meldungen auf 4,5 Millionen, mindestens auf 4 Millionen. Der ehemalige Häftling **Gordon** hat ausgesagt, daß nach dem Kapo des Sonderkommandos Kamiński bis August 1943 etwa 3,5 Millionen Menschen vergast und verbrannt worden sind [97], und der Deutsche **Hans Roth** hat ausgesagt: [98] *„Es war allgemein bekannt, daß in Auschwitz ungefähr vier Millionen Menschen den Tod gefunden haben."*

In einem Brief an die polnischen Ermittlungsbehörden schrieb der deutsche ehemalige Häftling **Felix Stahl**: [99] *„Viele Millionen Menschen, in der Mehrzahl Juden aus ganz Europa, und auch viele Arier wurden nach Auschwitz geschickt."*

Am 22. April 1945 hat kurz nach der Befreiung von Buchenwald der ehemalige Häftling von Auschwitz **Kazimierz Czyszewski** vor Hauptmann Bernard Achtem von Amt für Kriegsverbrechen erklärt: [100] *„Nach meinen Berechnungen sind in Auschwitz 4 bis 5 Millionen Juden mit Frauen und Kindern verbrannt worden."*

Miklos Nyiszli, als Arzt Häftling im Sonderkommando, schrieb in seinen Erinnerungen an Auschwitz, daß Millionen Väter, Mütter und Kinder in den Feuern verschwunden sind.[101]

Stanisława Rachwałowa, die als Häftling in der Schreibstube der Politischen Abteilung eingesetzt war, hat ausgesagt: [102]

„Aus Gesprächen, die SS-Männer im Büro der Politischen Abteilung führten, zog ich den Schluß, daß sich diese Zahl [die Zahl der Opfer — F.P.] im Bereich von vier bis fünf Millionen bewegt."

Der langjährige Häftling **Witold Kula**, der mit dem Gesamtkomplex der Fragen des Konzentrationslagers gut vertraut war, hat hinsichtlich der Zahl der Opfer von Auschwitz ausgesagt: [103]

---

[97] APMO: Höß-Prozeß, Bd. 7, Bl. 221, Bd. 25, Bl. 67, Bd. 1, Bl. 169.
[98] APMO: Krakauer Auschwitz-Prozeß, Bd. 44, Bl. 129.
[99] APMO: Krakauer Auschwitz-Prozeß, Bd. 44, Bl. 203.
[100] APMO: Krakauer Auschwitz-Prozeß, Bd. 35, Bl. 163.
[101] Myklos Nyiszli, Auschwitz, S. 9.
[102] APMO: Höß-Prozeß, Bd. 3, Bl. 117.
[103] APMO: Höß-Prozeß, Bd. 25, Bl. 51.

„Diese Zahl kann ich nicht genau bestimmen, sie hat jedoch mit Sicherheit 3,5 Millionen überschritten und betrug etwa 4 Millionen."

Der ehemalige Häftling **Bernard Czardybon**, ab 1942 Kapo des bei dem Stammlager Auschwitz bestehenden und beim Sortieren der Habe der Ermordeten eingesetzten Kommandos „Kanada I", schätzte die Zahl der Opfer auf der Grundlage der sortierten Gegenstände auf 5 bis 5,5 Millionen.[104]

Der langjährige Häftling des KL Auschwitz **Tadeusz Paczuła**, der in der Schreibstube des Häftlingskrankenbaus im Stammlager arbeitete, erwähnt in seinem Erinnerungen die Transporte der Juden, *„deren Zahl wohl für ewig ein Geheimnis bleiben wird und die in jedem Fall in die Millionen geht"*.[105]

Wie kritisch auch immer die Kompetenz der genannten früheren Häftlinge zur Schätzung der Zahl der Opfer eingeschätzt werden mag, Tatsache bleibt, daß das Ausmaß der Vernichtung in ihrer Überzeugung, die sich aus dem Einblick in Akten des KL Auschwitz, aus persönlichen Wahrnehmungen und aus im KL Auschwitz erlangten Informationen herausbildete, außerordentlich groß war und daß ihres Erachtens eine Zahl im Bereich von mehreren Millionen der Dimension dieses Verbrechens entsprach.

f. Die Aussagen von SS-Angehörigen

Frühere SS-Angehörige oder andere nationalsozialistische Funktionsträger, die mit der Vernichtung im Konzentrationslager Auschwitz zu tun hatten und die nach dem Krieg vor Gericht gestellt wurden, haben zumeist keine Zahlen zur Frage der Opfer von Auschwitz genannt und behauptet, einschlägige Informationen seien ihnen nicht zugänglich gewesen. Mehrere

---

[104] APMO: Höß-Prozeß, Bd. 24, Bl. 254 f.

[105] APMO: Höß-Prozeß, Bd. 24, Bl. 240-245; Tadeusz Paczuła, *Obóz i szpital obozowy w Oświęcimiu we wczesnych okresach istnienia* [Das Konzentrationslager und der Häftlingskrankenbau in Auschwitz in der Frühzeit seines Bestehens]. *In: Przegląd Lekarski* 1963, Nr. 1a, S. 53.

Im Bereich von drei bis vier Millionen schätzen die Zahl der Opfer auch die ehemaligen Häftlinge Jan Dziopek, Deszö Schwarz, Jan Trębaczowski, Otto Wolken, Karl Sperber, Erwin Olszówka und Otto Locke, und auf höher als vier Millionen die ehemaligen Häftlinge Franz Bucholz, Nathan Jakubowicz, Erich Markowitsch, Rudolf Meyer, Werner Krumme, Hermann Kuhlemann, Kurt Markus, Motek Popiół, Putzker, Jakub Wolman und Karl Plöching. APMO: Höß-Prozeß, Bd. 8, Bl. 87; Krakauer Auschwitz-Prozeß, Bd. 45, Bl. 26; Höß-Prozeß, Bd. 4, Bl. 107, Bd. 6, Bl. 82; Krakauer Auschwitz-Prozeß, Bd. 42, Bl. 213; Höß-Prozeß, Bd. 4, Bl. 142, Bd. 16, Bl. 77; Krakauer Auschwitz-Prozeß, Bd. 45, Bl. 262, Bd. 45 Bl. 174; Höß-Prozeß, Bd. 16, Bl. 99, Bd. 16, Bl. 50; Krakauer Auschwitz-Prozeß, Bd. 45, Bl. 112, 254, Bd. 43, Bl. 91, Bd. 45, Bl. 129; Höß-Prozeß, Bd. 1, Bl. 135, Bd. 16, Bl. 123, Bd. 5, Bl. 101; Krakauer Auschwitz-Prozeß, Bd. 44, Bl. 302-304.

SS-Angehörige haben sich jedoch entschlossen, von dieser in gewissem Sinn verständlichen Verteidigungstaktik abzugehen.

Der der Politischen Abteilung, also der am unmittelbarsten in die Aktion der Massenvernichtung einbezogenen Dienststelle, angehörende SS-Mann **Włodzimierz Bilan** sagte im Höß-Prozeß aus, daß SS-Männer die Zahl der Opfer auf fünf Millionen schätzten und daß ein SS-Sanitätsdienstgrad sich ihm gegenüber damit gebrüstet habe, er selbst habe eine halbe Million Menschen vergast.[106]

Ein anderer SS-Angehöriger aus der Politischen Abteilung, **Pery Broad**, schrieb in seinen bekannten Erinnerungen:[107]

„*Auschwitz war ein Vernichtungslager. Das größte, das jemals in der Weltgeschichte existierte. 2 bis 3 Millionen Juden wurden im Laufe der Zeit dort ermordet! Außerdem tausende von Polen, Russen, Tschechen, Jugoslawen u.s.w.*" Und an anderer Stelle heißt es:[108] „*Das größte Drama, dem Millionen glücklicher und unschuldig sich ihres Daseins freuender Menschen zum Opfer fallen sollten, mochte beginnen!*"

Der SS-Arzt **Friedrich Entress**, der von 1942 bis 1943 die Funktion des Lagerarztes innehatte, hat ausgesagt, daß seines Erachtens in Auschwitz zwei bis zweieinhalb Millionen Menschen ermordet worden sind.[109]

Nach dem Chef der Politischen Abteilung des KL Auschwitz in den Jahren von 1940 bis 1943 **Maximilian Grabner** sind in Auschwitz in dieser Zeit mindestens drei Millionen Menschen ermordet worden, und der Angehörige der Politischen Abteilung **Wilhelm Boger** hat erklärt, daß mehr als vier Millionen Menschen umgekommen sind.[110]

Von besonderem Interesse für die Forscher und am häufigsten zitiert sind jedoch die Aussagen des früheren Kommandanten des Konzentrationslagers Auschwitz und späteren Chefs des Amts D I im WVHA Rudolf Höß. Dieses Interesse findet darin seine Ursache, daß Höß einer der SS-Führer war, die am tiefsten in die Praxis des nationalsozialistischen Völkermords eingeweiht waren, den Himmler persönlich beauftragt hatte, der die Vernichtungslager Treblinka und Chełmno--Kulmhof besichtigt hatte und der persönlich den Bau und dann die Verwendung der Vernichtungsanlagen in Auschwitz beaufsichtigt hatte. Darüberhinaus entschloß sich Höß, im Gegensatz zu vielen anderen Nazi-Verbrechern, dazu, die am meisten geheimgehaltenen und belastenden Tatsachen aufzudecken, womit er sogar die Konsternierung

---

[106] APMO: Höß-Prozeß, Bd. 17, Bl. 148.

[107] P. Broad, *KZ-Auschwitz*, S. 9.

[108] Ebenda, S. 30.

[109] APMO: Krakauer Auschwitz-Prozeß, Bd. 45, Bl. 230.

[110] Aussage von Maximilian Grabner am 16.9.1945 in Wien und von Wilhelm Boger ebenfalls 1945: H. Langbein, *Menschen in Auschwitz*, S. 79 sowie S. 70–80, Abschnitt: Zahlen.

mehrerer der vor dem Internationalen Militärgerichtshof in Nürnberg vor Gericht stehende Angeklagten hervorrief, wo er als Zeuge im Fall Kaltenbrunner aussagte.[111]

Höß hielt sich nach dem Abschluß der Kampfhandlungen unter dem falschen Namen Franz Lang versteckt und gelangte als vorgeblicher früherer Bootsmann der Kriegsmarine in englische Kriegsgefangenenschaft, aus der er nach kurzer Zeit entlassen und als Landarbeiter auf ein Landgut in der Nähe von Flensburg geschickt wurde. Während der ganzen Zeit wurde er dringend als einer der schwersten Nazi-Kriegsverbrecher gesucht. Er wurde am 11. März 1946 von der britischen Field Security Section verhaftet. Vor der Auslieferung an Polen am 25. Mai 1946 hat Höß mehrmals Aussagen und Erläuterungen verschiedener Art vor alliierten Ermittlungsbehörden abgelegt: am 13.-14. März 1946, am 16.-17. März 1946, am 5. April 1946, am 14.-22. Mai 1946 und am 23.-24. Mai 1946. Er hat außerdem am 15. April 1946 vor dem Internationalen Militärgerichtshof in Nürnberg als Zeuge ausgesagt.[112]

Höß ist dabei auch auf die Frage der Zahl der Opfer von Auschwitz eingegangen. Während seiner Vernehmung in Minden am 16. März 1946, die kurz nach seiner Verhaftung durchgeführt wurde, unterschrieb Höß folgende Erklärung:[113]

„*Ich habe auf direkt von Himmler im Mai 1941 erhaltenen Befehl persönlich die Vergasung von 2 Millionen Menschen in der Zeit zwischen Juni-Juli 1941 und Ende 1943 organisiert, als ich Kommandant von Auschwitz war.*"

---

[111] Unabhängig von der Feststellung von Höß selbst, der behauptet, zu den so detaillierten Außerungen habe ihn die Menschlichkeit gebracht, mit der er in polnischer Haft behandelt wurde (*Kommandant in Auschwitz*, S. 151), existiert eine Reihe von Suggestionen zu der Frage, was Höß dazu veranlaßt hat, sich so zu verhalten. Epigonen des Hitlerismus suggerieren, Höß habe unter Zwang, ja unter dem Einfluß von Folter ausgesagt und seine Erinnerungen und Erläuterungen geschrieben. Diese These hält im Licht der Fakten und der Aussagen selbst keiner Kritik stand. Das Institut für Zeitgeschichte in München hat die Authentizität der Manuskripte geprüft und dabei auch frühere Handschriftproben herangezogen. Vgl. Jan Sehn. *Wstęp* [Einleitung] zu: *Wspomnienia Rudolfa Hössa komendanta obozu oświęcimskiego* [Die Erinnerungen von Rudolf Höß dem Kommandanten des Konzentrationslagers Auschwitz]. Warschau 1965. 3. Ausgabe, S. 11, 21.

[112] T. Cyprian, J. Sawicki, a.a.O., S. 426; *Kommandant in Auschwitz*, S. 7 f,; Jan Sehn, *Wstęp* [Einleitung], in: *Wspomnienia Rudolfa Hössa komendanta obozu oświęcimskiego. Opracowanie, wstęp i przypisy Dr Jan Sehn* [Die Erinnerungen von Rudolf Höß dem Kommandanten des Konzentrationslagers Auschwitz. Bearbeitung, Einleitung und Anmerkungen von Dr. Jan Sehn], Warschau 1965, 3. Ausgabe, S. 18 (weiter: Wspomnienia Hössa).

[113] *Wspomnienia Hössa*, S. 18. Das Datum Juni-Juli 1941 ist zu früh. Im Zeitraum August-September 1941 wurden erst die ersten Versuche und vereinzelten Aktionen der Tötung mit Gas durchgeführt.

Während der Verhandlung vor dem Internationalen Militärgerichtshof in Nürnberg am 15. April 1946 verlas Oberst Amen Teile früherer Aussagen von Höß, die dieser in vollem Umfang noch einmal bestätigte:[114]

„Seit 1934 hatte ich unausgesetzt mit der Verwaltung von Konzentrationslagern zu tun und war in Dachau im Dienst bis 1938; dann als Adjutant in Sachsenhausen von 1938 bis zum 1. Mai 1940, zu welcher Zeit ich zum Kommandanten von Auschwitz ernannt wurde. Ich befehligte Auschwitz bis zum 1. Dezember 1943 und schätze, daß mindestens 2 500 000 Opfer dort durch Vergasung und Verbrennen hingerichtet und ausgerottet wurden; mindestens eine weitere halbe Million starb durch Hunger und Krankheit, was eine Gesamtzahl von ungefähr 3 000 000 Toten ausmacht. Diese Zahl stellt ungefähr 70 oder 80 Prozent aller Personen dar, die als Gefangene nach Auschwitz geschickt wurden, die übrigen wurden ausgesucht und für Sklavenarbeit in den Industrien der Konzentrationslager verwendet. Unter den hingerichteten und verbrannten Personen befanden sich ungefähr 20 000 russische Kriegsgefangene (die früher von der Gestapo aus Kriegsgefangenenlagern ausgesondert waren); diese wurden in Auschwitz in Wehrmachttransporten, die von regulären Offizieren und Mannschaften der Wehrmacht befehligt wurden, eingeliefert. Der Rest der Gesamtzahl der Opfer umfaßte ungefähr 100 000 deutsche Juden und eine große Anzahl meist jüdischer Einwohner aus Holland, Frankreich, Belgien, Polen, Ungarn, der Tschechoslowakei, Griechenland oder anderen Ländern. Ungefähr 400 000 ungarische Juden wurden allein in Auschwitz im Sommer 1944 von uns hingerichtet."

In seiner die früheren in Polen in der Zeit vom 28. September 1946 bis zum 11. Januar 1947 niedergelegten Aussagen ergänzenden Niederschrift stellte Höß jedoch fest:[115]

"Die Zahl der in Auschwitz zur Vernichtung eingelieferten Juden gab ich in früheren Vernehmungen mit 2,5 Millionen an. Diese Zahl stammt von Eichmann, der sie kurz vor der Einschließung Berlins, als er zum Rapport zum RFSS befohlen war, meinem Vorgesetzten, Gruppenführer Glücks gab. Eichmann, bzw. sein ständiger Vertreter Günther waren die einzigen, die überhaupt Unterlagen für die Gesamtzahl der Vernichteten besaßen. Nach jeder größeren Aktion mußten in Auschwitz alle Unterlagen, die Aufschluß über die Zahl der Vernichteten geben konnten, laut RFSS-Befehl verbrannt werden. Als Amtschef D I vernichtete ich persönlich alle Unterlagen, die überhaupt in meinem Amt vorhanden waren. Die anderen Ämter taten dasselbe. Nach Eichmanns Aussage waren auch beim RFSS und RSHA alle Unterlagen vernichtet worden. Lediglich seine Handakte konnte noch Aufschluß geben. Es mögen durch Nachlässigkeit bei der einen oder anderen

---

[114] *Der Prozeß gegen die Hauptkriegsverbrecher vor dem Internationalen Militärgerichtshof.* Band XI. Nürnberg 1947, S. 458 (weiter: IMT).

[115] *Kommandant in Auschwitz*, S. 162 f. Die von Höß hier genannten Zahlen ergeben addiert eine Gesamtzahl von 1 130 000.

Dienststelle noch einzelne Schriftstücke, FS [Fernschreiben] oder Funksprüche liegengeblieben sein, über die Gesamtzahlen können sie keinen Aufschluß geben.

Ich selbst wußte nie die Gesamtzahl, habe auch keine Anhaltspunkte, um sie wiedergeben zu können. Es sind mir lediglich noch die Zahlen der größeren Aktionen in Erinnerung, die mir wiederholt von Eichmann oder dessen Beauftragten genannt worden waren.

Aus Oberschlesien und Generalgouvernement	*250 000*
Deutschland und Theresienstadt	*100 000*
Holland	*95 000*
Belgien	*20 000*
Frankreich	*110 000*
Griechenland	*65 000*
Ungarn	*400 000*
Slowakei	*90 000*

Die Zahlen der kleineren Aktionen sind mir nicht mehr in Erinnerung, sie waren aber im Vergleich zu obigen Zahlen unbedeutend. Ich halte die Zahl 2 1/2 Millionen für viel zu hoch. Die Möglichkeiten der Vernichtung hatten auch in Auschwitz ihre Grenzen. Die Zahlenangaben ehemaliger Häftlinge sind Phantasiegebilde und entbehren jeder Grundlage."

Die von Höß genannten Zahlen der Deportierten aus den einzelnen Ländern weichen in größerem oder geringerem Ausmaß vom tatsächlichen Stand ab, was in der weiteren Darstellung noch aufgezeigt werden wird. Hinsichtlich der angeführten Zahl von 2,5 Millionen hat dagegen Eichmann in seinen Erinnerungen bestritten, nach Auschwitz hätten 2,5 Millionen deportiert oder gar ermordet werden sollen. Ebenso bestritt er, die Gesamtzahl der während des Krieges ermordeten Juden gekannt zu haben und stellte fest, daß diese Zahl einzig und allein dem SS-Wirtschaftsverwaltungshauptamt bekannt gewesen sei. [116]

Während seiner letzten Aussage am 11. Januar 1947 hat Höß gesagt: „*Während meiner Tätigkeit in Auschwitz sind dort mehrere Millionen Menschen ums Leben gekommen, deren genaue Zahl ich nicht feststellen kann."* Im Verlauf der Gerichtsverhandlung vom 11. bis 29. März 1947 hat Höß keine seiner während der Ermittlung abgegebenen mündlichen oder schriftlichen Äußerungen widerrufen oder berichtigt. [117]

---

[116] *Ich Adolf Eichmann. Ein historischer Zeugenbericht,* Augsburg 1980, S. 473, 496.
[117] Jan Sehn, Wstęp, S. 23.

2. Die Darstellungen.

a. Feststellungen von Ermittlungsbehörden und Gerichten

Die Frage der Zahl der Opfer von Auschwitz wurde am frühesten von den Ermittlungsbehörden und Gerichtsorganen untersucht, denen die Aufgabe gestellt war, den Schuldgrad der früheren nationalsozialistischen Funktionsträger festzustellen.

Als erste begann die **Außerordentliche Sowjetische Staatskommission zur Untersuchung der Verbrechen der Deutsch-Faschistischen Aggressoren** mit ihrer Arbeit. In ihrem Auftrag begann im Februar 1945, also kurz nach der Befreiung des Lagers, eine Reihe von Expertenkommissionen mit einer Inaugenscheinnahme des Konzentrationslagers und der Vernichtungsanlagen, mit der Sicherung von Dokumenten und der Vernehmung von Zeugen, von ehemaligen Häftlingen, zu denen u.a. die Angehörigen des Sonderkommandos Szlama Dragon, Henryk Tauber und Henryk Mandelbaum gehörten. Bei den Ruinen des Krematoriums III wurden die Aufzeichnungen des Angehörigen des Sonderkommandos Zalmen Gradowski ausgegraben.[118] Die Ergebnisse der getroffenen Feststellungen wurden am letzten Tag des Krieges, am 8. Mai 1945, in der Zeitung Krasnaja Zvezda, Nr. 106, veröffentlicht:[119]

„Die Deutschen verwischten vor ihrem Rückzug sorgfältig die Spuren ihrer entsetzlichen Verbrechen in Auschwitz und vernichteten alle Dokumente, die der ganzen Welt die genaue Zahl der von ihnen im Auschwitzer Lager vernichteten Menschen zeigen konnten. Die von den Deutschen im Lager errichtete gewaltige Anlage zum Menschenmord, die Aussagen der von der Roten Armee befreiten Häftlinge von Auschwitz, die Aussagen von 200 vernommenen Zeugen, die einzelnen aufgefundenen Dokumente und andere materielle Beweisstücke enthüllen jedoch in ausreichendem Maße und belegen, daß sie in Auschwitz Millionen von Menschen vernichtet, vergiftet und verbrannt haben. Allein in den fünf Krematorien (52 Retorten) konnten die Deutschen während der Zeit ihres Bestehens vernichten:

---

[118] Ein zweites Manuskript von Zalmen Gradowski wurde in Israel veröffentlicht: Zalman Gradowski, *In hare fungehenon. A dokument fin Oyschwitzer Zonderkommando*. Jerusalem 1978.

[119] *O čudoviščnych prestuplenijach germanskogo pravitel'stva w Osvencime* [Über die entsetzlichen Verbrechen der deutschen Regierung in Auschwitz]. *In: Njurnbergskij process. Tom IV* [Der Nürnberger Prozeß. Band IV]. Moskau 1959, S. 350-369, Zitat S. 368 f. (Übersetzung aus dem Russischen: J.A.); APMO: Höß-Prozeß, Bd. 8, Bl. 28 f.; vgl. IMT, Bd. XXXIX, S. 260 f.; Andrzej Strzelecki, *Wyzwolenie KL Auschwitz* [Die Befreiung von Auschwitz]. *In: Zeszyty Oświęcimskie*. Numer Specjalny III, 1974, S. 131.

[Tabelle A. Kapazität und Betriebsdauer der Krematorien in Birkenau — F.P.]

Nummern der Krematorien	Dauer der Existenz der Krematorien (in Monaten)	Verbrennungskapazität der Krematorien (in einem Monat)	Kapazität für die Gesamtperiode der Existenz
Nr. 1	24	9 000	216 000
Nr. 2	19	90 000	1 710 000
Nr. 3	18	90 000	1 620 000
Nr. 4	17	45 000	765 000
Nr. 5	18	45 000	810 000
		279 000	5 121 000

Wenn man in Betracht zieht, daß die Deutschen zum Verbrennen der Leichen in großem Umfang Scheiterhaufen verwendeten, ist die Gesamtkapazität der Anlagen zur Tötung von Menschen in Auschwitz beträchtlich höher anzusetzen.

Unter Berücksichtigung von Korrekturkoeffizienten für Fälle der nicht vollen Beschickung der Krematorien und für einzelne Unterbrechungen hat die technische Expertenkommission jedoch festgestellt, daß die deutschen Henker während der Zeit der Existenz des Lagers Auschwitz in ihm nicht weniger als 4 Millionen Bürger der UdSSR, Polens, Frankreichs, Jugoslawiens, der Tschechoslowakei, Rumäniens[120], Bulgariens[121], Hollands, Belgiens und anderer Länder umgebracht haben."

Hinsichtlich der Glaubwürdigkeit der in der in der zitierten Tabelle angeführten Daten ist festzustellen, daß sie im allgemeinen dem tatsächlichen Sachverhalt entsprechen. Dies betrifft sowohl die Kapazität der einzelnen Krematorien (die allerdings um 100 Prozent höher als nach den deutschen Angaben liegt, aber den von dem Angehörigen des Sonderkommandos Feinsilber genannten Zahlen ungefähr entspricht), wie auch ihrer Betriebszeit (die Differenzen bewegen sich im Bereich von einem bis drei Monaten, mit Ausnahme des Krematoriums I, für das die Zeit um elf Monate verkürzt wurde).

Zu der höheren Schätzung der Gesamtzahl der Opfer kam es in Folge einer Reduzierung der Länge der Unterbrechungen im Betrieb der einzelnen Krematorien sowie in Folge der irrtümlichen Annahme, daß die Kapazität

[120] Die rumänischen Juden wurden mit Transporten ungarischer Juden nach Auschwitz deportiert.

[121] Es gab keine direkten Transporte mit bulgarischen Juden in das KL Auschwitz. Eine kleine Zahl von bulgarischen Juden wurde aus Drancy (Frankreich) nach Auschwitz deportiert.

Slaughter of 4,000,000 in Nazi Camp Disclosed

Russian Commission Reveals 'Most Horrible Crime Against Peoples of Europe' in Poland

MOSCOW, May 7. (AP)—More than 4,000,000 persons were put to death by the Nazis in the "most horrible crime against the peoples of Europe" at the Oswiecim concentration camp in Poland, an official report of the extraordinary State Commission declared today.

(This was the first official Soviet report on the number of persons killed at Oswiecim. On April 11, Dr. Bela Fabian, president of the dissolved Hungarian independent democratic party, in an interview near Erfurt, Germany, accused the Germans of killing 5,000,000 Jews at Oswiecim, from which he himself narrowly escaped.)

The committee report said the dead included citizens of Russia, Poland, France, Belgium, Holland, Czechoslovakia, Romania, Hungary, Yugoslavia and "other countries" and that they had been killed by various means, including torture, poison, gas and cremation.

The committee stated that Oswiecim surpassed anything heretofore disclosed as perpetrated by the Nazis against the people of Europe.

Medical experts and scientists from France, Poland, Czechoslovakia and Yugoslavia participated with the Russians in the inquiry, conducted in February and March.

The report was made on the basis of the questioning of persons who escaped from the horror camp and from captured German documents. Other evidence included crematory stoves and gas chambers.

Children Infected

As part of the camp's routine German doctors had carried out systematic experiments on living men, women and children, which included sterilization and castration. Children were infected with typhus, cancer and malaria, the report added, and the reaction of young children to certain poisons was "observed" by the Nazi medical men.

The report said investigators found the most extensively and elaborately equipped Nazi death laboratories yet. Gas chambers where thousands lost their lives had signs above the doors reading "special baths" "disinfection point," or simply "entrance to baths."

Himmler Blamed

The investigating committee placed the full blame on Heinrich Himmler, declaring him the organizer of the camp in 1939 for the special purpose of wiping out citizens of occupied Europe.

The report said the camp occupied a large territory around Oswiecim, 31 miles east of Krakow, embracing the small camps of Aushwitz, Birkenau, Monowitze, Goleshau, Yvaishowitz, Niedachs, Blekhammer and others.

216

Artikel in der „Los Angeles Times" vom 8. Mai 1945, in dem über das Komunique der außerordentlichen sowjetischen Staatskomission berichtet wird, nach dem die Anhänger Hitlers im Konzentrationslager Auschwitz mehr als 4 000 000 Menschen ermordet haben. M. Mermelstein, By Bread Alone, S. 216.

der Gaskammern während ihrer Betriebszeit fast vollständig genutzt worden sei. Es gab jedoch in der Geschichte des KL Auschwitz Perioden, in denen an einem Tag jeweils mehr als zehntausend Menschen (z.B. während der Zeit der Aktion der Vernichtung der ungarischen Juden), mehrere tausend Juden (z.B. während der Liquidierung der Ghettos in Sosnowiec und Będzin) oder eintausend Juden (die Transporte aus Westeuropa) nach Auschwitz gebracht wurden, ebenso wie es auch Perioden längerer Unterbrechungen gab. Der Umstand, daß die Transporte nicht regelmäßig eintrafen, läßt sich anhand der von der Widerstandsbewegung im KL Auschwitz angefertigten auszugsweisen Abschrift der Zugangslisten verfolgen. Obwohl dies nicht in direktem Zusammenhang mit den Zahlenfeststellungen der sowjetischen Kommission steht, ist festzuhalten, daß es keine Transporte mit Juden direkt aus Bulgarien oder aus Rumänien in den Vorkriegsgrenzen gab (nach Auschwitz wurden dagegen Juden aus dem 1940 von Ungarn besetzten rumänischen Siebenbürgen deportiert).

Von März 1945 an führten einzelne ihrer Mitglieder und ab Mai 1945 dann eine eigens gebildete Kommission der **Hauptkommission zur Untersuchung der Deutschen Verbrechen in Polen** Ermittlungen auf dem Gelände des ehemaligen Konzentrationslagers Auschwitz durch, deren Ergebnisse u.a. die Kapazität der Massenvernichtungsanlagen und die Zahl der Opfer betrafen und die in die Akten des Prozesses gegen Rudolf Höß eingegangen sind.

Die Schlußfolgerungen aus der Analyse dieser Materialien wurden wie folgt formuliert: [122]

„Auf der Grundlage der technisch berechneten und durch Zeugenaussagen belegten durchschnittlichen Leistungsfähigkeit der Krematorien, sowie unter Berücksichtigung ihrer Betriebstage, einschließlich der Ersatzeinrichtungen (Gruben), sowie aller festgestellten zeitweiligen Unterbrechungen und Reparaturen an diesen vorgenannten Einrichtungen, schätzt der Sachverständige die Zahl der in den Vernichtungsstätten vergasten oder verbrannten Personen im KL Auschwitz-Birkenau auf nicht weniger als 4 000 000 Menschen. Die Zahl der Getöteten deckt sich mit den Aussagen aller durch die Bezirkskommission zur Untersuchung der Nazi-Verbrechen in Kraków überprüften Zeugen, die durch ihre Funktion im Lager die Möglichkeit hatten, sich über die Zahl der Transporte zu informieren, die unter Umgehung der Aufnahme im Lager, direkt den Krematorien zugeleitet wurden, was besonders die sogen. RSHA-Transporte betraf."

Höß wurde schließlich angeklagt, er habe *„etwa 300 000 als Häftlinge in das Lager eingelieferte und in der Evidenz des Lagers erfaßte Menschen, etwa 4 000 000 mit Transporten aus unterschiedlichen Ländern zum Zwecke der sofortigen Vernichtung in das Lager gebrachte und deshalb nicht in der Evidenz des Lagers erfaßte Menschen sowie etwa 12 000 unter Verletzung*

[122] Kazimierz Smoleń, *Das Konzentrationslager Auschwitz. In: Ausgewählte Probleme aus der Geschichte des KL Auschwitz*, Oświęcim 1978, S. 30.

der internationalen Bestimmungen über die Behandlung der Kriegsgefangenen in das Konzentrationslager eingelieferte sowjetische Kriegsgefangene" *ums Leben gebracht.*[123]

Nach einer Analyse aller vorgelegten Beweise, der Vernehmung der Zeugen und der Anhörung der sachverständigen Gutachter hat der **Oberste Volksgerichtshof Polens** Höß schließlich schuldig gesprochen, daß er „*an der Ermordung von etwa 300 000 als Häftlinge in das Lager eingelieferten und in der Evidenz des Lagers erfaßten Menschen, einer nicht näher feststellbaren Zahl, jedoch von mindestens 2 500 000 mit Transporten aus unterschiedlichen europäischen Ländern zum Zwecke der unmittelbaren Vernichtung in das Lager gebrachten Menschen, in der Hauptsache Juden, und von mindestens 12 000 sowjetischen Kriegsgefangenen*" teilgenommen hat.[124]

In der Urteilsbegründung hat das Gericht jedoch ausgeführt, daß eine Gesamtzahl in Höhe von drei bis vier Millionen Opfern in höchstem Grade wahrscheinlich ist.[125]

Sowohl die im Auftrag der Sowjetischen Außerordentlichen Staatskommission tätigen sowjetischen Experten, wie der als sachverständiger Gutachter von der Hauptkommission zur Untersuchung der Deutschen Verbrechen in Polen berufene Ingenieur **Roman Dawidowski** stützten sich bei ihren Schätzungen hauptsächlich auf die Zeugenaussagen von ehemaligen Häftlingen über die Kapazität der Vernichtungsanlagen sowie ihre Betriebsdauer.[126] Das Gericht hat außerdem auch das Gutachten eines weiteren Gutachters gehört, des Sachverständigen **Nachman Blumental**, der eine Expertise zur Frage der Zahl der in Auschwitz ermordeten Juden vorgetragen hat, wie bereits oben dargestellt der Mehrzahl der Opfer von Auschwitz. Blumental stützte sich dabei auf eine andere Berechnungsmethode, als die Verfasser des bereits angeführten Gutachtens. Blumental nahm als Ausgangspunkt die von den polnischen Ermittlungsbehörden festgestellte Gesamtzahl der in allen Vernichtungslagern ermordeten Juden — 3 000 000 — er reduzierte diese Zahl um die Zahl der Opfer von Treblinka (731 600), von Chełmno-Kulmhof (340 000), von Majdanek (400 000)[127] sowie von Sobibór und Bełżec (400 000) und berücksichtigte auf der Grundlage von Berechnungen und Schätzungen außerdem die Zahl der aus den

---

[123] APMO: Höß-Prozeß. Bd. 32, Bl. 3. Urteil des Obersten Volkstribunals im Fall Höß.

[124] Jan Sehn, *Wstęp*, S. 27; APMO: Höß-Prozeß, Bd. 32, Bl. 6, Urteil des Obersten Volkstribunals im Fall Höß.

[125] APMO: Höß-Prozeß, Bd. 32, Bl. 39, Urteil des Obersten Volkstribunals im Fall Höß.

[126] APMO: Höß-Prozeß, Bd. 29, Bl. 261-262, Gutachten des Sachverständigen Prof. Dr. Ing. R. Dawidowski.

[127] Die Zahl ist beträchtlich zu hoch angesetzt. Vgl. Tabellen 8 und 12.

einzelnen Ländern und Regionen nach Auschwitz deportierten Juden. Blumental schätzte, daß in Auschwitz zwischen 1,3 und 1,5 Millionen Juden umkamen, davon etwa eine Million ausländische (darunter 450 000 aus Ungarn) und 380 000 aus Polen (150 000 aus dem Generalgouvernement, 100 000 aus den Ostgebieten, 80 000 aus Schlesien und 50 000 aus Lódź). [128]

Die Frage der Zahl der Opfer von Auschwitz wurde mehrfach während des Prozesses gegen die Hauptkriegsverbrecher vor dem **Internationalen Militärgerichtshof in Nürnberg** sowie während der Prozesse vor dem Amerikanischen Militärgerichtshof in Nürnberg gegen die IG Farbenindustrie, gegen das Rasse- und Siedlungs-Hauptamt und gegen Pohl (WVHA) angesprochen. In der Anklageschrift im Prozeß vor dem Internationalen Militärgerichtshof wird festgestellt, daß in Auschwitz etwa vier Millionen Menschen gestorben sind. [129] Im Urteil des Internationalen Militärgerichtshofs in Nürnberg heißt es: [130]

„Was Auschwitz anbelangt, so hat der Gerichtshof die Aussagen von Höß gehört, der vom 1. Mai 1940 bis 1. Dezember 1943 dort Lagerkommandant war. Er schätzte, daß allein im Lager Auschwitz in jener Zeitspanne 2 500 000 Menschen vernichtet wurden, und daß weitere 500 000 an den Folgen von Krankheit und Hunger starben."

In den Anklageschriften in den Prozessen vor den Amerikanischen Militärgerichtshöfen in Nürnberg werden im Zusammenhang mit Auschwitz Zahlen von drei bis vier Millionen Opfern genannt. [131]

b. Wissenschaftliche Forschungen

In der Mehrzahl der wissenschaftlichen Veröffentlichungen, ganz zu schweigen von populärwissenschaftlichen Arbeiten, ist die Frage der Zahl der Opfer nicht gründlicher analysiert worden. In den in **Polen**, in der **DDR** [132] oder in der **Tschecho-Slowakei** [133] veröffentlichten Arbeiten werden im Zusammenhang mit der Frage der Zahl der Opfer von Auschwitz zumeist die Zahlen der sowjetischen Kommission bzw. des Obersten

---

[128] APMO: Höß-Prozeß, Bd. 29, Bl. 153-173, Bd. 31, Bl. 47-55, Gutachten des Sachverständigen Nachman Blumental.

[129] IMT, Bd. I, S. 51; Andrzej Pankowicz, *Das KL Auschwitz in den Nürnberger Prozessen. In: Hefte von Auschwitz* 18, 1990, S. 252-254.

[130] *IMT*, Bd. I, S. 282.

[131] Im Prozeß gegen die IG Farbenindustrie AG drei bis vier Millionen, im Pohl-Prozeß (WVHA) drei Millionen. Trials, S. 222; A. Pankowicz, a.a.O., S. 309-312.

[132] Klaus Drobisch, *Die letzte Phase des faschistischen Massenmordes 1943-1945. In: Juden unterm Hakenkreuz.* Berlin 1973, S. 360; Bruno Baum, *Widerstand in Auschwitz.* Berlin 1957, S. 5.

[133] Ota Kraus, Erich Kulka, *Die Todesfabrik.* Berlin 1957, S. 172 f.; Ota Kraus, Erich Kulka, *Massenmord und Profit.* Berlin 1963, S. 142 ff.

Volksgerichtshofs Polens genannt (**2,8 bis 4 Millionen**). Diese Zahlen finden sich in Veröffentlichungen von **Czesław Madajczyk** und **Krzysztof Dunin-Wąsowicz** [134], von **Anna Pawełczyńska** [135], von **Czesław Pilichowski** [136] und von **Stanisław Kłodziński** [137]. Diese Zahlen wurden auch in den Veröffentlichung der Gedenkstätte Auschwitz genannt: in Arbeiten von **Kazimierz Smoleń** (der in vielen Auflagen veröffentlichte Führer durch die Gedenkstätte) [138], von **Danuta Czech** [139] und von **Franciszek Piper** [140].

In den im Westen und in anderen Ländern erscheinenden Veröffentlichungen werden zumeist Zahlen genannt, die sich allein auf die Juden beziehen, und zwar eine Million: **Raul Hilberg** [141], **Wolfgang Scheffler** [142] und **Edward Crankshaw** [143]; 1,5 Millionen: **Martin Gilbert** [144]; 1,6 Millionen: **Encyklopedia of the Holocaust** [145]; 2 Millionen: **Leon Poliakov** [146], **Lucy Dawidowicz** [147], **Josef**

---

134 Czesław Madajczyk, *Polityka III Rzeszy w okupowanej Polsce* [Die Politik des III. Reiches im besetzten Polen]. Warschau 1970, Bd. II, S. 293 f. (weiter: Polityka III Rzeszy); Krzysztof Dunin-Wąsowicz, Resistance in the Concentration Camps 1938–1945, Warschau 1982, S. 44.

135 Anna Pawełczynska, *Values and Violence in Auschwitz. A Sociological Analysis*. London 1979, S. 25.

136 Czesław Pilichowski, *Es gibt keine Verjährung*. Warschau 1980, S. 120, 144.

137 Stanisław Kłodziński, *Wkład polskiej służby zdrowia w ratowanie życia więźniów w obozie koncentracyjnym Oświęcim* [Der Beitrag des polnischen Gesundheitsdienstes zur Rettung des Lebens von Häftlingen im Konzentrationslager Auschwitz]. *In:* Przegląd Lekarski 1961, Nr. 1a, S. 51 f.

138 Kazimierz Smoleń, *Oświęcim 1940-1945* [Auschwitz 1940-1945]. Oświęcim 1963, S. 12; Kazimierz Smoleń, *Bestrafung der Verbrecher von Auschwitz. In: Auschwitz. Faschistisches Vernichtungslager*. Warschau 1978, S. 186.

139 Danuta Czech, *Konzentrationslager Auschwitz. Abriß der Geschichte. In: Auschwitz. Faschistisches Vernichtungslager*. Warschau 1978, S. 38.

140 Franciszek Piper, *Ausrottung. In: Auschwitz. Faschistisches Vernichtungslager*. Warschau 1978, S. 134.

141 Nach Hilberg sind in allen Lagern 3 000 000 Juden umgekommen: mehr als eine Million in Auschwitz, mehr als 750 000 in Treblinka, bis zu 600 000 in Belzec, bis zu 200 000 in Sobibor, 150 000 in Chełmno-Kulmhof und 50 000 in Lublin-Majdanek. R. Hilberg, *Die Vernichtung*, S. 811.

142 Wolfgang Scheffler, *Judenverfolgung im Dritten Reich 1933-1945*. Frankfurt am Main, Wien, Zürich 1961, S. 78.

143 Edward Crankshaw, *Die Gestapo*. Berlin 1959, S. 191 ff.

144 Martin Gilbert, *The Holocaust. The Jewish Tragedy*. London 1986, S. 853, Anm. 6. 1982 nannte Gilbert in seinem Buch Atlas of the Holocaust, London 1982, S. 100, für Auschwitz die Zahl von 2 Millionen vergaster Juden — dt. Ausgabe: Martin Gilbert, *Endlösung. Die Vertreibung und Vernichtung der Juden. Ein Atlas*. Reinbek bei Hamburg 1982, S. 100 (weiter: *Atlas*).

145 *Encyclopaedia of the Holocaust*. New York, London 1990, S. 117.

146 Leon Poliakov, *Breviare de la Haine*. Paris 1951.

147 Lucy Dawidowicz, *The War against the Jews 1933-1945*. Aylesburg 1979, S. 191.

Billig [148], 2,5 Millionen **Yehuda Bauer**; 1 bis 2,5 Millionen: **Aharon Weiss** [149]. Zu den Ausnahmen gehört die Schätzung von **Eugen Kogon**: mindestens 3,5 bis 4,5 Millionen [150].

Die genannten polnischen und ausländischen Autoren haben jedoch keine eigenen Forschungen zur Frage der Zahl der Opfer des KL Auschwitz durchgeführt und stützten sich auf die Aussagen von Höß bzw. auf die gerichtlichen Feststellungen.

Jan Sehn, der Verfasser der ersten umfassenderen wissenschaftliche Arbeit über das KL Auschwitz, der als Mitglied der seinerzeitigen Hauptkommission zur Untersuchung der Deutschen Verbrechen in Polen kurz nach der Befreiung an der Sicherung von Dokumenten und materiellen Beweisen des Verbrechens beteiligt war sowie Zeugen und Tatverdächtige vernommen hat, darunter den ehemaligen Kommandanten des KL Auschwitz Rudolf Höß, kam zu folgenden Schlüssen: [151]

„*Alle zusammengebrachten Materialien beweisen, daß unter Berücksichtigung des Zeitabschnitts der Tätigkeit aller Krematorien, sowie der Ersatzeinrichtungen in Brzezinka die Zahl der in diesen Einrichtungen Vergasten und Verbrannten nicht weniger als vier Millionen betrug.*"

Nach den Feststellungen von Sehn umfaßt die Zahl von vier Millionen 340 000 registrierte, in Auschwitz oder nach der Verlegung in andere Konzentrationslager ermordete oder gestorbene Häftlinge. Sehn hat bei seiner Schätzung der Gesamtzahl der Opfer keine nachvollziehbare Berechnung nach dem Beispiel der sowjetischen Kommission dargelegt, man kann deshalb annehmen, daß er sich auf vergleichbare oder die gleichen Prämissen gestützt hat. Sehn erläutert auch nicht, auf welchen Grundlagen er die Zahl von 340 000 gestorbenen und ermordeten mit Nummern registrierten Häftlingen errechnet hat. Insbesondere der Umstand, daß diese Zahl auch die nach der Überstellung in andere Konzentrationslager gestorbenen Häftlinge umfaßt, stellt sowohl die Schätzung als solche, wie die Art und Weise der Feststellung in Frage. Denn beim gegenwärtigen Stand der Forschungen über die Konzen-

---

[148] Joseph Billig, *Les camps concentrationaire dans l'économie du Reich Hitlérien*. Paris 1973, S. 101 f. Billig nennt die Zahl 2,23 Millionen, davon 2 Millionen vergaste Juden und 0,23 Millionen gestorbene registrierte Häftlinge; er kommt zu dieser Zahl als Mittelwert der Zahl von 1,5 Millionen nach Höß und der Zahl von 2,5 Millionen nach Eichmann).

[149] Yehuda Bauer, *Auschwitz*. In: *Der Mord an den Juden im zweiten Weltkrieg*. Stuttgart 1985, S. 173 (Bauer beruft sich auf polnische Veröffentlichungen); Aharon Weiss, *Categories of Camps, their Character and Role in the Execution of Final Solution of the Jewish Question*. In: *The Nazi Concentration Camps*, Jerusalem 1984, S. 132; *Encyclopaedia Judaica*, S. 855.

[150] Eugen Kogon, *Der SS-Staat*. München 1974, S. 157.

[151] Jan Sehn, *Konzentrationslager Oświęcim-Brzezinka (Auschwitz-Birkenau)*. Warschau 1957, S. 173.

trationslager kann nicht festgestellt werden, wie viele der von Auschwitz aus überstellten Häftlinge gestorben sind und wie viele überlebt haben. Sehn kam höchstwahrscheinlich zu der Zahl 340 000, indem er von der Zahl der etwa 400 000 registrierten Häftlinge die etwa 60 000 im Januar 1945 evakuierten Häftlinge abzog und dabei davon ausging, daß diese Häftlinge den Krieg überlebt haben, während alle zu früherer Zeit von Auschwitz aus in andere Konzentrationslager verlegten Häftlinge in Deutschland gestorben sind und die Freiheit nicht mehr erlebt haben.[152] Im Lichte der neuesten Forschungen müssen beide Annahmen teilweise als irrtümlich angesehen werden, die Zahl von 340 000 in Auschwitz bzw. nach der Überstellung in andere Konzentrationslager ermordeten und gestorbenen Häftlinge ist also abzulehnen. Auch der größte Teil der für die einzelnen Länder genannten Deportationszahlen entspricht nicht der tatsächlichen Lage. Die größten Differenzen sind hinsichtlich der Transporte aus Polen zu vermerken. Nach Sehn wurden 2,3 Millionen Menschen aus Polen nach Auschwitz deportiert, nach meinen Berechnungen beträgt diese Zahl etwa 450 000 (etwa 300 000 Juden und etwa 140 000 bis 150 000 Polen). Sehn erläutert auch nicht die Differenz zwischen der Gesamtzahl von vier Millionen und der Zahl 3 492 000, die sich aus der Addition der von ihm genannten Zahlen der Deportierten und Opfer für die einzelnen Länder ergibt.

Czesław Madajczyk zitiert das Urteil des Obersten Volksgerichtshofs Polens mit der Feststellung, daß in Auschwitz 2,5 Millionen nicht in der Evidenz des Lagers erfaßte Menschen, in der Hauptsache Juden, vernichtet worden sind. Er stellt auch fest, daß von den 405 000 erfaßten Häftlingen 340 000 gestorben sind. Die von der sowjetischen Kommision festgestellte Zahl von vier Millionen kommentiert Madajczyk wie folgt:[153]

„*Von den vier Millionen Opfern sollen 2,7 Millionen Juden und 1,3 Millionen Polen sowie Angehörige anderer Nationalitäten gewesen sein. Viele Forscher stellen jedoch diese Zahl als zu hoch in Frage, sowohl als Gesamtzahl, wie hinsichtlich der Teilzahlen.*"

Ota Kraus und **Erich Kulka** haben berechnet, daß in Auschwitz insgesamt etwa 3 761 000 Menschen, davon 3 500 000[154] nicht registrierte und 260 985[155] registrierte Häftlinge, gestorben sind. Zu der ersten Zahl

---

[152] Von einer vergleichbaren Erklärung der Begründung der Zahl 340 000 ging auch Stanisław Kłodziński aus, der jedoch feststellte, in Auschwitz selbst seien 267 985 Häftlinge und während des Transports in andere Konzentrationslager bzw. in anderen Konzentrationslagern 82 157 Häftlinge (insgesamt 350 142 Häftlinge) gestorben. Diese Zahlen sind jedoch durch keine Berechnungen oder Hinweise auf ihre Grundlagen abgestützt. Stanisław Kłodziński, a.a.O., S. 52.

[153] Czesław Madajczyk, *Polityka III Rzeszy*, Bd. II, S. 293 f.

[154] O. Kraus, E. Kulka, *Die Todesfabrik*, S. 172 f.

[155] O. Kraus, E. Kulka, *Massenmord und Profit*, S. 1/42.

kamen die beiden Autoren, indem sie die Zahl der Opfer in den einzelnen Ländern addierten, die zweite Zahl kam zustande, indem sie von der Zahl von 405 222 insgesamt registrierten Häftlinge die Abgänge im Zahlenstand der Häftlinge substrahierten, die sich aus folgenden Zahlen ergeben: 142 157 in andere Konzentrationslager überstellte und evakuierte Häftlinge, 2 000 Entlassene und 80 Entflohene. Es fehlen jedoch Angaben, auf welchen Quellen diese Forscher ihre Berechnungen hinsichtlich der jeweiligen Zahlen für die Abgänge stützen (Akten nationalsozialistischer Provenienz dokumentieren diese lediglich zum Teil).

Nach dem englischen Forscher **Gerald Reitlinger** sind in Auschwitz insgesamt 800 000 bis 900 00 Menschen, davon 790 000 bis 840 000 Juden, gestorben. Auch Reitlinger stützte sich bei seinen Berechnungen auf die Zahl der aus den einzelnen Ländern Deportierten [156] (siehe Tabelle 3).

Georges Wellers, der Verfasser der einzigen ausschließlich der Zahl der Opfer des KL Auschwitz gewidmeten Veröffentlichung, stellt fest, daß insgesamt 1 613 455 Menschen (1 433 405 Juden, 146 605 andere, überwiegend Polen, 21 665 Zigeuner und 11 780 Russen) nach Auschwitz deportiert worden sind, von denen 1 471 595 (1 352 980 Juden, 86 675 andere, überwiegend Polen, 20 255 Zigeuner und 11 675 Russen) gestorben sind. Wellers weist ausdrücklich darauf hin, daß es sich bei diesen Feststellungen um Mindestzahlen handelt und daß die tatsächlichen Zahlen sicherlich höher lagen. [157] Wellers stützte sich auf eine verhältnismäßig schmale Literaturbasis (26 Veröffentlichungen) und auf drei Archivdokumente. Dies hatte zweifelsohne Auswirkungen auf die Ergebnisse der von ihm vorgenommenen Feststellungen. Im Fall fehlender Angaben nahm Wellers Schätzungen vor und ging dabei zuweilen von gänzlich hypothetischen Annahmen aus (so z.B. hinsichtlich der Nationalitätenstruktur der Evakuierten). Die sehr präzisen Daten (bis auf die Einserstellen) bei Größen im Umfang von Millionen legen ein Operieren mit genauen Daten nahe, ergeben sich jedoch aus der Addition von präzisen und von angenäherten Daten. Die größten Vorbehalte weckt jedoch die Schätzmethode hinsichtlich der Zahl der nach Auschwitz deportierten polnischen Juden. Meines Erachtens ist diese Zahl um etwa 300 000 zu hoch angesetzt (die Begründung folgt im weiteren Teil des Texts).

---

[156] Gerald Reitlinger, *The Final Solution*. London (1971), S. 500 f.

[157] Als Berechnungsgrundlage stützte sich Wellers auf die Angaben zur Zahl der registrierten Häftlinge, auf die Zahlen der in den einzelnen Nummernserien ausgegebenen Nummern sowie auf Feststellungen zu den Folgen der Vernichtung in den einzelnen Ländern. Für die Transporte polnischer Juden nahm Wellers Schätzrechnungen Berechnungen vor und ging dabei von 119 Transporten mit einer durchschnittlichen Zahl von 5 000 Personen in einem Transport aus. G. Wellers, *Essai*, S. 155.

III.

DIE QUELLEN UND DIE FORSCHUNG — EIN VERGLEICH

1. Die Zahl der nach Auschwitz Deportierten.

a. Die registrierten Häftlinge.

Zu fragen ist, wie weitgehend es bei dem gegenwärtigen Forschungsstand, insbesondere unter Berücksichtigung der Forschungen zur Frage der Vernichtung der jüdischen Bevölkerung in den einzelnen Ländern, Regionen und Vernichtungslagern, möglich ist, die im bisherigen Verlauf der Darstellung angeführten Feststellungen zur Frage der Zahl der Opfer des KL Auschwitz-Birkenau zu verifizieren.

Am wenigsten Probleme bereitet dabei die Frage der Zahl der registrierten Häftlinge. Dies ergibt sich aus dem Umstand, daß die in den einzelnen Nummernserien ausgegebenen Häftlingsnummern grundsätzlich nicht ein zweites Mal ausgegeben wurden [1], wodurch in Kenntnis der jeweils höchsten ausgegebenen Nummer bzw. einer der höchsten ausgegebenen Nummern in den einzelnen Nummernserien auch angesichts der lediglich fragmentarisch erhaltenen Quellenbestände mit großer Genauigkeit die **Gesamtzahl der Registrierten** bestimmt werden kann: **400 000 Personen.**

Wesentlich schwieriger ist dagegen die Aufgliederung der Zahl der

---

[1] Am 1. Februar 1942 wurde eine neue Serie für die „Erziehungshäftlinge" begonnen. 1 137 Nummern der allgemeinen Serie, mit denen diese Häftlinge bis dahin gekennzeichnet waren, wurden neu eingelieferten „Schutzhäftlingen" zugeteilt. Dieser Nummernwechsel hatte also keine Folgen für die Frage der Feststellung der Zahl der registrierten Häftlinge. Nach Brandhuber wurden 80 sowjetische Kriegsgefangene ein zweites Mal mit einer bereits früher ausgegebenen Nummern gekennzeichnet, außerdem erhielten mehrere Dutzend andere sowjetische Kriegsgefangenen Nummern mit dem Zusatz der Buchstaben Au. Vgl. J. Brandhuber, *Die sowjetischen Kriegsgefangenen*, S. 45.

registrierten Häftlinge auf die einzelnen Nationalitäten [2], weil diese (Juden, Polen und andere Häftlinge), mit Ausnahme der Zigeuner und der sowjetischen Kriegsgefangenen, für die gesonderte Nummernserien bestanden, sowohl in der allgemeinen Serie wie in der Serie Erziehungshäftlinge registriert wurden. In Einzelfällen wurden Juden außerdem auch nach der Einführung der gesonderten Nummernserien A und B für Juden im Mai 1944 weiter in der allgemeinen Serie registriert.

Tabelle B: Die höchsten in den einzelnen Nummernserien ausgegebenen und bekannten Nummern.

Nummernserie	Männer	Frauen	Insgesamt
Allgemeine	202 499	89 325	291 824
Juden Serie A	20 000	29 354	49 354
Juden Serie B	14 897	—	14 897
Erziehungshäftlinge (EH)	9 193	1 993	11 186
Russ. Kriegsgefangene (RKG)	11 964	—	11 964
Zigeuner (Z)	10 094	10 888	20 982
Insgesamt	268 647	131 560	400 207

Quelle: APMO. Verschiedene Dokumente und Materialien. Die in der Aufstellung genannten Zahlen sind jeweils die höchsten bekannten Nummern.

Verhältnismäßig am einfachsten kann die Zahl der registrierten jüdischen Häftlinge festgestellt werden, weil von Juni 1940 bis zum 25. März 1942 lediglich eine kleine Zahl von Juden eingeliefert wurde und weil Juden ab dem 26. März 1942 in der Regel mit gesonderten Transporten als

[2] Im Stärkebuch sind für die Zeit vom 19. Januar bis zum 19. August 1942 die Namen von 24 160 gestorbenen, überstellten, geflohenen und entlassenen Häftlingen sowie von 1 478 sowjetischen Kriegsgefangenen verzeichnet. Von diesen Häftlingen waren 11 418 Juden, etwa 9 100 Polen, 1 128 Tschechen, 329 Deutsche, 143 Franzosen, 19 Jugoslawen, 18 Russen, 4 Zigeuner, 4 Holländer und jeweils ein Häftling Bulgare, Litauer, Este, Spanier, Grieche bzw. Slowake. APMO: Bestand Ausarbeitungen, Bd. 100 (Die Zusammenstellung wurde von Piotr Setkiewicz angefertigt). Abgesehen von den oben genannten Polen wurden in der Zeit vom 12. August bis zum 17. September 1944 im Zusammenhang mit dem Ausbruch des Warschauer Aufstands am 1. August 1944 insgesamt 13 095 in Warschau wohnhafte Polen in das Lager eingeliefert. Nach der Zugangsliste sind in der Zeit von Mai bis Dezember 1941 9 415 Häftlinge registriert worden, davon 1 079 Juden, 6 575 Polen, 420 Deutsche, 340 Tschechen, 63 Jugoslawen, 5 Litauer, 3 Russen, 2 Holländer, ein Türke und ein Zigeuner. APMO: Bestand Ausarbeitungen, Bd. 100, die Zusammenstellung wurde von Tadeusz Iwaszko angefertigt.

RSHA-Transporte nach Auschwitz gebracht wurden. Sogar angesichts der uns zur Verfügung stehenden fragmentarisch erhaltenen Quellenmaterialien ist es möglich, diese Transporte verhältnismäßig einfach zu identifizieren.

Eine Addition der Zahl der aus den RSHA-Transporten selektierten Personen sowie anderer Daten ergibt, **daß im KL Auschwitz-Birkenau etwa 205 000 Juden registriert worden sind.**[3] Diese Zahl kann einzig und allein durch eine eingehende Analyse der sogen. Sammeltransporte und der Transporte aus den einzelnen Gefängnissen präzisiert und korrigiert werden. Die Differenzen können jedoch nicht sehr groß sein, weil lediglich eine kleine Zahl von Juden mit anderen Transporten als den RSHA-Transporten nach Auschwitz gebracht worden ist.

Die Zahl der Polen kann ausschließlich auf der Grundlage der Angaben zur Größe der Transporte aus den einzelnen Orten Polens festgestellt werden; Angaben dieser Art enthalten die illegal von Häftlingen angefertigten Abschriften der Zugangslisten. Aus diesen ergibt sich, daß von 1940 bis 1944 unter Ausgliederung der RSHA-Judentransporte und der Transporte aus anderen Konzentrationslagern aus den verzeichneten Orten 105 026 Personen nach Auschwitz gebracht wurden, darunter 87 447 (83,26 Prozent) aus Polen (75 798 Männer in 1 168 Transporten und 11 649 Frauen in 325 Transporten). Größere Transporte wurden mit Zügen nach Auschwitz gebracht, kleinere mit Sonderwagen bzw. Lastkraftwagen. Am meisten Häftlinge wurden aus Warschau (22 215), aus Krakau (16 381), aus Radom (15 015), aus Lublin (15 744) und aus Katowice (9 177) eingeliefert. Für 34 148 Häftlinge ist kein Abgangsort des Transports verzeichnet. Es handelte sich hierbei um sogen. Sammeltransporte aus unterschiedlichen Orten. Außerdem wurden 7 012 Personen aus anderen Konzentrationslagern überstellt.[4] Wenn wir diese beiden Zahlen und die etwa 5 000 Häftlinge von nicht in den Abschriften der Zugangslisten verzeichneten Transporte proportional auf die einzelnen Länder verteilten, ist die Zahl der 87 447 aus Polen eingelieferten Personen um etwa 38 500 zu erhöhen. Es ist also davon auszugehen, daß mit den etwa 11 000 Erziehungshäftlingen **etwa 130 000 bis 140 000 (137 000) Polen in das KL Auschwitz eingeliefert wurden.**

Die drittgrößte nationale Gruppe unter den nach Auschwitz Deportierten waren **Zigeuner**. Ebenso wie Juden wurde bereits von 1940 bis 1942

---

[3] Diese Zahl berücksichtigt sowohl die RSHA-Massentransporte, wie auch die kleineren Transporte. Wellers nennt als niedrigste Zahl für die registrierten Juden die Zahl 201 405 (unter anderem läßt er 1 079 in den Zugangslisten verzeichnete jüdische Häftlinge unberücksichtigt).

[4] APMO: Höß-Prozeß, Bd. 13. Unter den 1944 nach Auschwitz deportierten Polen befanden sich etwa 13 000 nach dem Ausbruch des Warschauer Aufstands nach Auschwitz eingelieferte Polen.

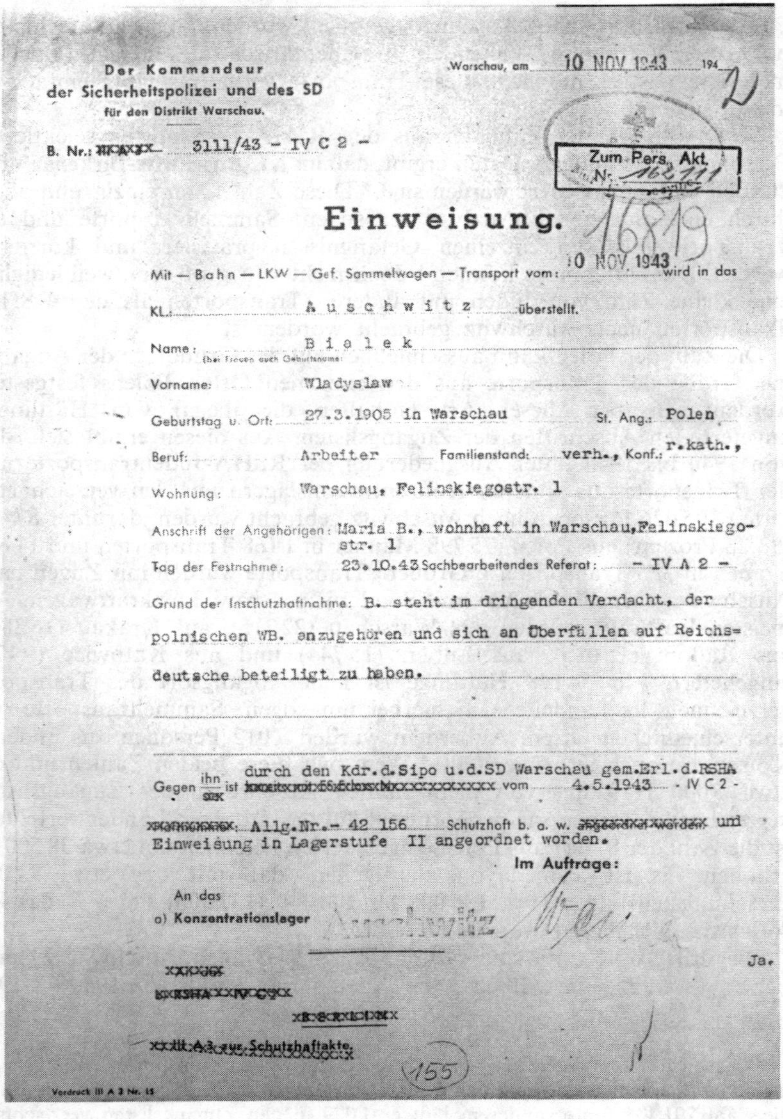

Der Kommandeur
der Sicherheitspolizei und des SD
für den Distrikt Warschau.

Warschau, am 10 NOV 1943 194

2

B. Nr.: xxxxx 3111/43 - IV C 2 -

Zum Pers. Akt.
Nr. 162111

16819

Einweisung.

Mit — Bahn — LKW — Gef. Sammelwagen — Transport vom: 10 NOV. 1943 wird in das

KL. A u s c h w i t z überstellt.

Name: B i a l e k
(bei Frauen auch Geburtsname)

Vorname: Wladyslaw

Geburtstag u. Ort: 27.3.1905 in Warschau St. Ang.: Polen

Beruf: Arbeiter Familienstand: verh., Konf.: r.kath.,

Wohnung: Warschau, Felinskiegostr. 1

Anschrift der Angehörigen: Maria B., wohnhaft in Warschau,Felinskiego-str. 1

Tag der Festnahme: 23.10.43 Sachbearbeitendes Referat: - IV A 2 -

Grund der Inschutzhaftnahme: B. steht im dringenden Verdacht, der polnischen WB. anzugehören und sich an Überfällen auf Reichs=deutsche beteiligt zu haben.

Gegen ihn/sie ist durch den Kdr.d.Sipo u.d.SD Warschau gem.Erl.d.RSHA xxxxxxxxxxxxxxxxxxxx vom 4.5.1943 - IV C 2 - xxxxxxxxx Allg.Nr.- 42 156 Schutzhaft b. a. w. xxxxxxxxxxxxx und Einweisung in Lagerstufe II angeordnet worden.

Im Auftrage:

An das
a) Konzentrationslager Auschwitz

Ja.

xxxxxx
xxRSHAxxIVC2xx
xxxxxxxxxx
xxxxIII A 3 zur Schutzhaftakte.

155

Vordruck III A 3 Nr. 15

Vom Kommandeur der Sicherheitspolizei und des SD für den Distrikt Warschau verfügte Einweisung des Polen Władysław Bialek aus Warschau in das KL Auschwitz; „B. steht im dringenden Verdacht, der polnischen W[iderstands]B[ewegung] anzugehören und sich an Überfällen auf Reichsdeutsche beteiligt zu haben.” PMO: D-AuI-2 / Inventarnummer 4752 — 4818 Häftlingspersonalbogen, Bd. 16 Original.

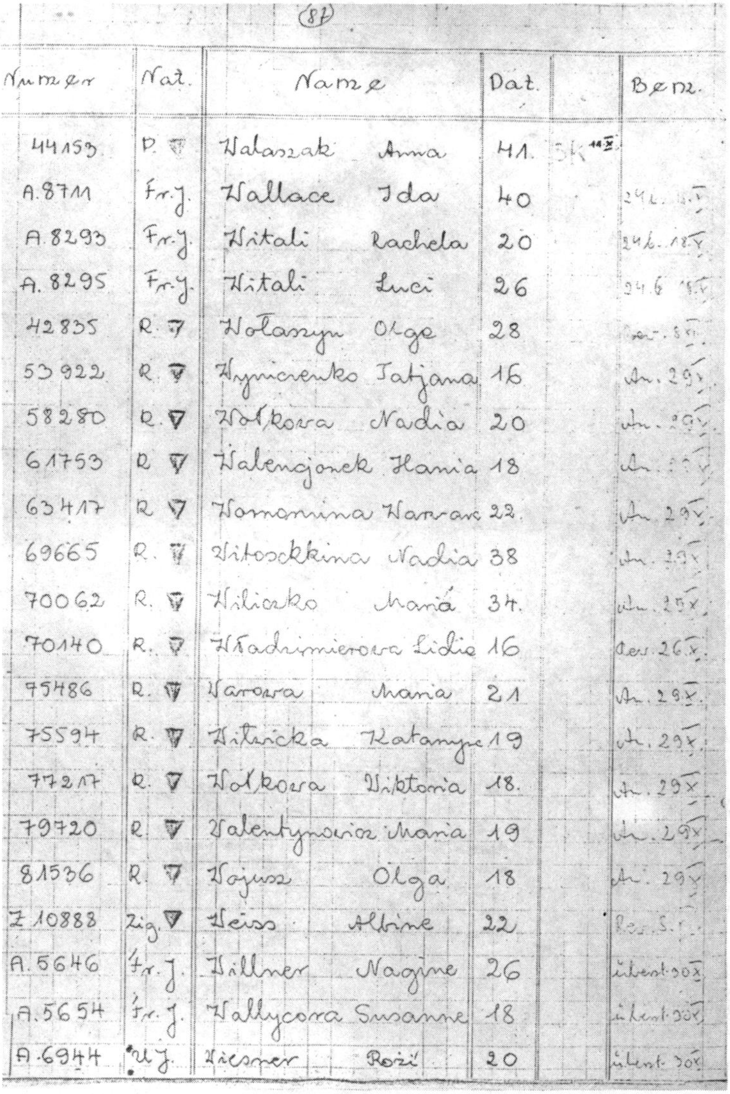

(81)

Nummer	Nat.	Name		Dat.		Bem.
44153	P. ▽	Walaszak	Anna	41	SK 11.X	
A.8711	Fr.J.	Wallace	Ida	40		24.6. 18.X
A.8293	Fr.J.	Witali	Rachela	20		24.6. 18.X
A.8295	Fr.J.	Witali	Luci	26		24.6. 18.X
42835	R. ▽	Wolaszyn	Olga	28		Dev. 8.X
53922	R. ▽	Wynicienko	Tatjana	16		Au. 29.X
58280	R. ▽	Wolkowa	Nadia	20		Au. 29.X
61753	R ▽	Walengjonek	Hania	18		Au. 29.X
63417	R ▽	Womonina	Warwara	22.		Au. 29.X
69665	R. ▽	Witosckkina	Nadia	38		Au. 29.X
70062	R. ▽	Wiliczko	Maria	34.		Au. 29.X
70140	R. ▽	Wladimierowa	Lidia	16		Dev. 26.X
75486	R. ▽	Warowa	Maria	21		Au. 29.X
75594	R. ▽	Witricka	Katarzyna	19		Au. 29.X
77217	R. ▽	Wolkowa	Viktoria	18.		Au. 29.X
79720	R ▽	Walentynowicz	Maria	19		Au. 29.X
81536	R ▽	Wojuss	Olga	18		Au. 29.X
Z 10888	Zig. ▽	Weiss	Albine	22		Rev. 5.
A.5646	Fr.J.	Willner	Nagine	26		überst. 30.X
A.5654	Fr.J.	Wallycowa	Susanne	18		überst. 30.X
A.6944	U.J.	Wiesner	Roži	20		überst. 30.X

Buch des Blocks 22B. In diesem Buch ist die höchste bekannte Nummer einer Zigeunerin verzeichnet — die Nummer Z-10 888, mit der Albine Weiss registriert wurde. APMO: D-AuI-3, Inventarnummer 157428.

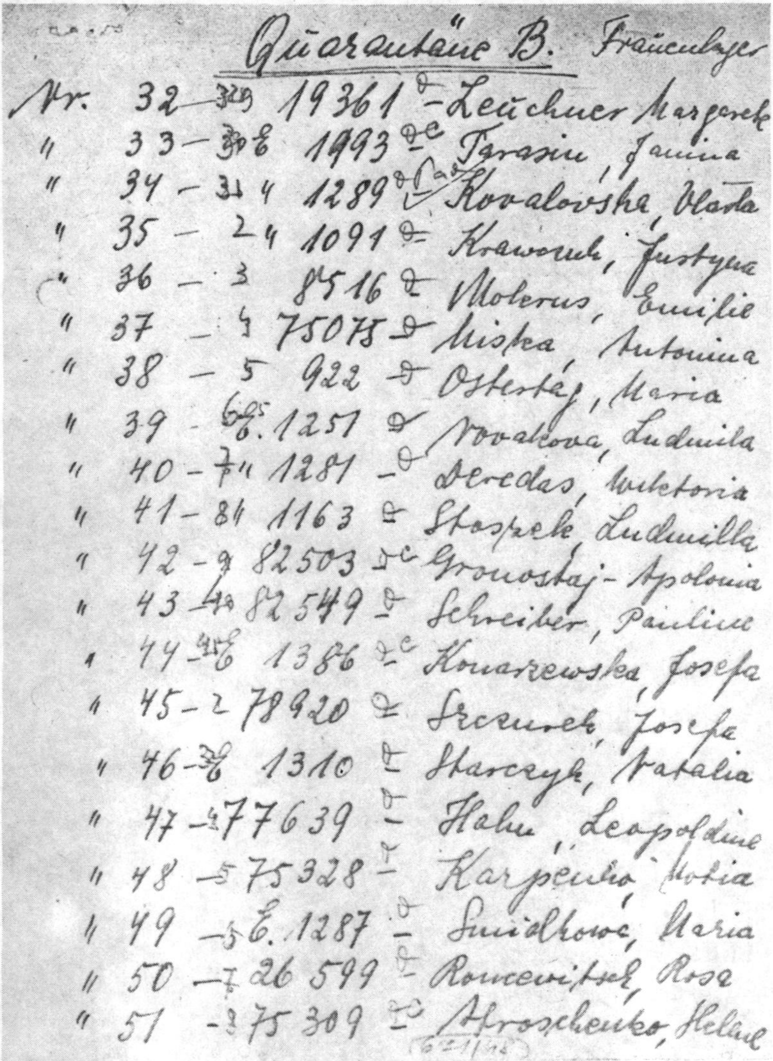
Quarantäne B. Frauenlager

Nr. 32 – 329 19361 – Leuchner Margarete
" 33 – 30 E 1993 – Tarasin, Janina
" 34 – 31 1289 – Kowalowska, Vlada
" 35 – 2 1091 – Krawczuk, Justyna
" 36 – 3 8516 – Molerus, Emilie
" 37 – 4 75075 – Miska, Antonina
" 38 – 5 922 – Ostertej, Maria
" 39 – 6 E. 1251 – Novakova, Ludmila
" 40 – 7 1281 – Deredas, Wiktoria
" 41 – 8 1163 – Stoszek, Ludmilla
" 42 – 9 82503 – Gronostaj-Apolonia
" 43 – 10 82549 – Schreiber, Pauline
" 44 – E 1386 – Konarzewska, Josefa
" 45 – 2 78920 – Szczurek, Josefa
" 46 – E 1310 – Starczyk, Natalia
" 47 – 4 77639 – Hahn, Leopoldine
" 48 – 5 75328 – Karpenko, Motia
" 49 – E. 1287 – Smidkowic, Maria
" 50 – 7 26599 – Roncewitsch, Rosa
" 51 – 8 75309 – Abroschenko, Helene

Ein Dokument aus den Akten des SS-Hygiene-Instituts in Rajsko, in dem die höchste bekannte Nummer (E 1993) eines weiblichen „Erziehungshäftlings" — Janina Tarasin — verzeichnet ist. APMO: Bestand Hygiene-Institut, Ordner 48/671.

1.

"Erziehungshäftling" - Ludzie zbiegli z robót lub tacy co [illegible] sobie urlop, ludzie, którym nic innego nim zarzucić nie zdoł[illegible] przestępstwo w stosunku do przymusowej pracy, przysyłani na przeciąg do lagru - celem "poprawienia się". Numeracja oso[illegible]

Zugangi:

Data	Numery		
16.7.[illegible]	1 - 16	ze Śląska	
23-30.7	17 - 69	"	
4-21.8	70 - 180	"	
1-26.9	181 - 292	"	
1-16.10	292 - 362		
16.10	363 - 396	" i robotnicy z Małop.Wschod	
17-31.10	397 - 447	"	
4-28.11	448 - 645	Małop.Wschod.	
1-31.12	646 - 909	"	
2-30.1.42	910 - 1153	Śląsk i Małop.Wschod.	
2-28.2	1154 - 1374	" "	1 Russe
3-31.3.	1375 - 1775	" "	6 Russen
1-30.4.	1776 - 2144	" "	21 Russen
1-30.5.	2145 - 2503	" "	5 Franzose
1-30.6.	2504 - 2824	" "	50 Russen
1-23.7.	2825 - 3014	" "	Russen u.16 F
1-28.8.	3015 - 3024	"	" 4
1-25.9	3025 - 3028	"	1 Russe
2-9.10	3029 - 3035	"	" 2 Fr
3-20.12	3036 - 3044	"	" 2

1943 :			
Styczeń	3045 - 3434	Śląsk - Małop.Wsch.	Russen 68
Luty	3435 - 3640		7 Franc.
Marzec	3641 - 3902		Francuzi
Kwiecień	3903 - 4239	Śląsk	
Maj	4240 - 4542	"	
Czerwiec	4544 - 5001	"	
Lipiec	5002 - 5482	" Małop.Wsch. -	Russen
Sierpień	5483 - 5832	" "	13 Franc.
Wrzesień	5833 - 6199	" "	14 "
Październik	6200 - 6600	" 6417 - 6467 z Krakowa	
Listopad	6601 - 6860	" 8 Włochów	
Grudzień	6861 - 7144	"	

1944 :		
Styczeń	7145 - 7400	" i 13 Włochów
do 17. luty	7401 - 7549	22 "

Nr		zmarło	wróciło ponownie	zostało
1	500	31	12	
500	1000	140	5	
1000	1500	238	9	
1501	2000	247	4	
2001	2500	272	8	
2501	3000	289	1	
3001	3500	37	19	
3501	4000	41	16	
4001	4500	20	13	
4501	5000	4	7	
5001	5500	10	9	
5501	6000	9	8	
6001	6500	5	3	
6501	7000	30	2	
7001	.....	6		
		1379	116	

Von der Widerstandsbewegung angefertigte Aufstellung der an die Erziehungshäftlinge (Männer) von Juli 1941 bis Februar 1944 ausgegebenen Häftlingsnummern. APMO: Materialien der Widerstandsbewegung, Bd. 4, Bl. 290.

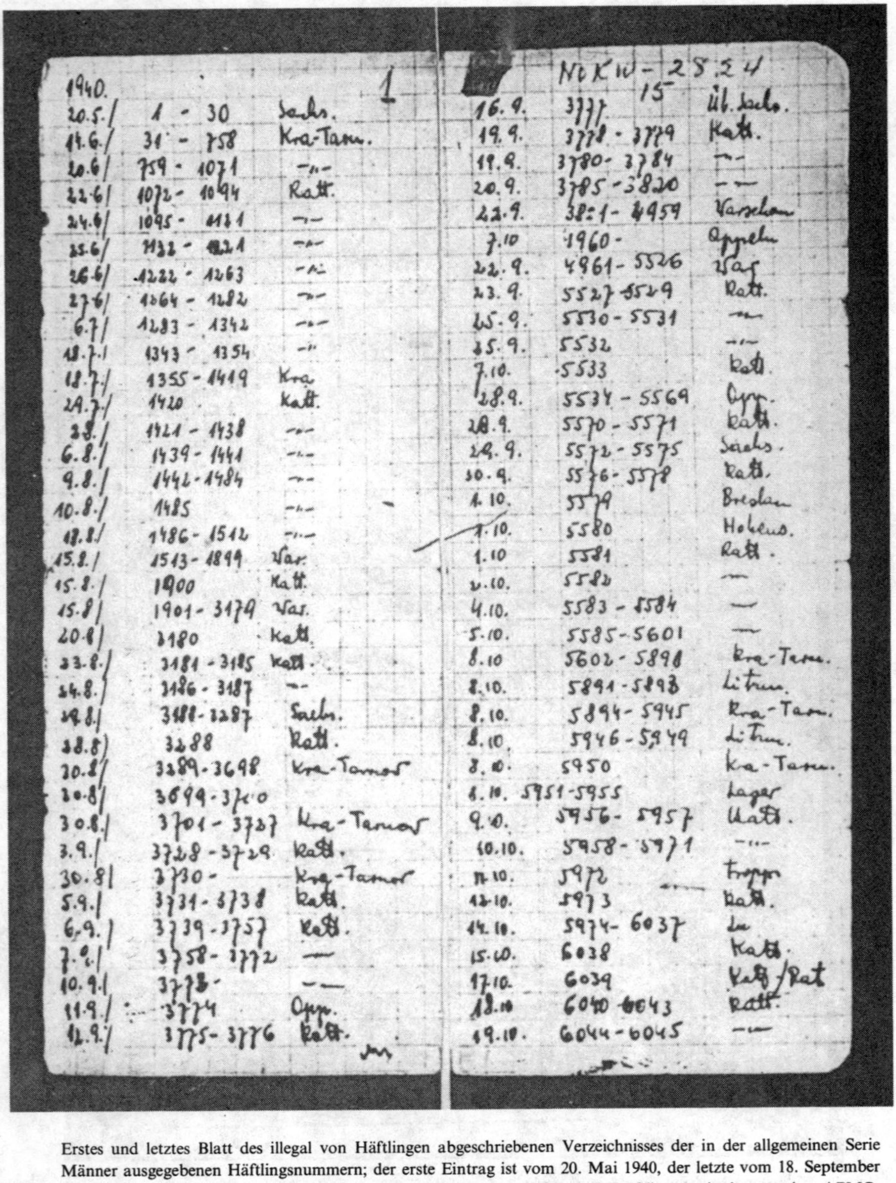

1940. 1

20.5.	1 - 30	Sachs.
14.6.	31 - 758	Kra-Tarn.
20.6.	759 - 1071	-"-
22.6.	1072 - 1094	Katt.
24.6.	1095 - 1131	-"-
25.6.	1132 - 1221	-"-
26.6.	1222 - 1263	-"-
27.6.	1264 - 1282	-"-
6.7.	1283 - 1342	-"-
18.7.	1343 - 1354	-"-
18.7.	1355 - 1419	Kra
29.7.	1420	Katt.
28.	1421 - 1438	-"-
6.8.	1439 - 1441	-"-
9.8.	1442 - 1484	-"-
10.8.	1485	-"-
18.8.	1486 - 1512	-"-
15.8.	1513 - 1899	War.
15.8.	1900	Katt.
15.8.	1901 - 3179	War.
20.8.	3180	Katt.
23.8.	3181 - 3185	Katt.
24.8.	3186 - 3187	-"-
28.8.	3188 - 3287	Sachs.
28.8.	3288	Katt.
30.8.	3289 - 3698	Kra-Tarnow
30.8.	3699 - 3700	
30.8.	3701 - 3727	Kra-Tarnow
3.9.	3728 - 3729	Katt.
30.8.	3730 -	Kra-Tarnow
5.9.	3731 - 3738	Katt.
6.9.	3739 - 3757	Katt.
7.9.	3758 - 3772	—
10.9.	3773 -	—
11.9.	3774	Opp.
12.9.	3775 - 3776	Katt.

NOKW - 2824
15

16.9.	3777	Ub. Sachs.
19.9.	3778 - 3779	Katt.
19.9.	3780 - 3784	-"-
20.9.	3785 - 3820	-"-
22.9.	3821 - 4959	Warschau
7.10	4960 -	Oppeln
22.9.	4961 - 5526	War.
23.9.	5527 - 5529	Katt.
25.9.	5530 - 5531	-"-
25.9.	5532	-"-
7.10.	5533	Katt.
28.9.	5534 - 5569	Opp.
28.9.	5570 - 5571	Katt.
28.9.	5572 - 5575	Sachs.
30.9.	5576 - 5578	Katt.
1.10.	5579	Breslau
1.10.	5580	Hohens.
1.10	5581	Katt.
2.10.	5582	—
4.10.	5583 - 5584	—
5.10.	5585 - 5601	—
8.10	5602 - 5890	Kra-Tarn.
8.10.	5891 - 5893	Litzm.
8.10.	5894 - 5945	Kra-Tarn.
8.10	5946 - 5949	Litzm.
8.10.	5950	Kra-Tarn.
8.10.	5951 - 5955	Lager
9.10.	5956 - 5957	Katt.
10.10.	5958 - 5971	-"-
11.10.	5972	Troppau
12.10.	5973	Katt.
14.10.	5974 - 6037	Lu
15.10.	6038	Katt.
17.10.	6039	Katt/Rat
18.10	6040 - 6043	Katt.
19.10.	6044 - 6045	-"-

Erstes und letztes Blatt des illegal von Häftlingen abgeschriebenen Verzeichnisses der in der allgemeinen Serie Männer ausgegebenen Häftlingsnummern; der erste Eintrag ist vom 20. Mai 1940, der letzte vom 18. September 1944. In diesem Zeitraum sind in der allgemeinen Serie 199 531 Männer als Häftlinge registriert worden. APMO: D-RO/123, Film Nr. 727/33, 94.

17.9.44	199469 – 199470		Jann
18.9.44	199471 – 199473		Katt
-"-	199474		Bresla
-"-	199475 – 199477	üb.	Gross Ro
-"-	199478 – 199482		Katt
-"-	199483 – 199519		Radom
20.9.44	199520 – 199521	üb.	Dach
-"-	199522 – 199529		Budap
17.9.44	199530	KdS.	Wien
18.9.44	199531	KdS	Mink

NOKW-2824
-39-

END

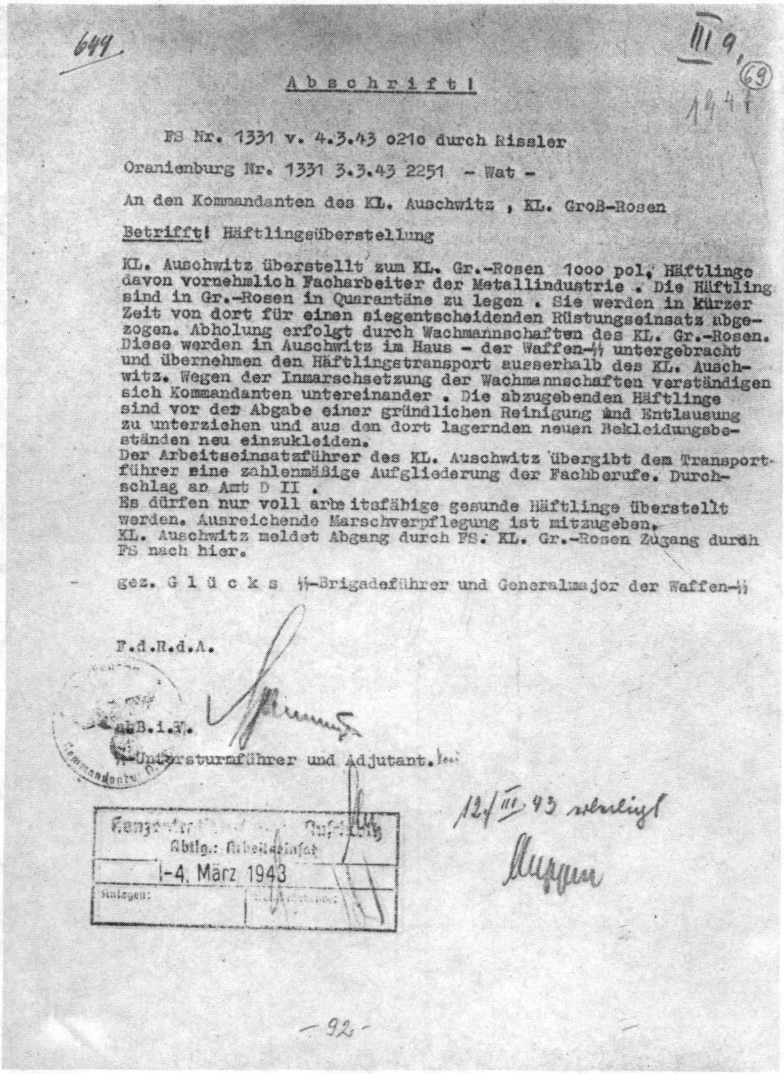
644

III 9, (69)

144 f

Abschrift!

FS Nr. 1331 v. 4.3.43 0210 durch Rissler

Oranienburg Nr. 1331 3.3.43 2251 - Wat -

An den Kommandanten des KL. Auschwitz , KL. Groß-Rosen

Betrifft! Häftlingsüberstellung

KL. Auschwitz überstellt zum KL. Gr.-Rosen 1000 pol. Häftlinge davon vornehmlich Facharbeiter der Metallindustrie . Die Häftling sind in Gr.-Rosen in Quarantäne zu legen . Sie werden in kürzer Zeit von dort für einen siegentscheidenden Rüstungseinsatz abgezogen. Abholung erfolgt durch Wachmannschaften des KL. Gr.-Rosen. Diese werden in Auschwitz im Haus - der Waffen-SS untergebracht und übernehmen den Häftlingstransport ausserhalb des KL. Auschwitz. Wegen der Inmarschsetzung der Wachmannschaften verständigen sich Kommandanten untereinander . Die abzugebenden Häftlinge sind vor der Abgabe einer gründlichen Reinigung und Entlausung zu unterziehen und aus den dort lagernden neuen Bekleidungsbeständen neu einzukleiden.
Der Arbeitseinsatzführer des KL. Auschwitz übergibt dem Transportführer eine zahlenmäßige Aufgliederung der Fachberufe. Durchschlag an Amt D II .
Es dürfen nur voll arbeitsfähige gesunde Häftlinge überstellt werden. Ausreichende Marschverpflegung ist mitzugeben.
KL. Auschwitz meldet Abgang durch FS. KL. Gr.-Rosen Zugang durch FS nach hier.

gez. Glücks SS-Brigadeführer und Generalmajor der Waffen-SS

F.d.R.d.A.

i.V.

SS-Untersturmführer und Adjutant.

Abtlg.: Arbeitseinsatz

4. März 1943

Anlagen:

12/III 43 erledigt

-92-

Abschrift eines Fernschreibens von Glücks vom 4. März 1943 betreffend die Überstellung von 1000 polnischen Häftlingen aus dem KL Auschwitz in das KL Groß-Rosen. APMO: D-AuI-3a, Briefe und Telegramme betr. Arbeitseinsatz von Häftlingen, Bl. 69.

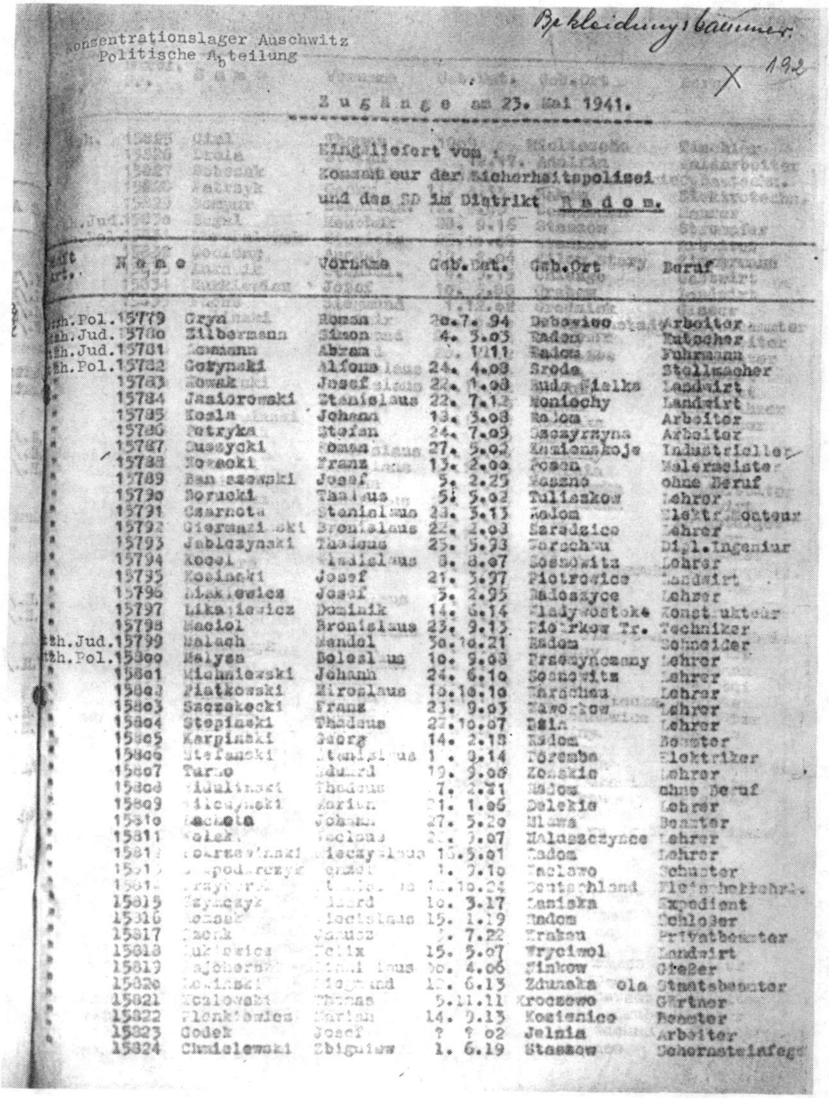

Konzentrationslager Auschwitz
Politische Abteilung

Bekleidungsnummer. X 192

Z u g ä n g e am 23. Mai 1941.

Eingeliefert vom
Kommandeur der Sicherheitspolizei
und des SD im Distrikt R a d o m.

Haft Art.		Name	Vorname	Geb.Dat.	Geb.Ort	Beruf
Sch.Pol.	15779	Gryn[illegible]	Roman	20.7.94	Dabowiec	Arbeiter
Sch.Jud.	15780	Silbermann	Simon	4. 5.03	Radom	Kutscher
Sch.Jud.	15781	[illegible]mann	Abram	[illegible] 1911	Radom	Fuhrmann
Sch.Pol.	15782	Gorynski	Alfons	24. 4.08	Sroda	Stellmacher
"	15783	Nowak	Josef	22. 1.08	Buda Wielka	Landwirt
"	15784	Jasiorowski	Stanislaus	22. 7.12	Woniochy	Landwirt
"	15785	Kosla	Johann	13. 3.08	Radom	Arbeiter
"	15786	Petryka	Stefan	24. 7.09	Szczyrzyna	Arbeiter
"	15787	Dussycki	Roman	27. 5.02	Kamienskoje	Industrieller
"	15788	Nowacki	Franz	13. 2.00	Posen	Malermeister
"	15789	Ban[illegible]szewski	Josef	5. 2.25	Wassno	ohne Beruf
"	15790	Borucki	Thaddaus	5. 5.02	Tuliszkow	Lehrer
"	15791	Czarnota	Stanislaus	23. 3.13	Radom	Elektromonteur
"	15792	Giermazi[illegible]ski	Bronislaus	22. [illegible].03	Saradzice	Lehrer
"	15793	Jablczynski	Thadeus	25. 5.93	Warschau	Dipl.Ingenieur
"	15794	Kocel	Wladislaus	8. 8.07	Sosnowitz	Lehrer
"	15795	Kosinski	Josef	21. 3.97	Piotrowice	Landwirt
"	15796	Miakiewicz	Josef	5. 2.95	Maloszyce	Lehrer
"	15797	Lika[illegible]iewicz	Dominik	14. 6.14	Wladywostoke	Konstrukteur
"	15798	Maciol	Bronislaus	23. 9.13	Piotrkow Tr.	Techniker
Sch.Jud.	15799	Malach	Mendel	30.10.21	Radom	Schneider
Sch.Pol.	15800	Malysa	Boleslaus	10. 9.08	Przesmyczanny	Lehrer
"	15801	Michniewski	Johann	24. 6.10	Sosnowitz	Lehrer
"	15802	Piatkowski	Miroslaus	10.10.10	Warschau	Lehrer
"	15803	Szczekocki	Franz	23. 9.03	Jaworkow	Lehrer
"	15804	Stepinski	Thadeus	27.10.07	Zelin	Lehrer
"	15805	Karpinski	Georg	14. 2.18	Radom	Beamter
"	15806	Stefanski	Stanislaus	1 . 9.14	Torembe	Elektriker
"	15807	Tarno	Eduard	19. 9.06	Zonskie	Lehrer
"	15808	Widulinski	Thadeus	7. 2.21	Radom	ohne Beruf
"	15809	Wilczynski	Marian	[illegible]1. 1.06	Dolekie	Lehrer
"	15810	Zacheta	Johann	27. 5.20	Mlawa	Beamter
"	15811	Wolak	Waclaus	[illegible]. 3.07	Malaszczynce	Lehrer
"	15812	Pokrzewinski	Mieczyslaus	13.5.01	Radom	Lehrer
"	15813	[illegible]podkrzyz[illegible]	[illegible]	1. 3.10	Waclawo	Schuster
"	15814	[illegible]	[illegible]	[illegible].10.24	Deutschland	Fleischerlehrl.
"	15815	Szymczyk	Eduard	10. 3.17	Lasiska	Expedient
"	15816	Komsak	Wladislaus	15. 1.19	Radom	Schloßer
"	15817	[illegible]acnk	Janusz	[illegible]. 7.22	Krakau	Privatbeamter
"	15818	Lukiewicz	Felix	15. 5.07	Wrycimol	Landwirt
"	15819	[illegible]jcherz[illegible]	[illegible]laus	30. 4.06	Jinkow	Gießer
"	15820	[illegible]inski	Siegmund	1[illegible]. 6.13	Zdunska Wola	Staatsbeamter
"	15821	Kozlowski	Thomas	5.11.11	Kroczewo	Gärtner
"	15822	Plonkiewicz	Marian	14. 9.13	Kozienice	Beamter
"	15823	Godek	Josef	? ? 02	Jelnia	Arbeiter
"	15824	Chmielewski	Zbigniew	1. 6.19	Stasnow	Schornsteinfeger

Zugangsliste mit den Namen der am 23. Mai 1941 eingelieferten polnischen (Schutzh. Pol.) und jüdischen (Schutzh. Jud.) Häftlinge. Zu diesem Zeitpunkt befanden sich erst wenige jüdische Häftlinge im KL Auschwitz. APMO: D-AuI-2/1, Inventarnummer 4279, Zugangsliste.

193

Haft Art.	Häftl. Nr.	Name	Vorname	Geb.Dat.	Geb.Ort	Beruf
...ch. Pole	15825	Ciul	Thomas	1909	Mieliescza	Tischler
	15826	Drela	Stefan	12.17.	Adolfin	Waldarbeiter
	15827	Sobosak	Stanisl.	9.12.21	St nesszczkowice	Bautechn.
"	15828	Patrzyk	Georg	11. 4.15	Rakow	Elektrotechn.
"	15829	Sompur	Stanisla.	12. 9.03	Cecolowka	Maurer
...h.Jud.	15830	Segal	Moschek	28. 9.16	Staszow	Strumpfer
...h.Pol.	15831	Marchalowski	Stanisla	23.10.08	Staszow	Arbeiter
"	15832	Goclong	August	12. 2.04	Kilow Stary	Zimmermann
"	15833	Lukasik	Stanisl.	4. 3.15	Chicago	Gastwirt
"	15834	Kukkiewicz	Josef	10. 3.88	Grabow	Landwirt
"	15835	Fuchs	Siegmund	1.12.02	Grodsisk	Glaser
"	15836	Tylinski	Kasimir	30.10.10	Litzmannstadt	Privatbeamter
"	15837	Tusin	Siegmund	24. 2.12	Cainy	Vorarbeiter
"	15838	Kochacz	Eduard	20. 7.02	Grodziec	Baumeister
"	15839	Rodzoch	Stanislaus	1. 7.18	Zenka	Landwirt
"	15840	Jaworski	Stanislaus	30.11.02	Kiedno	Landwirt
"	15841	Nowakowski	Johann	9. 8.13	Radom	Kraftführer
"	15842	Radzyminski	Edmund	14.11.02	Konopka	Fleischer
"	15843	Schodnik	Josef	5. 2.13	Alusin	Landwirt
"	15844	Moskal	Stanislaus	4. 3.00	Blaziny	Arbeiter
"	15845	Wronski	Ladislaus	24.12.15	Jedlnia	Schmied
"	15846	Maciocha	Johann	6. 6.11	Cecolowka	Landarbeiter
"	15847	Maciocha	Ladislaus	24. 8.13	Cecolowka	Landwirt
"	15848	Ptak	Erwin	11. 9.12	Janow	Bergsteiger
"	15849	Gwarda	Andreas	28.11.06	Marianow	Beamter
"	15850	Sokalski	Andreas	13.11.09	Goryn	Fleischer
"	15851	Kutzera	Viktor	4.12.99	Schlesiengrube	Büroangestl.
"	15852	Rewucki	Adolf	24. 3.06	Slopiec	Schuster
"	15853	Charzewski	Boleslaus	11. 1.09	Opatowiec	Priester
"	15854	Dabala	Josef	10. 2.05	Mlada	Wächter
"	15855	Dymek	Stanislaus	25. 4.20	Ruda Pieczycka	Fabrikarbeiter
"	15856	Kowalczyk	Johann	9. 9.08	Bieliny	Landwirt
"	15857	Krzos	Boleslaus	15. 9.15	Bieliny	Landmann
"	15858	Krzes	Thomas	15. 9.13	Bieliny	Arbeiter
"	15859	Jasik	Stefan	14.12.19	Ruda Pielecka	Schuster
"	15860	Malicki	Ignatz	2. 7.07	Nieznanowice	Sanitäter
"	15861	Mikolajczyk	Vinzent	23. 4.83	Bieliny	Arbeiter
"	15862	Mikolajczyk	Josef	23. 9.12	Bieliny	Musiker
"	15863	Malysa	Alfons	29. 3.98	Saybusch	Büroangestelt.
"	15864	Gniak	Vinzent	9. 4.96	Wola Murawicka	Arbeiter
"	15865	Nowacki	Felix	24. 2.79	Warschau	Priester
"	15866	Krainski	Josef	5. 2.04	Kielce	Diener
"	15867	Draszak	Ludwig	10. 3.09	Dombrowa Grube	Bürodiener
"	15868	Walocha	Johann	30.11.15	Kielce	Maurer
"	15869	Lacki	Kasimir	1. 3.23	Opoczno	Arbeiter
"	15870	Boczkowski	Abton	22. 3.90	Nowarzyce	Landwirt
"	15871	Wroblewski	Kasimir	11. 2.03	Niewachlow	Eisenbahner
"	15872	Stempien	Josef	7. 5.05	Smykow	Landwirt
"	15873	Dygas	Johann	5. 6.09	Smykow	Tischler
"	15874	Zokiada	Julian	23. 2.18	Smolensk	Arbeiter
"	15875	Zakiada	Stanislaus	27. 2.03	Smieszkowice	Arbeiter
"	15876	Lebek	Josef	4. 3.99	Korzecko	Arbeiter
"	15877	Kijawski	Richard	16. 5.25	Litzmannstadt	Buchhalter
"	15878	Wronski	Stanislaus	25. 9.09	Dombrowa Grube	Richter
"	15879	Waclawski	Josef	8. 3.12	Tschenstochau	Buchhalter
"	15880	Rudnicki	Josef	24. 9.14	Kaszczynce	Kaufmann

196

[illegible]	Hftl. Nr.	N a m e	Vorname	Geb.Dat.	Geb.Ort	Beruf
[illegible]	15986	Korzen	Stanislaus	3. 5.99	Piasek Duży	Landwirt
[illegible]	15987	Cenazy	Stanislaus	3. 9.95	Barzykowice	Landwirt
	15988	Krol	Stanislaus	6. 9.o6	Strozyska	Schuster
	15989	Borek	Josef	1o.1o.18	Sluszczyn	Landarbeiter
	1599o	Retmanczyk	Stanislaus	8. 5.21	Helenow	Landarbeiter
	15991	Glowacki	Adam	2. 2.12	Biala	Musiker
	15992	Siwak	Ludwig	18. 8.18	Ufa	Musiker
	15993	Wronski	Johann	16.1o.o9	Lanieta	Maurer
	15994	Nowak	Heinrich	25. 6.2o	Starachowice	Arbeiter

....

SS - Unterscharführer.

F Y-14/F

Der Kommandeur
der Sicherheitspolizei u. des SD
für den Distrikt Radom
- IV C 2 -

Radom, den 22. Aug. 1943

P. C. K.

Stufe II (III)

Einweisung
in das
Konzentrationslager - Auschwitz -

Zum Pers. Akt.
Nr. [illegible]

16819

Am 22. Aug. 1943 wird mit Sammeltransport in das Konzentrationslager Auschwitz überstellt:

Zuname: (bei Frauen auch Geburtsname)	A j d e l s
Vorname:	Bernhard
Geburtstag u. -Ort (Kreis):	26.12.1911 in Radom
Familienstand und Beruf:	ledig, Angestellter
Konfession:	mosaisch
Wohnort und Kreis: (Strasse und Hausnummer)	Radom, Walowastr. 25
Staatsangehörigkeit:	ehem. Polen
Volkszugehörigkeit:	Jude
Festgenommen durch:	**Kommandeur der Sicherheitspolizei u. des SD für den Distrikt Radom**
Aktenzeichen:	IV B 4 - Nr. 1337/43.
Festnahmegrund: (stichwortartig)	Unberechtigtes Verlassen des jüdischen Wohnviertels
Festnahmetag:	26.7.1943
Bemerkungen:	

Im Auftrage:

Verteiler:

1.) Konzentrationslager **Auschwitz**
2.) Reichssicherheitshauptamt - IV C 2 - **Berlin**
3.) Z.d.A. bei IV C 2

(107)

Vom Kommandeur der Sicherheitspolizei und des SD für den Distrikt Radom verfügte Einweisung des Juden Bernhard Ajdels aus Radom in das KL Auschwitz. APMO: D-AuI-2, Inventarnummer 4752-4818. Häftlingspersonalbogen, Bd. 16 Original.

Konzentrationslager Auschwitz
Abteilung II.

98

Zugänge am 5. Dezember 1943;
Überstellt aus dem KL. - Flossenbürg:

Lfd. Nr.	Haftart	Häftl. Nr.	Name	Vorname	Geb.Dat.	Geb.Ort	Beruf
1.	Sch.Russ.	166040	[illegible]alaschow	Jakow	5. 8.15	Schibekin	Mechaniker
2.	Sch.Jug.	166041	Cular	Grgo	6. 3.78	Unisice	Kerzenfabrik
3.	Sch.P.	166042	Cynor	Piotr	20. 7.20	Kolbuszowa	Spinnereiarb.
4.	Sch.Russ.	166043	Demialkim	Wladimir	29.10.17	Starodub	Elektriker
5.	" "	166044	Fetiskin	Fiodor	5. 6.11	Setusena	Hilfsarbeiter
6.	Sch.P.	166045	Galgun	Alexander	3. 4.05	Bortniki	Landarbeiter
7.	"	166046	Gniazdo	Jan	15. 3.14	Mnichow	Landarbeiter
8.	VH/BV.D.	166047	Härbinger	Franz	9. 5.94	Frontenhausen,	Schreiner
9.	Sch.Russ.	166048	Horb	Wladimir	16. 6.26	Auli	Arbeiter
10.	Sch.P.	166049	Kaminski	Stanislaw	8. 5.13	Dzików Stary,	Zimmermann
[illegible]		166050	Karpenko	Michaelo	23. 2.24	Malin	
12.	Sch.P.	166051	Katana	Wladyslaw	8. 8.09	Falenoice (	Kaufmann
13.	"	166052	Kalmer	Mieczyslaw	14. 2.23	Blonie	Tischler
14.	VH/Aso.D.	166053	Korath	Johann	21. 9.03	Titsch	Dachdecker
15.	Sch.Russ.	166054	Kotoganow	Anatoly	27. 5.14	[illegible]chutino	Schlosser
16.	" "	166055	Kulykin	Alexander	10. 4.21	Rososchenskoje,	Student
17.	" "	166056	Kurotschka	Wladimir	26.11.17	Chodgijnschiw,	Landarbeiter
18.	" "	166057	Latschakow	Petro	15. 3.20	Nowosiolki	Arbeiter
19.	" "	166058	Mach	Zdenek	18. 1.21	Sitolib	Arbeiter
20.	Sch.P.	166059	Michalowski	Pantaleon	25. 4.14	[illegible]	Landarbeiter
21.	Sch.Russ.	166060	Mischnew	Aleksej	13. 3.15	Jutano	Schlosser
22.	" "	166061	Kosik	Maxim	25. 5.17	Litwinisoni	Koch
23.	" "	166062	Onischenko	Paul	2. 2.19	Lebedin	Arbeiter
24.	" "	166063	Pawlow	Alexiej	11. 2.07	[illegible]jchbikowo	Schuhmacher
25.	Sch-Jug	166064	Pecar	Stanislaus	07.11.98	St. Lorenco	Rechtsanwalt
26.	" "	166065	Przomelja	Trivo	21. 7.97	Selo	Arbeiter
27.	Sch.P.	166066	Ristocki	Franciszek	29.10.05	Hrubieszow	Maurer
28.	Sch.Russ.	166067	Sacharow	Iwan	22. 3.10	Nischnij Nowgorod,	Arzt
29.	Sch.P.	166068	Salesnik	Paul	1. 1.03	St. Daniel	Landarbeiter
30.	Sch.Russ.	166069	Satorow	Grigorij	13. 2.26	Zawiaska	Landarbeiter
31.	" "	166070	Soller	Gurij	26. 2.23	Jubetsoa	Schlosserlehrl.
32.	" "	166071	Strepnik	Wassilij	14. 9.25	Tjeliwka	Arbeiter
33.	" "	166072	Agoenko	Fjodor	10. 5.10	Tschernorutsch,	Schlosser
34.	" "	166073	Alchimow	Iwan	21. 9.15	Moskau	Berufsoffiz.
35.	" "	166074	Aleksandrow	Wlodimir	12. 5.21	Shulkowa Gora,	Arbeiter
36.	" "	166075	Alotkin	Wladimir	18. 6.20	Kiew	Elektrotechn.
37.	" "	166076	Anstow	Wladimir	26. 1.22	Schantry	Landarbeiter
38.	" "	166077	Andolenko	Wadilu	15. 5.23	Maiki	Elektromonteur
39.	Sch.P.	166078	Andryjowski (Andrejowycz)	Roman,	5. 3.21	Nadworna,	Elektromont.
40.	Sch.Russ.	166079	Andrejtschuk,	Teodor	10. 8.23	Kornojatyn	Landarbeiter
41.	" "	166080	Anischenko	Jakob	18.11.21	Borsenyl	
42.	" "	166081	Anissimow	Anatoli	14. 6.11	Petropawlowskoje,	Arbeiter
43.	Sch.P.	166082	Antonczak	Jan	19. 4.15	Zorow	Schlosser
44.	Sch.Russ.	166083	Antonow	Jewgenij	-. 2.17	Swonkowo	Schlosser
45.	" "	166084	Archipenko	Walentin	28. 7.20	Saporcsha	Schlosser
46.	" "	166085	Asarow	Nikolaj	10. 3.21	Starij Gorod,	Gärtner
47.	" "	166086	Babenko	Alexander	15.11.22	Tomatsch	Landarbeiter
48.	Sch.P.	166087	Bachur	Iwan	8. 4.27	Borszek	Landarbeiter
49.	Sch.Russ.	166088	Padalka (Badalka)	Jakow	21. 9.20	Staronhawa	Landarbeiter
50.	Sch.Ital.	166089	Badowinatz	Nikolaus	11. 6.17	Salinje	Kaufmann
51.	Sch.Russ.	166090	Bajdusch	Konstantin	1. 8.25	Los Kamenka	Landarbeiter

Erste und letzte Seite der Zugangsliste mit den Namen der am 5. Dezember 1943 aus dem KL Flossenbürg in das KL Auschwitz eingelieferten Häftlinge. Unter den überstellten Häftlingen werden auf den beiden Blättern Russen (Sch.Russ.), Jugoslawen (Sch.Jug.), Polen (Sch.P.), Deutsche (VH/BV.D.) und ein Italiener (Sch.Ital.) aufgeführt. APMO: D-AuI-2/271a. Zugangsliste, Bd. 6.

114

Häftlart	Häftl. Nr.	Name	Vorname	Geb.Dat.	Geb.Ort	Beruf
Sch.P.	97140	Janoska	Roman	6. 6.24	Blanowitz	Arbeiter
"	97142	Cholewka	Stanislaus	15. 2.18	Losnice	Arbeiter
"	97151	[illegible]etyl	Josef	25. 1.25	Ligota	Landarbeiter
"	97154	Bereza	Eugen	8. 9.26	Mokrzesz	Landarbeiter
"	97164	Gruszka	Wladislaus	11. 1.23	Krusin	Arbeiter
"	97173	Pawlowski	Siegmund	24. 2.19	Dziewki	Landwirt

41 Russ. Kriegsgef.

96

Der Leiter der Abteilung II.
i.A.

[signature]
SS-Oberscharführer.

(20)

Kriegsgefangenenarbeitslager
Auschwitz
Abteilung II.

97

Z u g ä n g e a m 5. Dezember 1943:

Ueberstellt aus dem KL. - Flossenbürg :

Lfd. Nr.	Haftart	Häftl. Nr.	N a m e	Vorname	Geb.Dat.	Geb.Ort	Beruf
1.	Russ. Kriegsgf.	11041	Schperl	Fedor	16. 5.16	Kronstadt	Mechaniker
2.	"	11042	Barischpol	Grigor	20. 5.19	Ipatowo	Arbeiter
3.	" "	11043	Bobkow	Jakow	30. 7.12	Demidowo	Zimmermann
4.	" "	11044	Jemeljanow	Andrej	10. 5.13	Joninskaja	Landarbeiter
5.	" "	11045	Geraskin	Nikolai	16. 6.20	Stjepanowka	Landarbeiter
6.	" "	11046	Gorbuschkow	Aleksej	24. 3.12	I Terlakowa	Landarbeiter
7.	" "	11047	Klimow	Wiktor	23. 3.12	Karmioscake	Landarbeiter
8.	" "	11048	Gubanow	Kiril	10. 3.21	Jersokwa	Arbeiter
[illegible]	" "	11049	Kusmin	Konstantin	26.12.17	Adamowa	Landarbeiter
10.	" "	11050	Koshuhow	Pawel	9. 6.23	Zdorowias	Landarbeiter
11.	" "	11051	Lapizkij	Demjan	4. 8.13	Chisy	Schlosser [illegible]
12.	" "	11052	Ljapin	Wassilij	10. 1.21	Nishij Bor [illegible]	[illegible], Landarbeiter
13.	" "	11053	Loginow	Alexander	13. 9.20	Bjelowodja	Monteur
14.	" "	11054	Mjalkin	Konstantin	5. 3.11	[illegible]	Schlosser
15.	" "	11055	Matwjejew	Sergiej	1. 7.05	Orjechowo	[illegible]
16.	" "	11056	Michejew	Jakow	12. 3.13	Woronin	Arbeiter
17.	" "	11057	Resinkin	Sergej	15. 9.21	Filipowka	Schlosser
18.	"	11058	Roshdestwehskij	Wladimir	5. 4.20	[illegible]tow	Maler
19.	" "	11059	Sawizkij	Wasilij	25.12.12	Hutorowka	Landarbeiter
20.	" "	11060	Sawjalow	Grigorij	28. 2.16	Aristowka	Arbeiter
21.	" "	11061	Schestakow	Michail	1[illegible]. 8.17	Perm[illegible]	Landarbeiter
22.	" "	11062	Chudjakow	Pawel	23. 2.14	Sergejewko	Schlosser
23.	" "	11063	Demjanenko	Stjepan	30.11.10	[illegible]owka,	Landarbeiter
24.	" "	11064	Golubenzew	Fjodor	1[illegible]. 5.10	[illegible]	Schlosser
25.	" "	11065	Gusew	Iwan	25. 9.13	Ost Ogorak	[illegible]
26.	" "	11066	Hlotow	Fjodor	23. 4.13	Koschowka	Landarbeiter
[illegible]	" "	11067	Kulaschnikow	Aleksiej	16. 9.16	Maloje [illegible]	[illegible]
[illegible]	" "	11068	Kulikow	Michail	-. -.14		
29.	" "	11069	Moshajew	Pawel	12. 1.14	Bjelaja Kalitwa	Maler
30.	" "	11070	[illegible]row	Jewgenij	10.10.17	Rosang	Schlosser
31.	" "	11071	[illegible]kow	Iwan	8. 2.20	[illegible]okowa	Arbeiter
32.	" "	11072	Skworzjakow	Michail	15.11.10	Djomina	Zimmermann
33.	" "	11073	Solotajkin	Michail	21. 9.14		
34.	" "	11074	Waskin	Kusma	15.11.10	Kokino	Landarbeiter
35.	" "	11130	Totschilkin	Alexander	7. 1.10	Karlowka	Kraftfahrer
36.	" "	11131	Kabankow	Michail	-. -.20	Spas	[illegible]
37.	" "	11132	Sacharenko	Wasilij	20.12.16	Tschanowka	Weber
38.	" "	11133	Melnik	Adam	25. 1.21	Jantscherudka	Landarbeiter
39.	" "	11134	Lanzow	Nikolaj	-. -.17	Len	Landarbeiter
40.	" "	11135	Nikolaew	Pjotr	21. 7.20	Kondrosnowo	
41.	" "	11136	Woroneschtschew	Michael	?	?	?

Der Leiter der Abteilung II.
I.A.
[signature]
SS-Oberscharführer

Zugangsliste mit den Namen der am 5. Dezember 1943 aus dem KL Flossenbürg in das KL Auschwitz eingelieferten 41 sowjetischen Kriegsgefangenen. APMO: D-AuI-2, Inventarnummer 158964, Zugangsliste, Bd. 6.

eine kleine Zahl von Zigeunern in das KL Auschwitz eingeliefert. Erst nach dem Erlaß des RSHA vom 29. Januar 1943 begann dann jedoch die Masseneinlieferung von Transporten mit Zigeunern vor allem aus Deutschland und aus Österreich sowie aus dem Protektorat Böhmen und Mähren. Dank dem durch Häftlinge geretteten und dadurch erhaltenen Hauptbuch des Zigeunerlagers in Birkenau kennen wir fast alle Namen der **insgesamt 20 982 in das KL Auschwitz-Birkenau eingelieferten Zigeuner**.

Auch die Zahl der registrierten **11 964 sowjetischen Kriegsgefangenen**, die auf der Grundlage der ausgegebenen Nummern ermittelt wurde, steht zweifelsfrei fest.

Bei den übrigen **etwa 25 000 Häftlinge** — Bürger der Sowjetunion (Belorussen, Russen, Ukrainer, Litauer), Tschechen, Franzosen, Jugoslawen, Deutsche, Österreicher, Italiener, Holländer, Spanier und andere — handelt es sich um Gruppen von einigen wenigen über einige Dutzend bis zu mehreren tausend Häftlingen.[5]

In den einzelnen Jahren wurden in das KL Auschwitz gebracht und dort registriert:

Tabelle C: Die Zahl der in den einzelnen Jahren registrierten Häftlinge.

Jahr	Männer	Frauen	Insgesamt
1940	8 000	—	8 000
1941	26 500	—	26 500
1942	61 500	28 000	89 500
1943	96 000	56 000	152 000
1944	67 500	47 000	114 500
Insgesamt	259 500	131 000	390 500

Quelle: Berechnungen des Verfassers auf der Grundlage von: Danuta Czech, Kalendarium der Ereignisse im Konzentrationslager Auschwitz-Birkenau 1939-1945. Reinbek bei Hamburg 1989. Die etwa 11 000 Erziehungshäftlinge sind in dieser Zusammenstellung nicht berücksichtigt. Die Angaben sind auf 500 gerundet.

---

[5] So zeigen zum Beispiel von 39 159 (nach dem Stand von 1957) während der Registrierung angefertigten Fotoaufnahmen 26 700 Polen, 4 760 Deutsche, 2 465 Tschechen, 1 578 Russen, 1 497 Juden, 797 Jugoslawen, 654 Franzosen, 548 Ukrainer, 9 Holländer, 6 Zigeuner, 2 Dänen (in Dänemark geborene Polinnen), 2 Rumänen, 2 Spanier und eine einen Litauer. Bereits auf der Grundlage der erhaltenen Fotoaufnahmen kann also festgestellt werden, daß im KL Auschwitz neben Juden, Polen und Zigeunern 10 956 Häftlinge anderer Nationalität registriert worden sind. Detaillierte Zahlenangaben zu den einzelnen Nationlitäten werden erst im Ergebnis einer Computeranalyse der Angaben über die karteimäßig verzeichneten Häftlinge vorliegen.

b. Die nicht registrierten Deportierten.

Nach Auschwitz sind — neben den oben genannten 400 000 Häftlingen — etwa doppelt so viele Menschen, in ihrer überwiegenden Mehrheit Juden, deportiert worden, die nicht in der Evidenz des Lagers registriert und in der Regel noch am Tage ihres Eintreffens in Auschwitz in den Gaskammern getötet bzw. die erschossen wurden. Neben den Juden befanden sich unter ihnen ein Teil der deportierten Polen, der sowjetischen Kriegsgefangenen und der Zigeuner sowie Häftlinge aus anderen Konzentrationslagern.

Weil zu dieser Kategorie der Deportierten und Opfer fast keine Dokumente des KL Auschwitz erhalten geblieben sind, kann die Zahl der nicht registrierten Deportierten allein auf der Grundlage von außerhalb des KL Auschwitz entstandenen, insbesondere die Deportationen nach Auschwitz betreffenden Dokumenten sowie gestützt auf die Überlieferung von Zeugen festgestellt werden.

Die Juden

Im Fall der Juden wird die Zahl der nicht als Häftlinge registrierten Deportierten die Differenz zwischen der Gesamtzahl der Deportierten und der bekannten Zahl der 205 000 registrierten jüdischen Häftlinge sein.

Im Ergebnis der in vielen Ländern, aus denen Juden in das KL Auschwitz-Birkenau deportiert worden sind, durchgeführten Forschungen und Ermittlungen ist mit verhältnismäßig großer Genauigkeit die Zahl der in dieses Konzentrationslager Deportierten festgestellt worden. Dies gilt nicht für die Juden aus Polen, deren Zahl die meisten Kontroversen auslöst.

Ungarn

Nach dem Protokoll der Wannsee-Konferenz lebten im Januar 1942 in Ungarn (in den seinerzeitigen Grenzen) 742 800 Juden. Bis 1944 war die ungarische Regierung — ungeachtet deutschen Drucks — nicht bereit, sie nach Deutschland deportieren zu lassen. Neben den Versuchen, einen Separatfrieden zu schließen, und der Nichterfüllung wirtschaftlicher Verpflichtungen wurde dies zum Grund für die bewaffnete Intervention Deutschlands am 19. März 1944 und den Umsturz. Die von dem prodeutsch eingestellten Sztojay geführte neue Regierung akzeptierte die deutschen Forderungen und begann damit, die Juden in Ghettos und Durchgangslagern zu konzentrieren und anschließend in das KL Auschwitz-Birkenau zu deportieren. Die ersten beiden Transporte verließen am 29. April 1944 Kistarcsa (1 800 Juden) und am 30. April 1944 Topolya (2 000 Juden). Nach einer zweiwöchigen Unterbrechung begann

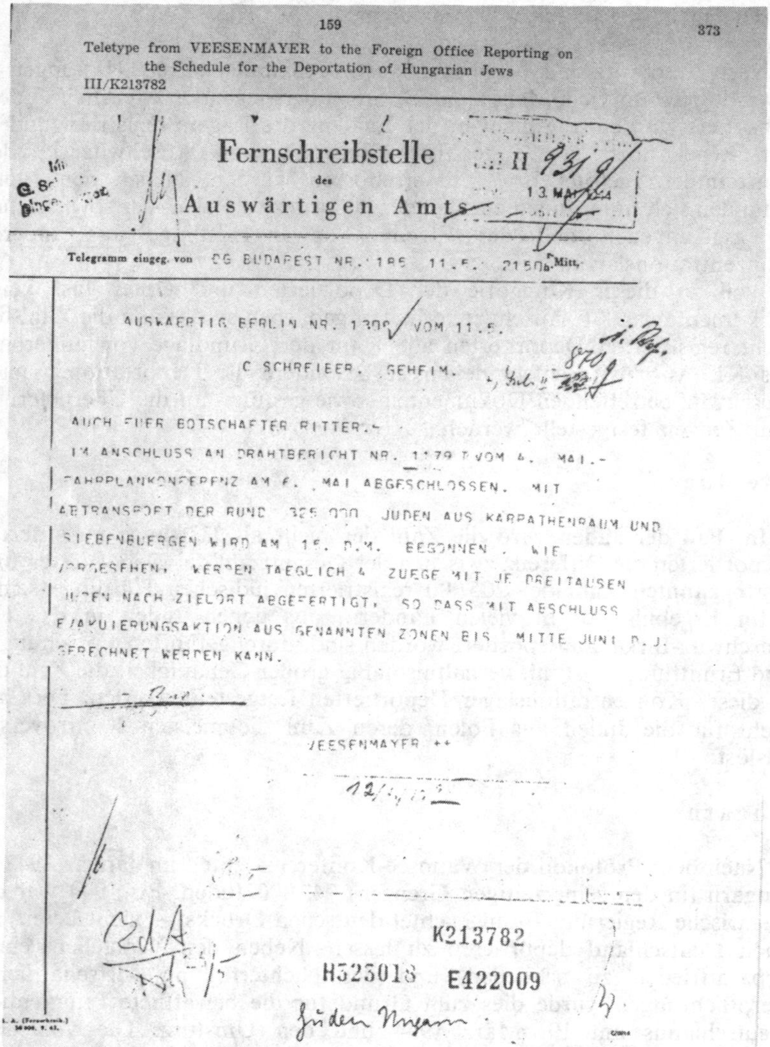

159 373

Teletype from VEESENMAYER to the Foreign Office Reporting on the Schedule for the Deportation of Hungarian Jews
III/K213782

Fernschreibstelle
des
Auswärtigen Amts

13. MAI 1944

Telegramm eingeg. von CG BUDAPEST NR. 185 11.5. 2150 Mitt.

AUSWAERTIG BERLIN NR. 1309 VOM 11.5.

C SCHREIBER. GEHEIM.

AUCH FUER BOTSCHAFTER RITTER.-

IM ANSCHLUSS AN DRAHTBERICHT NR. 1179 VOM 4. MAI.-
FAHRPLANKONFERENZ AM 6. MAI ABGESCHLOSSEN. MIT
ABTRANSPORT DER RUND 325 000 JUDEN AUS KARPATHENRAUM UND
SIEBENBUERGEN WIRD AM 15. D.M. BEGONNEN. WIE
VORGESEHEN, WERDEN TAEGLICH 4 ZUEGE MIT JE DREITAUSEN
JUDEN NACH ZIELORT ABGEFERTIGT, SO DASS MIT ABSCHLUSS
EVAKUIERUNGSAKTION AUS GENANNTEN ZONEN BIS MITTE JUNI D.J.
GERECHNET WERDEN KANN.

VEESENMAYER ++

K213782
H325018 E422009

Juden Ungarn

Telegramm des deutschen Botschafters in Budapest Veesenmayer an das Auswärtige Amt des Deutschen Reiches, mit dem mitgeteilt wird, daß entsprechend den Beschlüssen der am 6. Mai 1944 abgeschlossenen Fahrplankonferenz ab dem 15. Mai täglich vier Züge mit jeweils 3 000 Juden aus dem Karpathenraum und aus Siebenbürgen nach dem Zielort (d.i. Auschwitz — F.P.) abgefertigt werden sollen. R.L.Braham, The Destruction, S. 373.

KL Auschwitz II — Birkenau. Die Rampe. Bereits von den Männern getrennte Frauen und Kinder vor der Selektion (SS-Fotoaufnahme, 1944).

KL Auschwitz II — Birkenau. Selektion auf der Rampe. Die Mehrzahl der Deportierten (nach der Statistik etwa 80 Prozent) wurde zu den Gaskammern gebracht und dort getötet (SS-Fotoaufnahme, 1944).

193   443

Telegram from VEESENMAYER to the Foreign Office Reporting on the Completion of the "Action" in Zone V

IV/K213922   NG-5615

9. Juli 14.08

Telegramm

(G-Schreiber)

Budapest, den 11. Juli 1944 15.15 Uhr
Ankunft, den 11. Juli 1944 19.30 Uhr

Nr. 1927 vom 11.7.44.

Geheim!

+) Inl II a (V.S.)

Im Anschluß an Fernschreiben Nr. 1838 +) vom 30. Juni.

I. Konzentrierung und Abtransport Juden in Zone V einschließlich Aktion Vorstädte Budapest am 9. Juli planmäßig mit 55.741 abgeschlossen. Gesamtziffer aus Zonen I bis V einschließlich Vorstadtaktion nunmehr 437.402.

II. Über Fortgang Aktion gegen Budapest ist gesondert nach Fuschl berichtet worden.

Veesenmayer

Inl II

E422140
K213922

Telegramm Veesenmayers an das Auswärtige Amt des Dritten Reiches vom 11. Juli 1944, mit dem mitgeteilt wird, daß bis zum 9. Juli 1944 insgesamt 437402 Juden aus den Zonen I bis V abtransportiert wurden. R.L. Braham, The Destruction, S. 443.

dann am 15. Mai 1944 die Hauptphase der Deportationen. Nach dem beschlossenen Fahrplan sollten mit diesem Tag täglich vier Züge mit jeweils 3 000 Männern, Frauen und Kindern Ungarn verlassen. Die Transporte wurden von der ungarischen Gendarmerie unter Aufsicht von Eichmann zusammengestellt. An der Grenze zurischen Slowakei und dem Generalgouvernement (Distrikt Galizien) wurden sie von deutscher Polizei übernommen. Die Hauptstrecke verlief dann weiter über Muszyna, Tarnów und Krakau nach Auschwitz. Bis zum 9. Juli 1944, also bis zur Einstellung der weiteren Deportationen durch Reichsverweser Horthy, wurden 437 402 Juden aus Ungarn nach Auschwitz deportiert. Diese Zahl nannte der deutsche Botschafter in Ungarn, Edmund Veesenmayer, in einem Telegramm vom 11. Juli 1944 an das deutsche Auswärtige Amt in Berlin.[6] Mehrere Monate später hat der Beamte des deutschen Außenministers Wagner diese Zahl in einem Bericht für Ribbentrop vom 31. Oktober 1944 wiederholt.[7]

Unter dem Druck der neutralen Länder und des Vatikans untersagte Horthy schließlich weitere Deportationen; Deutschland wollte zu diesem Zeitpunkt den Konflikt mit Ungarn nicht weiter zuspitzen und unternahm keine entschiedeneren Schritte in dieser Richtung. Bekannt ist lediglich, daß im August 1944 noch mehrere hundert Juden aus dem Lager für politische Häftlinge in Kistarcsa nach Auschwitz gebracht worden sind.[8]

Die Deportationen der Juden aus Ungarn wurden nach der Absetzung Horthys im Oktober 1944 wieder aufgenommen. Die Deportierten wurden jedoch nicht mehr nach Auschwitz, sondern in Lager auf dem Gebiet Österreichs gebracht. Die Zahl von **438 000 aus Ungarn nach Auschwitz deportierten Juden** wird von fast der gesamten Forschung übereinstimmend akzeptiert und weckt keine Vorbehalte (zuweilen wird sie auf etwa 400 000 gerundet) (vgl. Tabelle 14).

Juden aus Polen

Von den etwa 3,3 Millionen vor Kriegsausbruch in Polen lebenden Juden befanden sich nach dem Angriff auf Polen und die Sowjetunion etwa 2,8 Millionen in deutscher Hand; die übrigen konnten fliehen, überwiegend in die Sowjetunion. Etwa 100 000 überlebten durch die Hilfe von Polen in Verstecken bzw. haben bis zur Befreiung in den einzelnen Lagern überlebt, die übrigen 2,7 Millionen starben während des Krieges. Wie Czeslaw Madajczyk schreibt, haben die Nazis 200 000 bei Exekutionen (u.a. den Exekutionen der Einsatzgruppen) erschossen,

---

[6] R.L. Braham, *Destruction*, S. 443.

[7] Ebenda, S. 522.

[8] D. Czech, *Kalendarium*, S. 848, 849 (Eintragungen für den 13. und den 14. 8. 1944).

500 000 kamen in den Ghettos ums Leben, die übrigen etwa zwei Millionen starben in den Vernichtungs— und Konzentrationslagern.[9]

Die Hauptorte der Vernichtung der polnischen Juden waren die Vernichtungslager Treblinka, Bełżec, Sobibór und Chełmno-Kulmhof. Nach Madajczyk starben in diesen Vernichtungslagern starben zwischen 1,61 und 1,95 Millionen Juden[10], nach Hilberg 1,7 Millionen Juden. Wenn wir Hilbergs Zahl als der von Madajczyk genannten Zahl nahekommenden Mittelwert nehmen und gleichzeitig in Betracht ziehen, daß etwa 100 000 bis 150 000 der in diesen Lagern getöteten Juden aus dem Ausland (u.a. aus Deutschland, aus Holland und aus der Tschecho-Slowakei) kamen sowie daß zumindest ebenso viele polnische Juden in Majdanek[11], in Płaszów und in anderen Lagern sowie in ihren Nebenlagern und in Judenarbeitslagern starben, können wir feststellen, daß **von den zwei Millionen polnischen Juden, die in diesen Lagern starben, auf Auschwitz etwa 300 000 entfallen**. Zu einer ähnlichen Zahl gelangen wir, wenn wir die in der korrigierten und ergänzten Neuausgabe von Danuta Czechs „*Kalendarium der Ereignisse im Konzentrationslager Auschwitz-Birkenau*" verzeichneten Transporte zusammenzählen (vgl. Tabelle 15) und sie um die dort nicht berücksichtigten Transporte der Juden aus Łódź und einige weitere Transporte ergänzen; wir kommen dann auf eine Zahl von etwa 280 000 bis 290 000, die wir unter Berücksichtigung möglicher Abweichungen auf etwa 300 000 runden.[12]

Die Zahl von etwa 300 000 in das KL Auschwitz deportierten polnischen Juden findet auch durch eine Analyse der Literatur sowohl zur Gesamtfrage der Problematik der Vernichtung der Juden auf dem Territorium Polens, wie auch zu den einzelnen Vernichtungs- und Konzentrationslagern und zum Schicksal der Zentren jüdischen Lebens in Polen eine Bestätigung.[13]

Auch die Gesamtsumme der von Martin Gilbert in seiner Veröffentlichung „*Atlas of the Holocaust*" — die deutschsprachige Ausgabe erschien

---

[9] Cz. Madajczyk, *Polityka III Rzeszy*, Bd. 2, S. 328. Nach Hilberg stellt sich die Verlustbilanz der polnischen Juden wie folgt dar: mehr als 1 800 000 starben in den unterschiedlichen Lagern, mehr als 600 000 starben bei Exekutionen, und mehr als 500 000 starben in den Ghettos. Von 3 351 000 polnischen Juden (Stand für August 1939) überlebten etwa 400 000. Raul Hilberg, *Le bilan demographique du genocide*, in: *L'Allemagne nazie et le gnocide Juif*, Paris 1985, S. 262, 273.

[10] Cz. Madajczyk, *Polityka III Rzeszy*, Bd. 2, S. 343.

[11] Nach Berenstein und Rutkowski sind in Majdanek 120 000 Juden, davon 95 000 polnische Juden, getötet worden. Tatiana Berenstein, Adam Rutkowski, *Żydzi w obozie koncentracyjnym na Majdanku (1941-1944)* «Juden im Konzentrationslager Majdanek (1941-1944)». *In*: Biuletyn ZIH, Nr. 58, 1966, S. 57.

[12] Nach Blumental sind 380 000 polnische Juden nach Auschwitz gebracht worden. APMO: Höß-Prozeß, Bd. 31, Bl. 48.

[13] Vgl. Bibliographie.

unter dem Titel „*Endlösung. Die Vertreibung und Vernichtung der Juden. Ein Atlas*" — aufgeführten Transporte mit polnischen Juden beträgt etwa 250 000; sie kann jedoch nicht genauer bestimmt werden, weil Gilbert neben präzisen Zahlen auch Formulierungen, wie „tausende" und „viele tausend" verwendet.

Im Licht dieser Feststellungen muß die von Sehn genannte Zahl von 2,3 Millionen in das KL Auschwitz deportierten polnischen Bürgern (in ihrer überwiegenden Mehrheit Juden — F. P.) als beträchtlich überhöht und nicht den tatsächlichen Verhältnissen entsprechend zurückgewiesen werden.

Wie bereits oben ausgeführt, ist auch die von Wellers genannte Zahl von 622 935 nach Auschwitz deportierten polnischen Juden zu hoch angesetzt. In seinen Schätzungen und Berechnungen ging Wellers davon aus, daß im Durchschnitt jeder der in Danuta Czechs „*Kalendarium der Ereignisse...*" verzeichneten, einer Selektion unterzogenen 119 Transporte mit polnischen Juden etwa 5 000 Personen umfaßte, daß also mit diesen Transporten 595 000 Personen nach Auschwitz gebracht wurden, was zusammen mit den 27 Transporten, für die die Zahl der Deportierten bekannt war eine Zahl von 622 935 ergibt. Den Berechnungen Wellers' liegt der Fehler zugrunde, daß die Durchschnittszahl der mit einem Transport Deportierten zu hoch angenommen wurde. Wellers stützte sich auf analoge Angaben zur Deportation polnischer Juden aus Warschau nach Treblinka sowie aus Przemyśl und Kołomyja nach Bełżec, bei denen die Transporte tatsächlich etwa 5 000 und in einem Fall sogar 8 205 Deportierte umfaßten.[14]

Wellers ging in seinen Schlußfolgerungen irrtümlich davon aus, daß auch die Transporte der Juden aus Ungarn sowie aus Sosnowiec und Będzin jeweils etwa 5 000 Personen umfaßten. Im Fall der Juden aus Ungarn ist dieser Fehler darauf zurückzuführen, daß die Zahl der Transporte mit 87 zu niedrig angesetzt wurde, während tatsächlich mindestens 147 Transporte nach Auschwitz gebracht wurden.[15] Im Fall der Juden aus Sosnowiec und Będzin wurde dagegen sowohl die Zahl der Transporte, wie auch die Zahl der Deportierten zu niedrig angesetzt — statt von zwölf ging Wellers von vier Transporten aus, statt 30 000 Personen[16] setzte er 20 000 an. Unter Berücksichtigung dieser Fehler ist fest-

---

[14] G. Wellers, *Essai*, S. 149, 153. Wellers gibt irrtümlich an, Zielort dieser Deportationen aus Przemyśl und Kołomyja sei Treblinka gewesen. Vgl. Raul Hilberg, *Sonderzüge nach Auschwitz*. Mainz 1987, S. 194-197 (weiter: *Sonderzüge*).

[15] Nach Hannah Arendt sind in 147 Transporten 434 351 Personen deportiert worden, die Gesamtzahl der Transporte mußte also 148 betragen, weil insgesamt 437 402 Personen deportiert wurden und ein Transport im Durchschnitt etwa 3 000 Personen umfaßte. Vgl. Hanna Arendt, *Eichmann in Jerusalem*, München 1964, S. 179. Vgl. a. R. Hilberg, *Sonderzüge*, S. 89.

[16] *Dokumenty o eksterminacji Żydow Zaglębia Dąbrowskiego podczas okupacji hitlerowskiej*, S. 113-116; D. Czech, *Kalendarium*, S. 560 ff.; APMO: Materialien der Widerstandsbewegung, Bd. 7, Bl. 485.

zuhalten, daß die Durchschnittszahl der auf einen Transport kommenden Deportierten im Fall der Juden aus Ungarn nach den Planungen 3 000 betrug, bei den Transporten aus Sosnowiec und Będzin dagegen 2 500. Die von Wellers angesetzte Durchschnittszahl findet auch durch andere differenzierte Angaben zu Transporten mit polnischen Juden nach Auschwitz keine Bestätigung. Nach den wenigen erhaltenen Fahrplänen der „Sonderzüge", mit denen im Februar 1943 Juden aus Białystok nach Auschwitz deportiert wurden, waren zum Beispiel für einen Transport 2 000 Personen vorgesehen.[17] Da das Fehlerrisiko angesichts der beträchtlichen Differenzen bei der Größe der Transporte der polnischen Juden sehr hoch liegt, ist die Methode, bei der Berechnung eines Mittelwerts auf Schätzungen zurückzugreifen, in diesem Fall grundsätzlich abzulehnen. Die angemessenere Methode dürfte hier die von Gilbert vorgenommene Zuordnung der einzelnen Transporte bzw. die Festlegung der Größe der Transporte für bestimmte Zeitabschnitte sein.

Im Licht der angeführten Angaben sind wiederum die von Reitlinger — 200 000 — und von Höß — 250 000 — genannten Zahlen für die polnischen Juden als zu niedrig anzusehen.

Die Analyse der Transporte polnischer Juden in das KL Auschwitz-Birkenau erlaubt die Feststellung, daß die ihrer Größe nach umfangreichsten Transporte aus Oberschlesien und aus dem Dąbrowa-Gebiet (Sosnowiec, Będzin, Zawiercie, Szopienice, Bielsko, Dabrowa Górnicza) — etwa 75 000 —, aus dem Ghetto Litzmannstadt — etwa 60 000 bis 70 000 —, aus dem Regierungsbezirk Bialystock und dem Regierungsbezirk Zichenau — etwa 80 000 — und aus dem Generalgouvernement — mehr als 70 000 — kamen.[18]

---

[17] R. Hilberg, *Sonderzüge*, S. 211 f.; Heiner Lichtenstein, *Mit der Reichsbahn in den Tod*, Köln 1985, S. 66 f., 72, 96; Biuletyn GKBZHwP, Bd. 13, 1960, S. 156, Aussage des ehemaligen Häftlings Jan Trębaczowski. Der ehemalige Häftling Werner Krumme hat die Anzahl der mit einem Transport deportierten Menschen auf 1 500 bis 2 000 geschätzt, ähnlich schätzt auch Crankshaw. APMO: Krakauer Auschwitz-Prozeß, Bd. 45, Bl. 113, Aussage von Werner Krumme; E. Crankshaw, a.a.O., S. 189. Zofia Pohorecka geht in ihrer Ausarbeitung *Zestawienie transportów osób przywiezionych do KL Auschwitz-Birkenau w latach 1940-1945* [Zusammenstellung der Transporte der in den Jahren 1940-1945 in das KL Auschwitz-Birkenau deportierten Personen] für einen Transport von durchschnittlich 3 000 Personen aus. Lediglich der ehemalige Häftling Erwin Olszówka schätzt, daß die Transporte 5 000 Personen umfaßten. APMO: Bestand Ausarbeitungen, Bd. 225 (Pohorecka); Höß-Prozeß, Bd. 25, Bl. 66, Aussage von Erwin Olszówka.

[18] N.E. Szternfinkiel, a.a.O., passim; *Dokumenty o eksterminacji Żydow Zagłębia Dąbrowskiego*, S. 113-116; Szymon Datner, *Eksterminacja ludności żydowskiej w okręgu białystockim* [Die Vernichtung der jüdischen Bevölkerung im Bezirk Białystok]. **In**: Biuletym ZIH, Nr. 60, Warschau 1966; Michal Grynberg, *Żydzi w rejencji ciechanowskiej 1939-1942* [Die Juden im Regierungsbezirk Zichenau

Eine gewisse Zahl polnischer Juden gelangte auch mit Transporten aus anderen Konzentrationslagern, wie Majdanek oder Płaszów, nach Auschwitz; da die Nationalitätenstruktur dieser Transporte jedoch nicht rekonstruiert werden kann, behandeln wir sie als eine gesonderte statistische Position.

Frankreich

Insgesamt sind während des Krieges etwa 75 000 bis 83 000 französische Juden ums Leben gekommen. **Serge Klarsfeld** hat auf der Grundlage der in Frankreich aufgefundenen Transportlisten genaue Namensverzeichnisse der aus Frankreich deportierten Juden und eine Statistik dieser Transporte veröffentlicht.[19] Aus den Feststellungen Klarsfelds ergibt sich, daß von 75 721 während des Krieges deportierten **französischen Juden 69 114 in das KL Auschwitz verbracht worden sind** (vgl. Tabelle 16). Es ist jedoch anzumerken, daß nicht alle Deportierten bis nach Auschwitz gelangten. Von 15 Transporten ist ein Teil der Deportierten in Koźle (Cosel) selektiert worden und in Arbeitslagern in Schlesien eingesetzt worden, eine unbekannte Zahl dieser Selektierten wurde am 1. April 1944 im Zuge der Eingliederung des Judenarbeitslagers in Blachownia Śląska (Blechhammer) in das KL Auschwitz vom KL Auschwitz übernommen.[20]

Die Zahl von etwa 69 000 ist also als angenäherte Maximalzahl der aus Frankreich in das KL Auschwitz deportierten Juden zu betrachten. Die von Sehn genannte Zahl von 150 000 französischen Juden wie auch die von Höß genannte Zahl 110 000 sind also als zu hoch angesetzt abzulehnen.

Holland

Die Gesamtzahl der Verluste der holländischen Juden beträgt etwa 100 000 bis 106 000.[21] Auf der Grundlage der in holländischen Archiven erhalten Transportlisten und anderer Dokumente hat das Niederländische

---

1939-1945]. Warschau 1984. Nach einem Brief von Glücks an Lörner vom 15.8.1944 waren von 612 000 Personen, die in der nächsten Zeit in die Konzentrationslager eingeliefert werden sollten, 60 000 Juden aus dem Ghetto Litzmannstadt, nach Gilbert sind dagegen in der Zeit vom 6. bis zum 30. August 1944 insgesamt 70 000 aus Łódź in das KL Auschwitz deportiert worden. Artur Eisenbach, *Hitlerowska polityka zagłady Żydów* [Die nationalsozialistisch Judenvernichtungspolitik]. Warschau 1961, S. 555 f.; M. Gilbert, *Endlösung*, S. 206.

[19] Serge Klarsfeld, *Memorial to the Jews Deported from France 1942 — 1944*. New York 1983, S. XXVI.

[20] In diesem Zusammenhang sind die in Blechhammer übernommenen Juden nicht in den Zugangslisten berücksichtigt. Ebenda, S. 211. Wie Höß berichtet, hat Himmler Schmelt die Genehmigung erteilt, aus den Judentransporten aus dem Westen 10 000 Juden zu selektieren. *Wspomnienia Hössa*, S. 213, 214.

[21] M. Gilbert, *Endlösung*, S. 244; R. Hilberg, *Die Vernichtung*, S. 812.

Reichsinstitut für Kriegsdokumentation (Rijksinstituut voor Oerlogsdocumentatie) festgestellt, daß von der Gesamtzahl von 102 893 aus Holland deportierten Juden in dem Zeitraum vom 15. Juli 1942 bis September 1944 mit 68 Transporten **60 085 Männer, Frauen und Kinder in das KL Auschwitz-Birkenau** deportiert worden sind (vgl. Tabelle 17).[22] 18 dieser Transporte sind vor dem Eintreffen in Auschwitz in Koźle (Cosel) der Selektion unterzogen worden.[23] Die Selektierten wurden in Arbeitslagern in Schlesien eingesetzt, ein Teil von ihnen wurde am 1. April 1944 bei der Eingliederung des Judenarbeitslagers in Blachownia Śląska (Blechhammer) in das KL Auschwitz vom Konzentrationslager Auschwitz übernommen. Wir nehmen die Zahl von etwa 60 000 aus Holland deportierten Juden also als angenäherte Maximalzahl. Wellers hat die Zahl der nach Auschwitz deportierten holländischen Juden mit 56 575 festgestellt, Reitlinger mit 57 300. Als zu hoch angesetzt sind also die Zahlen von Sehn (90 000) und von Höß (95 000) abzulehnen, die sich im Bereich der Gesamtverluste der holländischen Juden bewegen.

Griechenland

Die Gesamtverluste der griechischen Juden während des zweiten Weltkrieges werden im Bereich von 60 000 (Hilberg) bis 65 000 (Gilbert) berechnet.[24]

Im März 1943 wurden 5 421 Juden aus Ostthrazien, das zu diesem Zeitpunkt von Deutschland, und aus Westthrazien, das zu diesem Zeitpunkt von Bulgarien besetzt war, nach Treblinka deportiert. Wenn wir die von Hilberg genannte Zahl von 60 000 als Gesamtzahl der Verluste der griechischen Juden betrachten, verbliebe für Auschwitz eine Zahl von etwa 55 000.

Diese Zahl wird durch Danuta Czechs Untersuchungen bestätigt, die auf der Grundlage verschiedener Quellenmaterialien, u.a. der nach dem Krieg im Bahnhof Oświęcim aufgefundenen Bahnfahrkarten mit griechischem und deutschen Text festgestellt hat, daß zwischen dem 20. März und dem 18. August 1943 aus Saloniki 48 533 Juden nach Auschwitz deportiert worden sind. 1944 wurden aus Athen und von den Inseln Korfu und Rhodos weitere 6 000 Juden deportiert, nach Auschwitz sind also **insgesamt etwa 55 000 Personen deportiert** worden (vgl. Tabelle 18).[25] Die

---

[22] *Documenten van de Joden in Nederland 1940-1945*. Amsterdam 1965, S. 115-120.

[23] Nach Reitlinger sind dabei 3 540 Juden selektiert worden. Gerald Reitlinger, *The Final Solution*, London 1971, S. 357.

[24] M. Gilbert, *Endlösung*, S. 244; R. Hilberg, *Die Vernichtung*, S. 812. Eine Zahl von 65 000 ermordeten und 62 573 deportierten griechischen Juden nennt auch Michael Molho, *In Memoriam gewidmet dem Andenken an die jüdischen Opfer der Naziherrschaft in Griechenland*. Essen 1981, S. 6, 413.

[25] D. Czech, *Deportation und Vernichtung der griechischen Juden*, S. 22, Tabelle 1. Erhalten sind 30 783 Bahnfahrkarten.

von Sehn genannte Zahl von 80 000 ist also zu hoch angesetzt, ebenso wie die von Höß genannte Zahl von 65 000; zu niedrig angesetzt ist dagegen die von Reitlinger genannte Zahl von 45 000. Die von Wellers genannte Zahl 55 655 ist fast identisch mit den Berechnungen von Danuta Czech.

Protektorat Böhmen und Mähren

Nach dem Protokoll der Wannsee-Konferenz lebten im Januar 1942 im Gebiet des Protektorats Böhmen und Mähren 74 200 Juden. Bis Kriegsende war der größte Teil von ihnen in das Ghetto Theresienstadt verbracht worden, wohin neben den tschechischen Juden auch deutsche und österreichische Juden sowie Juden aus anderen Ländern gebracht worden waren. Insgesamt wurden in das Ghetto Theresienstadt 141 000 Juden eingeliefert (die in der Endphase des Krieges aus den Konzentrationslagern nach Theresienstadt verbrachten 13 500 Häftlinge sind hier nicht berücksichtigt).

Aus dem Protektorat Böhmen und Mähren kamen 73 627 Personen, aus dem sogen. Altreich 42 228, aus Österreich 15 324 und aus Holland 4 897. In Theresienstadt starben 33 951 Personen, und 88 194 wurden in die Vernichtungslager gebracht, davon im Zeitraum vom 5. Oktober 1942 bis zum 28 Oktober 1944 insgesamt **46 099 in das KL Auschwitz-Birkenau** (vgl. Tabelle 19).[26] Eine niedrigere Zahl — 44839 — nennen Lagus und Polak, die 1 260 aus Białystok nach Theresienstadt deportierte Kinder nicht berücksichtigen. Die von Wellers genannte Zahl für die aus Theresienstadt nach Auschwitz deportierten Juden liegt um mehrere tausend höher und beträgt 52 220.[27] Es liegen keine zuverlässigen Quellen vor, die belegten, daß aus anderen Orten des Protektorats Böhmen und Mähren Transporte direkt nach Auschwitz, also nicht über Theresienstadt, deportiert worden sind.

---

[26] H.G. Adler, *Theresienstadt 1941-1945*. Tübingen 1955, S. 50, 688-694. Nach Lagus und Polak sind 44 839 Personen aus Theresienstadt nach Auschwitz deportiert worden. Die Verfasser haben dabei jedoch einen Transport von 1 260 Kindern nicht berücksichtigt, die aus Bialystok nach Theresienstadt und von dort aus nach Auschwitz deportiert worden sind. Sie nennen jedoch einen nicht näher bestimmten Transport mit 18 am 27.1.1944 aus Prag nach Auschwitz deportierten Häftlingen. Karel Lagus, Josef Polak, *Mesto za mřizemi* [Die Stadt hinter Gitter], Prag 1964, S. 332, 347 f. Wie dieser Transport von 18 Häftlingen aus Prag erfordert auch ein nach Gilbert ebenfalls nach Auschwitz gebrachter Transport von 3 442 am 8.9.1944 aus Moravska Ostrava deportierten Juden eine Prüfung und Dokumentation. M. Gilbert, *Endlösung*, S. 171.

[27] Wellers hat neben den Transporten aus Theresienstadt zusätzlich zwei Transporte aufgeführt, die am 29. Oktober und am 3. November 1944 aus Sered (Slowakei) nach Auschwitz gebracht wurden und in der ersten, polnischen Ausgabe des Kalendariums von Danuta Czech als Transporte aus der Tschechoslowakei verzeichnet sind. Vgl. G. Wellers, *Essai*, S. 144.

Deutschland und Österreich

Deutschland und Österreich waren die Länder, in denen die Juden am frühesten Opfer der Verfolgung durch die Nazis wurden. Eines der Grundziele der Nationalsozialisten nach der Machtübernahme durch Hitler bestand darin, die Juden durch freiwillige bzw. erzwungene Auswanderung vollständig aus dem Gebiet des Deutschen Reiches zu entfernen. Nach der Besetzung Polens wurde damit begonnen, die Juden zwangweise aus Deutschland und Österreich in die besetzten Gebiete Polens umzusiedeln, nach dem Angriff auf die Sowjetunion auch in dieses Land.

Im Ergebnis dieser Maßnahmen wurde bis Januar 1942 die Zahl der im Deutschen Reich (und zwar im sogen. Altreich) lebenden Juden auf 131 800 und der in Österreich lebenden Juden auf 43 700 reduziert.

Nach der Wannsee-Konferenz wurden die Deportationen der deutschen und der österreichischen Juden intensiviert, und sie wurden zu den Vernichtungsstätten auf dem Territorium der Sowjetunion (Minsk, Riga, Kowno) und Polens (Litzmannstadt, Chełmno-Kulmhof, Sobibór, Treblinka, Majdanek, Bełżec, Auschwitz und andere) sowie nach Theresienstadt im Protektorat Böhmen und Mähren verbracht.[28]

Nach Gilberts Feststellungen betrugen die Verluste der deutschen Juden während des zweiten Weltkrieges 160 000 Personen.[29] In dem Gedenkbuch des Bundesarchivs in Koblenz, das die Namen von 128 091 ermordeten deutschen Juden verzeichnet[30], ist das Konzentrationslager Auschwitz--Birkenau in 38 574 Fällen als letzter Deportationsort genannt. Mindestens 23 000 von ihnen gelangten direkt nach Auschwitz (vgl. Tabellen 20 und 21), die übrigen über andere Lager und Ghettos (so z.B. etwa 9 000 über Theresienstadt[31], andere u.a. mit Transporten aus Frankreich, Belgien und Holland). Lediglich in wenigen Fällen wurden jedoch Juden aus dem Gebiet Österreichs direkt nach Auschwitz deportiert. Auf der Grundlage der Transportlisten von 92 Transporten konnte ermittelt werden, daß von 1941 bis 1944 mit acht Transporten insgesamt 203 Juden aus Österreich direkt nach Auschwitz deportiert worden sind (vgl. Tabelle 22).[32] Die übrigen Transporte sind nach Riga, Minsk, Izbica, Theresienstadt und an andere Orte verbracht worden. Wie im Fall der deutschen Juden gelangte

---

[28] *Juden unterm Hakenkreuz*, passim; H.G. Adler, *Theresienstadt*, S. 44 f.

[29] M. Gilbert, *Endlösung*, S. 244.

[30] *Gedenkbuch. Opfer der Verfolgung der Juden unter der natio-nalsozialistischen Gewaltherrschaft in Deutschland 1933–1945*, Koblenz 1986, S. 1746.

[31] H.G. Adler, a.a.O., S. 44, 49, 50.

[32] APMO: D-RF-3/120/1-3. Gestapo-Transportlisten Auschwitz Transporte. Aus Österreich sind nach Moser von 1938 bis 1945 67 601 Juden deportiert worden, davon 4 097 in die Konzentrationslager, darunter 267 nach Auschwitz. Jonny Moser, *Die Judenverfolgung in Österreich 1938–1945*. Wien, Frankfurt, Zürich 1966, S. 48 f., 52.

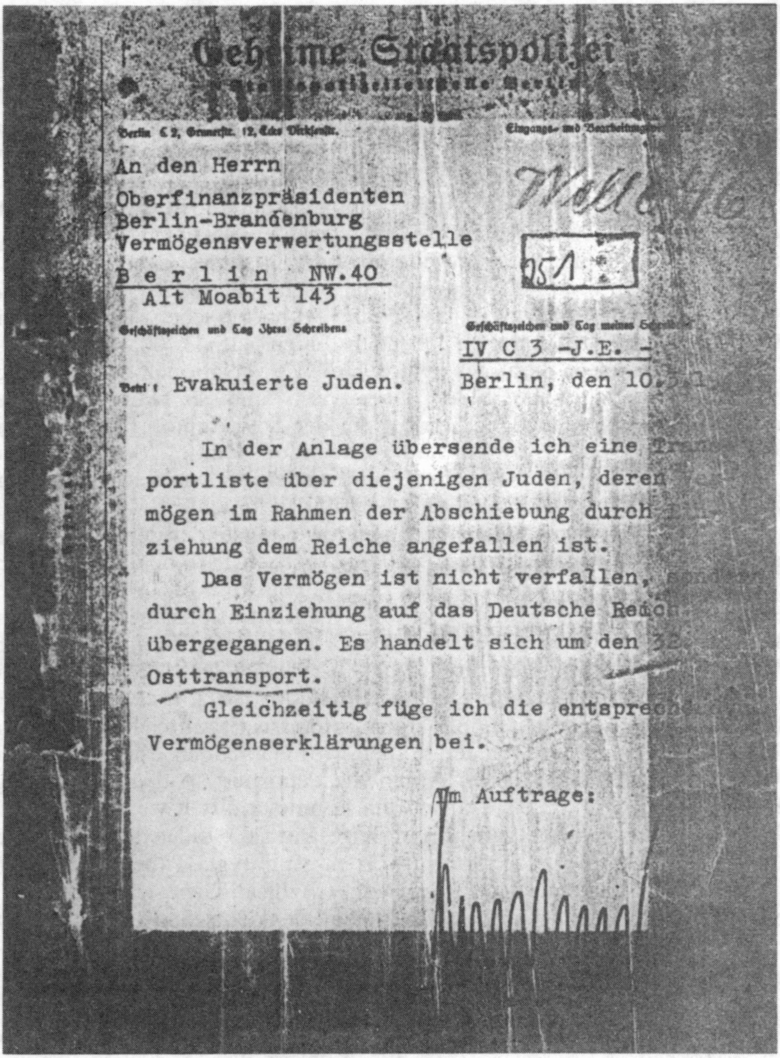

Geheime Staatspolizei

Berlin C 2, Grunerstr. 12, Ecke Dirksenstr.

An den Herrn
Oberfinanzpräsidenten
Berlin-Brandenburg
Vermögensverwertungsstelle
B e r l i n NW.40
Alt Moabit 143

Geschäftszeichen und Tag Ihres Schreibens

Geschäftszeichen und Tag meines Schreibens
IV C 3 -J.E. -

Betr.: Evakuierte Juden.

Berlin, den 10.

251

In der Anlage übersende ich eine Trans-portliste über diejenigen Juden, deren Ver-mögen im Rahmen der Abschiebung durch Ein-ziehung dem Reiche angefallen ist.

Das Vermögen ist nicht verfallen, sondern durch Einziehung auf das Deutsche Reich übergegangen. Es handelt sich um den 32. Osttransport.

Gleichzeitig füge ich die entsprechenden Vermögenserklärungen bei.

Im Auftrage:

Briefe der Gestapo Berlin vom 10. und 23. März 1943 sowie zwei Seiten der Transportliste mit den Namen von am 2. März 1943 (32. Osttransport) aus Berlin nach Auschwitz deportierten Juden. Unter den Positionen 1581 bis 1600 ist ein Teil der diesem Transport angeschlossenen norwegischen Juden vermerkt. APMO: D-RF-3/121, Inventarnr. 149712, Gestapo Berlin, Bd. 8.

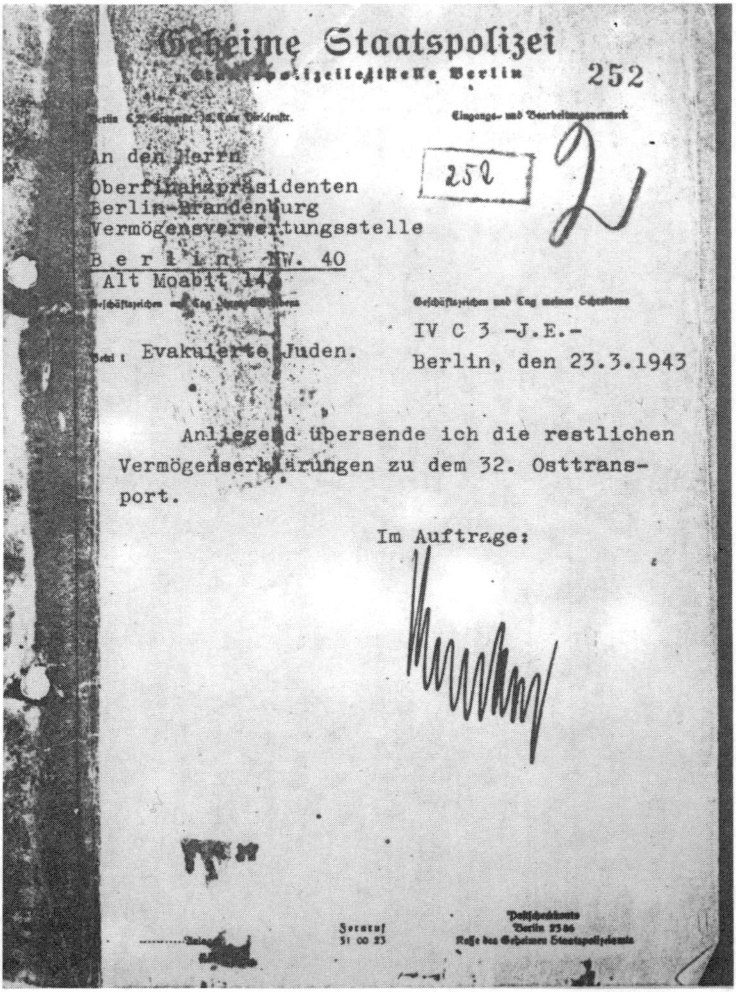

Geheime Staatspolizei

Staatspolizeileitstelle Berlin 252

Berlin C 2, Grunerstr. 12, Ecke Dircksenstr.

Eingangs- und Bearbeitungsvermerk

252

2

An den Herrn
Oberfinanzpräsidenten
Berlin-Brandenburg
Vermögensverwertungsstelle
B e r l i n NW. 40
Alt Moabit 143

Geschäftszeichen und Tag Ihres Schreibens

Geschäftszeichen und Tag meines Schreibens
IV C 3 -J.E.-
Berlin, den 23.3.1943

Betr.: Evakuierte Juden.

Anliegend übersende ich die restlichen Vermögenserklärungen zu dem 32. Osttransport.

Im Auftrage:

.........Anlagen

Fernruf
51 00 23

Postscheckkonto
Berlin 2386
Kasse des Geheimen Staatspolizeiamts

Transport - Liste

Ost-Transport vom 2.3.43. 253

25

Lfd-Nr.	Name	Vorname	Geb. am	Ort	Wohnung	Kenn.-Nr.
1	Wolff	[illegible]in Israel	4.9.[illegible]	[illegible]lin	[illegible].16, Schmidtstr.[illegible]	III/407
2	Bernstein	Bruno Israel	[illegible].8.[illegible]	[illegible]senburg	[illegible].30, Rosenheimerstr.31	III/409
3	Windmüller	[illegible]ertrud [illegible]	[illegible].1.[illegible]	[illegible]	[illegible]df., [illegible]steinstr.14	III/410
4	Cirpel	[illegible]argarete [illegible]	[illegible]	[illegible]	Schbg., Salzburgerstr.11	III/411
5	Lissak	[illegible]alter Israel	[illegible]	[illegible]lin	Schbg., [illegible]steinerstr.12	III/41[illegible]
~~6~~	~~[illegible]~~	~~[illegible]~~	~~[illegible]~~	~~[illegible]lin~~	~~[illegible]~~	~~III/41[illegible]~~
7	Bremer geb. [illegible]arcus	[illegible]	[illegible]	[illegible]	[illegible], [illegible]str.18	III/415
8	Levy	[illegible]	[illegible]	[illegible]	[illegible], [illegible]olingerstr.10	III/416
9	Ascher	[illegible] Israel	[illegible]	[illegible]lin	[illegible], [illegible]str.10	III/417
10	Brün	Richard Israel	[illegible].1.[illegible]	[illegible]lin	[illegible]df., [illegible]bergerstr.[illegible]	III/418
11	Brün geb. Fraenkel	[illegible]tefanie [illegible]	[illegible]	[illegible]/Polen	dto.	III/419
12	[illegible]lupecki	[illegible]rnhard Israel	[illegible]	[illegible]itz	[illegible], [illegible]tergarderstr.1	III/420
13	Bieber	Lotti [illegible]	[illegible]	[illegible]itz	., [illegible]bergerstr.22	III/421
14	Fränkel	[illegible] Israel	[illegible]	[illegible]lin	[illegible], [illegible]eichenbergerstr.60	III/422
15	Fleischmann	[illegible]oritz Israel	[illegible]	[illegible]	[illegible], [illegible]str.11	III/423
16	Friedenstein	[illegible]rt Israel	[illegible]	[illegible]lin	[illegible], Christburgerstr.41	III/42[illegible]
17	[illegible]anthauer	[illegible]	[illegible]	[illegible]lin	Tempelhof, Kleine Weg 105	III/4[illegible]
18	Gold[redacted]		[illegible].11	[illegible]	[redacted]	III/4[illegible]
19	Sch[redacted]		[illegible]	Kolbryje		III/4[illegible]
20	Ball[redacted]		[illegible]	Posen/[illegible]		III/4[illegible]

332 82

1581	Hirsch	Jakob	20. 5.66	Tscharnuwsk/Polen	Bremsaes b.Kristiansund	II/28	von	Norwegen
1582	Hirsch, geb.Dublinski	Frieda	18. 9.68	Stzuczechin/Polen	dto. dto.	II/29	"	"
1583	Hirsch	Esther	26. 5.05	Drontheim	dto. dto.	II/30	"	"
1584	Meyer , geb. Hirsch	Ethel	10.11.86	dto.	Drontheim,Tüholt Vein. 66a	II/31	"	"
1585	Schidorshy	Jenny	22. 6.82	Karlstads/Schweden	dto. Innheredsvn. 9	II/32	"	"
1586	Schapow	Lina	2.12.01	Litauen	Oslo/Norwegen Maridowt. 12	II/33	"	"
1587	Dvoretsky,geb.Shotland	Marie	14. 7.91	Kowno	Drontheim/Norw. ,Sandgata.11	II/34	"	"
1588	Dvoretsky	Sigurd	9.10.20	Stavanger	dto. dto.	II/35	"	"
1589	Dvoretsky	Lilly	29. 6.22	dto.	dto. dto.	II/36	"	"
1590	Sshotland	Carry	24. 8.41	Harstad	Harstad, Hvedinggata 3	II/37	"	"
1591	Shotland , geb. Glück	Eva	1.11.09	Drontheim	dto. dto.	II/38	"	"
1592	Glick, geb. Becker	Rahel	17.11.83	Latskowa/Lit.	Drodtheim/Norw.,Gamle Kongevei.12	II/39	"	"
1593	Shotland	Meyer Leib	1. 8.78	Vekane/Lit.	Tromsö/Norw. ,Skolegt. 41	II/40	"	"
1594	Shotland	Rosa	28. 1.78	Latzkow./Lit.	dto. dto.	II/41	"	"
1595	Shotland	Eva	29.12.08	Drontheim/Norw.	dto. dto.	II/42	"	"
1596	Fischer	Lilian	1. 5.28	Narwik	Narwik/Norw., Kongensgt. 16	II/43	"	"
1597	Sakolsky	Rebekka	20. 9.12	Drontheim	Tromsö/Norw., R.Kuigstgt. 17	II/44	"	"
1598	Sakolsky	Ruth	5. 7.40	Tromsö	dto. dto.	II/45	"	"
1599	Kassan	Max Martin	2. 4.09	Jekterinoslaw	Oslo/Norw., Jens Bjelkes 15	II/46	"	"
1600	Fischer,geb. Bärmann	Gusta	29.12.93	Latskowa	Kristiansund,Ole Jummums Gata 17	II/47	"	"

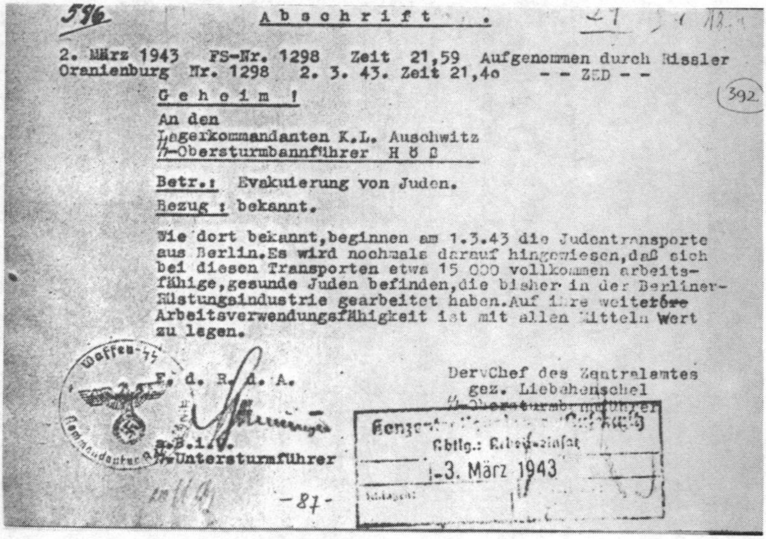

596 **Abschrift** .

2. März 1943 FS-Nr. 1298 Zeit 21,59 Aufgenommen durch Rissler
Oranienburg Nr. 1298 2. 3. 43. Zeit 21,4o – – ZED – –

(392)

Geheim !

An den
Lagerkommandanten K.L. Auschwitz
SS-Obersturmbannführer H ö ß

Betr.: Evakuierung von Juden.

Bezug : bekannt.

Wie dort bekannt, beginnen am 1.3.43 die Judentransporte aus Berlin. Es wird nochmals darauf hingewiesen, daß sich bei diesen Transporten etwa 15 000 vollkommen arbeitsfähige, gesunde Juden befinden, die bisher in der Berliner Rüstungsindustrie gearbeitet haben. Auf ihre weitere Arbeitsverwendungsfähigkeit ist mit allen Mitteln Wert zu legen.

F. d. R. d. A.
a.B.i.V.
SS-Untersturmführer

Der Chef des Zentralamtes
gez. Liebehenschel
SS-Obersturmbannführer

Abtlg.: Arbeitseinsatz
3. März 1943

-87-

Abschrift eines Schreibens des Chefs des Zentralamtes des Amts D I des SS-WVHA an den Kommandanten des KL Auschwitz Rudolf Höß mit der Mitteilung, daß sich unter aus Berlin eintreffenden Transporten etwa 15 000 arbeitsfähige und gesunde Juden befinden. APMO: D-AuI-3a, Schreiben und Telegramme über den Arbeitseinsatz der Häftlinge, Bl.392.

auch eine gewisse Anzahl östereichischer Juden über andere Lager nach Auschwitz, so etwa aus Theresienstadt, von wo aus 4 142 nach Auschwitz deportiert worden sind.[33]

In unseren Berechnungen werden wir jedoch hier als Gesamtzahl die etwa **23 000 deutschen und österreichischen Juden** berücksichtigen, die mit Transporten aus Deutschland und Österreich direkt nach Auschwitz deportiert worden sind.

Slowakei

Nach dem Protokoll der Wannsee-Konferenz lebten im Januar 1942 in der Slowakei 88 000 Juden. Nach Hilberg kamen während des zweiten Weltkrieges insgesamt 70 000 slowakische Juden ums Leben.

Aus einer von der Judenzentrale (Ústredňa Židov) in Bratislava angefertigten Zusammenstellung der Transporte ergibt sich, daß in der Zeit vom 26. März bis zum 20. Oktober 1942 insgesamt 18 725 slowakische Juden nach Auschwitz deportiert worden sind.[34] Außerdem wurden noch zwischen August und November 1944 im Zusammenhang mit den Repressalien nach dem Ausbruch des slowakischen Aufstands weitere 7 936 slowakische Juden nach Auschwitz deportiert, insgesamt also **26 661 Juden** aus der Slowakei (vgl. Tabelle 23).[35] Die übrigen slowakischen Juden, die während des zweiten Weltkrieges ums Leben kamen, sind u.a. in Lager im Generalgouvernement (Majdanek und andere), in das Ghetto Theresienstadt und in das KL Sachsenhausen deportiert worden. Die von Höß genannte Zahl von 90 000 ist also zu hoch anqesetzt; Reitlinger nennt jedoch, wie auch für die anderen Ländern, mit 20 000 eine zu niedrig angesetzte Zahl. Wellers führt dagegen als Gesamtzahl für die Slowakei und das Protektorat Böhmen und Mähren (ohne das Ghetto Theresienstadt) 27 000 an.[36]

Belgien

Die Gesamtverluste der belgischen Juden sind von Hilberg mit 25 000 bestimmt worden. Gestützt auf die erhaltenen Quellenmaterialien haben Klarsfeld und Steinberg eine Zusammenstellung der Transporte der deportierten belgischen Juden angefertigt. Wie sich aus dieser Zusammenstellung ergibt, sind zwischen dem 4. August 1942 und dem 31.

---

[33] *Totenbuch Theresienstadt*. Wien 1987, S. 122.

[34] Moreshet Archives Givat Chaviva, Israel, Signatur D.1.5705. In andere Lager, u.a. nach Majdanek und Sobibór, sind 31 939 von insgesamt 58 600 im Jahre 1942 deportierten slowakischen Juden verbracht worden.

[35] R. Hilberg, *Die Vernichtung*, S. 490-505.

[36] Dies bestätigt, daß aus dem Protektorat Böhmen und Mähren keine Transporte direkt nach Auschwitz geleitet wurden.

Titelblatt sowie erste und letzte Seite der Zugangsliste mit den Namen der am 17. April 1942 aus der Slowakei eingelieferten Juden. APMO: D-AuI-2/263, Inventarnummer 71096, Zugangsliste-Jude, Bd. 1.

Konzentrationslager Auschwitz
Abteilung II.

Auschwitz, den 20. April 1942.

Zugänge am 17. April 1942:

eingeliefert aus der Slowakei.

Lfd. Nr.	Haftart	Hftl. Nr.	Name	Vorname	Geb.Dat.	Geb.Ort	Beruf
1.	Sch.Jude	29832	Grünbaum + 18.6	Eugen	8.12.05	Humenne	Zahntechniker
2.	"	29833	Gadinger + 16.5.42	Aron	7. 1.12	[illegible]	Glaser
3.	"	29834	Hecht + 14.7.42	Abraham	17. 4.12	Velke-Kryva,	Bäcker
4.	"	29835	Jakobovits + 13	Armin + 7.42	26. 4.02	Humenne	Klempner
5.	"	29836	Lieff + 15.7.42	Elias	15. 3.03	Medzilaborce,	Bäckergeh.
6.	"	29837	Mendelovits	Josef + 18.6.	29. 7.06	Visne-Studene,	Schneider
7.	"	29838	Mandel + 13.7.42	Isidor	11. 7.07	Velke-Bukovce,	Landarbeit.
[illegible]	"	29839	Fremd	Adolf	22. 6.08	Humenne	Schneider
[illegible]	"	29840	Mendelovits +	Martin + 18.6	6. 4.04	Visne-Studene,	Schneider
[illegible]	"	29841	Mittelmann	Martin + 27.6.	10. 1.03	Kostrina	Schmied
[illegible]	"	29842	Schwartz + 23.5.	Filip	14. 1.14	Kasan	Bürstenmach.
12.	"	29843	Szabo + 26.VI.42	Filip	21. 6.14	Humenne	Kaufmann
13.	"	29844	Vogh + 10.6.42.	Ignatz	20. 7.12	Nizni-Apsa	Bäckergeh.
14.	"	29845	Szokli + 7.6.42.	Beni	15. 9.04	Csumajlevo	Schuhmacher
15.	"	29846	Teifeez + 9.6.	Nathan	9.12.01	Tsertesna	Händler
16.	"	29847	Weisz + 15.VI.42	Franz	10. 1.05	Velku-Berezne,	Schneider
17.	"	29848	Weisz + 11.5.	Eugen	26.11.11	Forgolan	Schneider
18.	"	29849	Ingber + 18.5.42.	Beinisch	9. 4.01	Ganya	Lehrer
[illegible]	"	29850	Jakubovits	Salamon + 4.5.	5. 1.07	Humenne	Händler
20.	"	29851	Feisreisen	Nathan + 12.6	15. 7.05	Kesmark	Friseur
21.	"	29852	Hering + 19.VI.42	Ignatz	24. 7.05	Snina	Schuster
22.	"	29853	Rosenbaum + 23.6	Jakob	23. 2.03	Cisna	Schuster
23.	"	29854	Berger + 12.5.42.	Emanuel	28.10.08	Humenne	Kaufmann
24.	"	29855	Friedmann +	Jakob 19.5.42	3. 9.99	Stropkov	Kaufmann
25.	"	29856	Lichtburger +	Julius 3.5.42	17. 9.01	Cataj	Tapezierer
[illegible]	"	29857	Hebel + 3.5.42.	Israel	25. 8.01	Velka-Brusnica,	Landarb.
[illegible]	"	29858	Rosin	Ernst	20. 3.15	Snina	Arbeiter
[illegible]	"	29859	Rosenblum + 27.5.	Desider 42	3. 4.15	Mezöseöde	Tischler
[illegible]	"	29860	Weisberger	Desider + 24.7	20. 5.11	Jablon	Tischlergeh.
30.	"	29861	Moller + 3.5.42	Emil	19. 8.09	Zb.Dlhe	Buchdrucker
31.	"	29862	Lebovic + 24.7	Leopold 42.	10. 8.15	Jablon	Tischlergeh.
32.	"	29863	Lebovic + 17.5.	Ignatz	10. 5.17	Dlhe n/Sirokou,	Landarb.
33.	"	29864	Neuman + 18.5.42	Ignatz	20. 1.26	Snina	Schustergeh.
34.	"	29865	Roth + 17.5.	Wilhelm	16. 4.12	Humenne	Lehrer
35.	"	29866	Mendlovits +	Siegmund 10.6	17. 8.13	Niznie-Zbojne,	Landwirt
36.	"	29867	Neumann	Josef	29. 5.16	Snina	Bäcker
37.	"	29868	Schneider + 18.6	Emanuel	2. 4.22	Nizna-Apsa,	Bäcker
38.	"	29869	Fried + 14.5.42	Hermann	23. 9.25	Jablon	Schüler
39.	"	29870	Müller	Max	30. 8.22	Sucegva	Arbeiter
40.	"	29871	Steiner + 31.5.	Emanuel	30. 8.02	Jablonka	Landarbeiter
41.	"	29872	Widder + 2.5.42	Josef	17. 7.99	Trnava,	Wäschezuschneider
42.	"	29873	Fuchs + 28.5.42.	Geza	16. 6.00	Kubra b.Drnein,	Landwirt
43.	"	29874	Goldberger +	Oskar 8.5.42	20. 9.06	Teschen	Buchhalter
44.	"	29875	Hönigsberg +	Alfred 4.6.42	15. 3.02	Ruzomberok	Bäcker
45.	"	29876	Gretz + 3.5.42	Alexander	2. 4.19	Levoca	Schüler
46.	"	29877	Strauss + 18.5.42	Eugen	20. 7.03	Trstena	Privatbeamter
47.	"	29878	Lilienthal + 6.6.	Ladislaus	25. 9.10	Rabca	Kaufmann
48.	"	29879	Gasaner + 19.5.	Benjamin	4. 3.99	Cohotnica	Schneider

Lfd. Nr.	Einfuhr	Häftl. Nr.	N a m e	Vorname	Geb.Dat.	Geb.Ort	Beruf
929.	Sch.Jude	30760	Hirsch + 19.VI.42	Jakob	27. 1.25	Petrovce	Landarbeiter
930.	"	30761	Safran + 15.8.42	Emil	3. 4.21	Patrovense	Landarbeiter
931.	"	30762	Weiser + 24.7.42	Jakub	7. 3.25	Chmerov	ohne
932.	"	30763	Schönfeld + 2.6.	Alexander	10. 4.18	Hmelov	Arbeiter
933.	"	30764	Schönfeld + 12.6.	Ferdinand	8. 2.21	Chmelov	Landarbeiter
934.	"	30765	Schönfeld + 29.	Ludwig	8. 1.23	Chmelov	Arbeiter
935.	"	30766	Rubin + 18.5.42.	Bernard	14. 3.03	Kuryma	Schneider
936.	"	30767	Guttmann + 14.5.	Tibor	26. 1.16	Ptackovse	Techniker
937.	"	30768	Folkmann + 25.5.	Samuel	14. 5.12	Marhan	Landwirt
938.	"	30769	Berger 24.VI.42	Armin	18. 8.21	Stulany	Landarbeiter
939.	"	30770	Berger 21.VI.42	Adolf	18. 2.23	Stulany	Landarbeiter
940.	"	30771	Follkmann	Ludwig 26.VI.42	11. 7.14	Tylica	Landarbeiter
941.	"	30772	Baum + 26.5.42.	David	19. 4.14	Ohruchle	Landwirt
942.	"	30773	Resler + 23.6.42	Bartholomeus	29.9.10	Radoma	Arbeiter
943.	"	30774	Resler + 27.5.42	Mojzis	29. 1.22	Radoma	Arbeiter
944.	"	30775	Resler + 27.5.42.	Simon	30. 5.14	Radoma	Arbeiter
945.	"	30776	Wohl + 12.6.42	Ludwig	7. 5.22	Slavnik	Arbeiter
946.	"	30777	Reiss + 19.6.	Salamon	14. 2.04	Stulany	Lehrer
[illegible]	"	30778	Berger	Heinrich	10. 1.22	Giraltovce	Landarbeiter
948.	"	30779	Friedmann	Markus + 18.6.	3. 3.22	Giraltovce	Schneider
[illegible]	"	30780	Friedmann + 22.	Heinrich 5.	14.11.25	Giraltovce	Schneiderlehr
95[illegible]	"	30781	Friedmann	Arpad + 6.7.42	20. 3.10	Vranov a/Toplau,	Bürogeh.
951.	"	30782	Friedmann 21.VI.42	Zoltan	21. 6.24	Giraltovce	Schneidergeh.
952.	"	30783	Kats + 2.6.42.	Moritz	14.12.12	Berehovo	Schneider
953.	"	30784	Korn + 26.5.42.	Leopold	28. 6.14	Presov	Kaufmann
954.	"	30785	Liling + 2.6.42.	Siegmund	17. 6.12	Nisni-Orlik,	Schuhmacher
955.	"	30786	Lichtig + 3.6.	Adalbert	13. 2.09	Giraltovce	Schuhmacher
956.	"	30787	Mendlovic +	David 21.5.42	10.11.24	Giraltovce	Bäcker
957	"	30788	Mendlovic +	Eugen 19.5.42.	5. 2.23	Giraltovce	Bäcker
958.	"	30789	Mandel + 26.5.42.	Julius	2. 3.23	Margecany	Klempner
959.	"	30790	Rosenblüth + 26.	Ladislaus	28.12.15	Giraltovce	Buchbinder
960.	"	30791	Reich + 26.5.42.	Markus	29. 3.06	Giraltovce	Schneider
961.	"	30792	Ziegler + 26.6.42.	Ludovit	24. 1.24	Giraltovce	Buchbindergeh
962.	"	30793	Guttmann + 17.5.	Salomon	13. 9.07	Hamisovce	Arbeiter
963.	"	30794	Edelman + 26.5.	Bernat	15. 4.01	Hamisovce	Schuster
964.	"	30795	Kestenbaum +	David 19.4.42	11. 1.04	Tissa-Ujlak,	Arbeiter
[illegible]	"	30796	Grumet + 19.5.42	Salomon	17.10.00	Haburie	Arbeiter
[illegible]	"	30797	Goldberger	Eugen + 4.7.42	2.12.11	Sevlus	Arbeiter
[illegible]	"	30798	Judkovits	Emanuel + 18.6.	7.11.04	Nagov	Arbeiter
968.	"	30799	Kanengisser +	Elias 18.5.42	29.11.07	Giraltovce	Autoschlosser
969.	"	30800	Neumann + 17.5.	Samuel	1. 8.13	Lipniki	Arbeiter
970.	"	30801	Weinstein	Imrich + 18.6.	30. 8.16	Trebisov	Kaufmann
971.	"	30802	Ickovic + 22.5.	Rudolf	12. 3.21	Michalovce	Arbeiter
972.	"	30803	Holländer	Hermann + 25.VI.42	9.12.04	Peicovska Nova Ves,	Arbeit
973.	"	30804	Glewiczer + 6.6.	Jakob	25. 5.07	Sulejow	Schneider

Der Leiter der Abteilung II
I.A.

[signature]

ʮ-Unterscharführer.

17

Juli 1944 über das Durchgangslager Malines insgesamt **24906 belgische Juden** nach Auschwitz deportiert worden (vgl. Tabelle 25).[37] Wie im Fall der französischen und der holländischen Juden ist ein Teil der Deportierten vor dem Eintreffen der Transporte in Auschwitz in Koźle (Cosel) zur Arbeit selektiert worden. Ein Teil der Selektierten gelangte später in das Nebenlager Blechhammer des KL Auschwitz.[38]

Im Licht der genannten Feststellungen, die den von Wellers (25260) und von Reitlinger (22600) genannten Zahlen nahe kommen, ist die von Sehn genannte Zahl von 60000 abzulehnen.

Jugoslawien

Die Gesamtverluste der jugoslawischen Juden werden auf etwa 60000 bis 65000 geschätzt.[39] Der größte Teil von ihnen starb in Jugoslawien durch Exekutionen, in Pogromen und in von kroatischen und serbischen Faschisten organisierten Lagern, einen Teil deportierten die Nationalsozialisten in außerhalb Jugoslawiens gelegene Vernichtungslager, darunter auch in das KL Auschwitz. Im August 1942 deportierten die Nationalsozialisten dann zuerst 1000 und später etwa 800 Juden aus dem Ustascha-Lager in Tenje über Zagreb in das KL Auschwitz; unter ihnen befanden sich etwa 700 Kinder. Im Oktober 1942 deportierten die Nationalsozialisten aus dem Ustascha-Lager in Loborgrad etwa 1500 Juden.[40] Dies sind fragmentarische und angenäherte Angaben; die faktische Zahl der aus Kroatien in das KL Auschwitz deportierten Juden erreicht für 1942 höchstwahrscheinlich 5000. Abgesehen von den angeführten Zahlen ergibt sich dies auch aus der im Korherr-Bericht für den Zeitraum bis Ende 1942 genannten Zahl von 4927 aus Kroatien Deportierten.[41]

Von den nach der Kapitulation Jugoslawiens und nach der Flucht von 4000 Juden in die italienische Besatzungszone auf dem Territorium Kroatiens und Sloweniens befindlichen 21000 Juden waren bis April 1943 noch mehr als 4000 am Leben. Auf Forderung der deutschen Behörden

---

[37] Serge Klarsfeld, Maxime Steinberg, *Memorial de la deportation des Juifs Belgique*. Brüssel 1982.

[38] Ebenda.

[39] Jasa Romano, Lavoslav Kadelburg, *The Third Reich: Initiator, organizer and executant of anti-Jewish measures and genocide in Yugoslavia*. **In**: *The Third Reich and Yugoslavia 1933-1945*. Belgrad 1977, S. 684, 690. Ein Teil der jugoslawischen Juden (12000 aus Bacska) wurde in das KL Auschwitz mit Transporten aus Ungarn deportiert, 7122 jugoslawische Juden wurden aus dem von Bulgarien okkupierten Mazedonien nach Treblinka deportiert. Ebenda sowie R. Hilberg, *Die Vernichtung*, S. 812; M. Gilbert, *Endlösung*, S. 244.

[40] J. Romano, L. Kadelburg, a.a.O., S. 688.

[41] L. Poliakov, J. Wulf, a.a.O., S. 140.

wurden sie in Zagreb konzentriert und dann von dort aus im Mai 1943 in das KL Auschwitz deportiert. Zu einem späteren Zeitpunkit wurden noch mehrere hundert Juden nach Auschwitz deportiert, die in Verstecken aufgefunden worden waren. Etwa 300 Juden wurden im März 1944 von der Insel Rab und aus Dalmatien in das KL Auschwitz deportiert.[42]

Gestützt auf diese unvollständigen Angaben kann festgestellt werden, daß aus den von Deutschland besetzten Gebieten Jugoslawiens, vor allem aus Serbien sowie aus dem Marionettenstaat Kroatien, **etwa 10 000 jugoslawische Juden in das KL Auschwitz deportiert** worden sind (vgl. Tabelle 24).

Die von Reitlinger genannte Zahl von 3 500 aus Kroatien in das KL Auschwitz deportierten Juden ist offensichtlich zu niedrig angesetzt. Der Zahl entspricht dagegen annähernd die von Wellers genannte Schätzzahl von 12 320.[43]

Italien

Die Gesamtverluste der italienischen Juden während des zweiten Weltkrieges schätzt Hilberg auf weniger als 10 000, Gilbert nennt dagegen eine Zahl von 8 000.

Nach der von Giuliana Donati[44] angefertigten Zusammenstellung der Transporte sind zwischen dem 16./18. September 1943 und dem 14. Dezember 1944 insgesamt 8 369 Juden in unterschiedliche Lager deportiert worden, von denen 7 390 ums Leben gekommen sind. Von der Gesamtzahl der Deportierten sind mindestens 7 422 Personen direkt in das KL Auschwitz deportiert worden (vgl. Tabelle 26). Dies ist die am gründlichsten dokumentierte Zahl, und diese Zahl werden wir — aufgerundet auf 7 500 — unseren Berechnungen zugrunde legen.

Angenäherte Zahlen nennen Sehn (6 000) und Wellers (7 460), Reitlinger nennt dagegen die niedrigere Zahl von 5 000.

---

[42] J. Romano, L. Kadelburg, a.a.O., S. 685, 688; Evelyn le Chene, *Yugoslavs in Nazi Concentration Camps. In: The Third Reich and Yugoslavia 1933-1945*. Belgrad 1977, S. 662.

[43] D. Czech nennt für die Daten 18., 22., 26. und 30. August 1942 sowie 7. und 13. Mai 1943 sechs Transporte mit Juden aus Jugoslawien. Wellers führt für die Transporte aus Jugoslawien zehn Transporte mit Juden auf, davon vier für 1942. Wenn man die im Korherr-Bericht für Kroatien genannte Zahl von 4 927 Deportierten durch vier teilt, gelangt man zu einer Durchschnittszahl von 1 232 für einen Transport, wenn man diese Zahl anschließend mit zehn multipliziert, ergibt dies eine Zahl von 12 320 aus Jugoslawien in das KL Auschwitz Deportierten.

[44] *Ebrei in Italia, Deportatione, Resistenza*. Firenze 1975, Tabelle der aus Italien deportierten Juden.

N o r w e g e n

Im Januar 1942 lebten nach dem Protokoll der Wannsee-Konferenz 1 300 Juden in Norwegen. Die Gesamtverluste der norwegischen Juden werden auf unter 1 000 geschätzt.

Nach dem Korherr-Bericht wurden aus Norwegen bis Ende 1942 insgesamt 532 Juden und im ersten Vierteljahr 1943 weitere 158 Juden deportiert, also **insgesamt 690 Personen** (vgl. Tabelle 27).[45] Diese Angaben werden durch erhaltene Dokumente der deutschen Polizeibehörden bestätigt. Der erste Transport umfaßte 302 Männer sowie 230 Frauen und Kinder, gelangte auf dem Seeweg von Oslo nach Stettin und traf dann am 1. Dezember 1942 mit einem Sonderzug in Auschwitz ein. Nach der Selektion wurden aus diesem Transport 186 Männer zur Arbeit selektiert, die übrigen wurden in den Gaskammern getötet.[46]

Der zweite Transport mit 158 Personen (68 Männer sowie 90 Frauen und Kinder) traf am 27. Februar 1943 aus Oslo in Stettin ein. Aus Stettin wurden alle mit dem Zug nach Berlin gebracht, wo sie einem Transport mit deutschen Juden angeschlossen werden sollten, der am 1. März 1943 nach Auschwitz fahren sollte.[47] Tatsächlich wurden sie dem 32. Osttransport angeschlossen, der mit ihnen insgesamt 1 837 Personen umfaßte. Dieser Transport traf am 3. März 1943 in Auschwitz ein. Aus diesem Transport wurden mehrere hundert Männer und Fauen zur Arbeit selektiert, die übrigen wurden in den Gaskammern getötet.[48]

*

Wie sich aus den angeführten Feststellungen ergibt, sind von 1940 bis 1945 insgesamt etwa 1 100 000 (1 095 000) Juden in das KL Auschwitz-Birkenau deportiert worden. Werden von dieser Zahl die etwa 200 000 (205 000) Registrierten abgezogen, verbleibt eine Zahl von etwa 900 000 (890 000) nicht in der Evidenz registrierten, von denen etwa 25 000 in andere Konzentrationslager überstellt wurden, während die übrigen etwa 865 000 sofort nach dem Eintreffen in Auschwitz getötet wurden.

---

[45] L. P o l i a k o v, J. W u l f, a.a.O., S. 140.

[46] *Dokumentensammlung über „Die Deportation der Juden aus Norwegen nach Auschwitz".* Ramat Gan 1963, S. 1-46 (weiter: Dokumentensammlung); D. C z e c h, *Kalendarium*, S. 347.

[47] *Dokumentensammlung*, S. 47-52; APMO: D-RF-3 (121), 32. Transport, Verzeichnis der deportierten norwegischen Juden.

[48] D. C z e c h, *Kalendarium*, S. 429.

Polen

Eine gewisse Anzahl der nicht registrierten Opfer waren Polen. Für die vom Standgericht der Gestapo Kattowitz Abgeurteilten sowie für die Opfer von zwei Exekutionen sind deutsche Dokumente erhalten; für die anderen Fälle der Tötung von nicht in der Nummernevidenz registrierten Polen im KL Auschwitz existieren lediglich die Aussagen und Berichte von ehemaligen Häftlingen sowie die Materialien der Widerstandsbewegung. Da andere Quellen nicht vorliegen, ist eine Überprüfung der dort genannten Informationen, insbesondere der Zahlenangaben, der Daten und der Angaben zur Identität der Opfer, häufig nicht möglich. Ich nenne sie im Folgenden als Beispiele; zumeist liegt für die genannten Fälle lediglich eine Quelle vor, die möglicherweise in Zukunft verifiziert und hinsichtlich ihrer Zuverlässigkeit abgestützt werden kann. Wahrscheinlich handelt es sich um Exekutionen, die im Rahmen der sogen. "Sonderbehandlung" durchgeführt wurden.[49]

Die erste bekannte Exekution von nicht in der Nummernevidenz registrierten Polen fand am 22. November 1940 statt; an diesem Tag wurden als Repressalie für Angriffe auf deutsche Polizisten in Kattowitz 40 Polen erschossen. Ein Gerichtsverfahren fand nicht statt. Die Exekutierten wurden von Himmler aus vier von der Polizei in Kattowitz übermittelten Listen ausgesucht. Die Exekution sollte aufgrund einer Entscheidung Himmlers unter Ausschluß der Öffentlichkeit stattfinden, die zur Hinrichtung bestimmten Polen wurden deshalb im KL Auschwitz exekutiert.[50]

Am 18. August 1941 war der Häftling Jan Błażejewski Zeuge der Exekution von 380 Frauen und Kindern, die mit acht Kraftfahrzeugen aus Tarnów nach Auschwitz gebracht worden waren.[51]

Am 11. November 1941 wurden 80 Polen aus Mysłowice nach Auschwitz gebracht und erschossen.[52]

Am 19. März 1942 wurden 144 Frauen nach Auschwitz gebracht und erschossen.[53]

Nach Alfred Konieczny sind am 2. Juli 1942 im Zuge der Verhaftung von Mitgliedern der Untergrundorganisation Polska Tajna Organizacja

---

[49] Alfred Konieczny, *Egzekucje w obozie koncentracyjnym Gross-Rosen* [Exekutionen im Konzentrationslager Groß-Rosen]. In: Studia nad faszyzmem i zbrodniami hitlerowskimi, Bd. 4, Wrocław 1979, S. 215-217.

[50] APMO: Höß-Prozeß, Bd. 25, Bl. 18, Aussage des ehem. Häftlings W. Kula; D. Czech, *Kalendarium*, Hefte von Auschwitz Nr. 2, 1959, S. 127-132, dort Reproduktion der Dokumente, darunter der Namen der Erschossenen und der Angehörigen des Exekutionskommandos; APMO: D-AuI-1/1-51.

[51] APMO: Krakauer Auschwitz-Prozeß, Bd. 43.

[52] D. Czech, *Kalendarium*, S. 140.

[53] D. Czech, *Kalendarium*, S. 186.

Powstańcza (Polnische Geheimorganisation der Aufständischen) in Gotartowice im Rahmen der sogen. Sonderbehandlung 17 Angehörige dieser Organisation in Auschwitz erschossen worden.[54]

In einem Dokument der Widerstandsbewegung vom März 1943 wird berichtet:[55] *„In der ersten Woche des Berichtszeitraums wurden etwa 300 Offiziere mit ihren Gattinnen, ohne Kinder, nach Auschwitz gebracht, sie stammten aus dem Generalgouvernement, über ihr Schicksal ist nichts bekannt."*

Auch in anderen Dokumenten aus den Akten der Delegatur finden sich Informationen, daß polnische Angehörige der Zivilbevölkerung in das KL Auschwitz verbracht und dort ohne Registrierung exekutiert wurden.

In einem Dokument aus dem Jahre 1943 heißt es:[56] *„Am 14. April sind in Chełmek, in Libiąż und in der unmittelbaren Umgebung von Oświęcim etwa 80 Personen verhaftet worden — sie sind unverzüglich mit Lastkraftwagen in das Lager gebracht worden. Die Kraftwagen sind unverzüglich zum Krematorium gefahren, wo sie sofort verbrannt wurden."*

In einer Radiodepesche für die BBC und für die Radiostation „Świt" vom 15. Juli 1943 wird berichtet:[57] *„In der letzten Zeit sind auch Transporte mit Polen hauptsächlich aus den Regionen Radom, Lublin, Tarnobrzeg und Sandomierz eingetroffen. Die Mehrzahl von ihnen ist unverzüglich mit Gas vergiftet worden."*

In dem Dokument "Beschreibung des Konzentrationslagers in Oświęcim (Fortsetzung) Massenexekutionen vom 15. Juli bis zum 8. August 1943" wird zu dem Thema Exekutionen von nicht registrierten Polen geschrieben:[58]

„Polen. Nach dem 15. Juli trafen Massentransporte mit polnischen Geiseln ein, und zwar: 1 Transport aus Tarnów, 1 aus Kraków, 1 aus Lublin, 1 aus Radom, 1 aus Warszawa. Alle wurden mit Gefängniswaggons nach Oświęcim gebracht, wobei die Häftlinge gefesselte Hände und Beine hatten. Alle diese Menschen wurden unverzüglich hingerichtet."

Und weiter heißt es in diesem Dokument:[59]

„Im Laufe der Woche treffen etwa 2–3 polnische Transporte ein, von denen die Mehrzahl, sowohl Männer wie auch Frauen, hingerichtet wird."

Über Massentransporte mit Polen, die direkt in die Gaskammern geschickt oder die erschossen wurden, wird auch in dem Dokument „Anhang Nr. 58 für die Zeit vom 1. bis 31. August 1943" berichtet:[60]

---

[54] A. Konieczny, *Pod rzadami*, S. 354, 362.

[55] *Obóz koncentracyjny Oświęcim w świetle akt Delegatury*, S. 92.

[56] Ebenda, S. 100, 104.

[57] Ebenda, S. 107.

[58] Ebenda, S. 127.

[59] Ebenda, S. 128.

[60] Ebenda, S. 121.

„Im Juni 1943 trafen in Auschwitz viele Transporte mit Polen aus den Regionen Radom, Lublin und Siedlce ein. Diese Menschen (angeblich Politische) wurden im Wald erschossen. Ab Ende Juni trafen in Auschwitz und in Birkenau Massentransporte ein: 1600 Männer aus Sosnowiec, 391 aus Lublin, zwei Transporte aus Będzin. Von diesen und den folgenden polnischen Transporten blieb fast niemand am Leben — sie wurden vergast."

Von zahlreichen Transporten mit Polen aus dem Generalgouvernement, u.a. aus dem Distrikt Radom, wissen wir aus einem Dokument aus den Akten der Delegatur vom 27. August 1943.[61]

In einem weiteren Dokument der Widerstandsbewegung heißt es:[62] *„Im Februar* [1944 — F.P.] *traf aus Radom ein Transport mit 60 Häftlingen ein, die unverzüglich erschossen wurden."*

Der ehemalige Häftling Stefan Wolny hat eine mehrere hundert Personen umfassende Gruppe von Polizisten aus der Region Lublin (400 bis 600) gesehen, die in das Lager gebracht und vergast wurden, weil sie sich geweigert hatten, an Kämpfen mit Partisanen teilzunehmen.[63] Wolny berichtet auch, daß im Lager Ende 1943 polnische Greise aus den in das Reich eingegliederten Gebieten vergast wurden.[64] Der Häftling Ludwik Nagraba war Zeuge, wie eine große Zahl Zivilpersonen, Professoren und Priester aus verschiedenen Teilen Polens eingeliefert und vergast wurden, die unverzüglich nach dem Eintreffen in das Krematorium geschickt wurden.[65] Zeugen der Exekution von Zivilpersonen von außerhalb des Lagers waren auch die Häftlinge Bolesław Zbozień und Franciszek Gulba.[66] Die Häftlinge Tadeusz Joachimowski und Cyprian Drozd haben beschrieben, wie im Schutze der Nacht polnische und tschecho-slowakische Partisanen im Lager vergast wurden.[67] Der Häftling Marian Dybus war Zeuge, wie 72 aus Krakau nach Auschwitz gebrachte Polen erschossen wurden.[68] Der Häftling Antoni Materkowski hat im Höß--Prozeß ausgesagt:[69] *„Sehr häufig fanden Exekutionen von Zivilpersonen statt (...) Mehrere Dutzend Personen wurden angefahren und in Gruben bei der Kiesgrube erschossen."* Der Häftling Glowacki, der beim Abtransport der Leichen der an der Hinrichtungswand Erschossenen eingesetzt war, hat ausgesagt, daß zuweilen sogar drei Exekutionen täglich stattfanden, *„denn es kam vor, daß Autos von außerhalb kamen und*

---

[61] Ebenda, S. 120.
[62] Ebenda, S. 156; APMO: Materialien der Widerstandsbewegung, Bd. 7, Bl. 416.
[63] APMO: Höß-Prozeß, Bd. 4, Bl. 91, Bd. 26, Bl. 212.
[64] APMO: Höß-Prozeß, Bd. 4, Bl. 91.
[65] APMO: Höß-Prozeß, Bd. 28, Bl. 25.
[66] APMO: Bestand Erklärungen, Bd. 70, Bl. 46-47, 159-160.
[67] APMO: Krakauer Auschwitz-Prozeß, Bd. 44, Bl. 108.
[68] APMO: Höß-Prozeß, Bd. 4, Bl. 154.
[69] APMO: Höß-Prozeß, Bd. 4, Bl. 26.

jemanden antransportierten, diese Antransportierten wurden dann sogleich nach Block 11 [gebracht — F.P.], *das Leichenkommando wurde gerufen, Palitzsch kam, und es fand eine Exekution statt".*[70]

Alle öffentlichen Exekutionen von auf der Flucht ergriffenen bzw. an einer Flucht beteiligten Häftlinge sowie bei schwereren Verstößen, wie etwa Sabotagehandlungen, wurden höchstwahrscheinlich als Sonderbehandlung durchgeführt.[71]

Im Zuge der Aussiedelung von Polen aus der Region Zamość, die Kern eines deutschen Siedlungsgebiets im Osten werden sollte, wurde beschlossen, 21 Prozent der ausgesiedelten Polen zur Vernichtung in das Konzentrationslager Auschwitz einzuweisen. Nach einer Vereinbarung zwischen dem Reichssicherheitshauptamt und dem Reichsverkehrsministerium sollten ab dem 2. November 1942 wöchentlich aus Zamość drei Züge mit jeweils 1 000 Personen nach Auschwitz abgehen.[72] Infolge der Niederlage bei Stalingrad und des Widerstands der örtlichen Bevölkerung konnten diese Pläne nicht in dem ursprünglich vorgesehenen Umfang ausgeführt werden. Die Mehrzahl der zur Deportation nach Auschwitz vorgesehenen Menschen wurde nach Majdanek gebracht. Auf der Grundlage der erhaltenen Akten des Konzentrationslagers Auschwitz hat Danuta Czech festgestellt, daß schließlich lediglich drei Transporte mit Aussiedlern nach Auschwitz geleitet worden sind; mit dem ersten Transport wurden am 12. Dezember 1942 insgesamt 632 Männer, Frauen und Kinder nach Auschwitz gebracht, mit dem zweiten Transport am 16. Dezember 1942 trafen 86 Personen ein.[73] Mit dem dritten Transport, der in der Planung 1 000 Personen umfassen sollte, wurden dann am 5. Februar 1943 insgesamt 583 Personen nach Auschwitz gebracht. Alle mit diesen drei Transporten nach Auschwitz Gebrachten wurden registriert.[74] Wie aus dem erhaltenen Bericht von SS-Untersturmführer Heinrich Kinna hervorgeht, verlies der erste dieser Transporte Zamość mit der Eisenbahn am 10. Dezember 1942 um 16 Uhr und traf am 12. Dezember 1942 nach 23 Uhr in Auschwitz ein. Im Lager übernommen und registriert wurde der Transport erst am folgenden Tag. 14 Personen flohen während der Fahrt aus dem Transport. Der Lagerführer des Konzentrationslagers Auschwitz SS-Hauptsturmführer Aumeier (im Text irrtümlich: Haumeier) bewertete ihre Arbeitsfähigkeit als gering und führte weiter aus:[75] "Beschränkte, Idioten,

---

[70] APMO: Höß-Prozeß, Bd. 24, Bl. 129.

[71] So z.B. die Exekution der Häftlinge aus dem Kommando Vermesser am 19.7.1943 und die Exekution von drei österreichischen und zwei polnischen Häftlingen am 30.12.1944.

[72] Cz. Madajczyk, *Polityka III Rzeszy*, Bd. 1, S. 326; Biuletyn GKBZHwP, Bd. 13, 1960, Dokumente 1 — 24, S. 13-49, 3F — 26F.

[73] D. Czech, *Kalendarium*, S. 358 f.

[74] D. Czech, *Kalendarium der Ereignisse im Konzentrationslager Auschwitz--Birkenau.* In: *Hefte von Auschwitz 4*, 1961, S. 72.

[75] Biuletyn GKBZHwP, Bd. 13, 1960, Dokument 6, S. 18F, 19F.

Krüppel und kranke Menschen müssen in kürzester Zeit durch Liquidation zur Entlastung des Lagers aus demselben entfernt werden. Diese Maßnahme findet aber insofern eine Erschwerung, da nach Anweisung des RSHA entgegen der bei den Juden angewendeten Maßnahme, Polen eines natürlichen Todes sterben müssen." Die Ausführungen zur Deportation von Bewohnern der Region Zamość nach Auschwitz in den Materialien der Widerstandsbewegung, in Erinnerungen sowie in Aussagen von Zeugen aus dieser Region und in deutschen Dokumenten beziehen sich wahrscheinlich überwiegend auf diese drei Transporte. Die Aussagen einiger Häftlinge erlauben die Annahme, daß eine gewisse Zahl von Transporten aus der Region Zamość unter Umgehung der üblichen Registrierung direkt zu den Gaskammern geleitet worden.

Der ehemalige Häftling Antonina Piątkowska hat zu dieser Frage ausgesagt: [76] *„Außer Juden aller möglichen Nationalität gingen auch ganze Transporte aus der Region Zamość direkt ins Gas... also sowohl Männer, wie auch Frauen und Kinder."* Wie Stefan Wolny ausgesagt hat, *„kamen nach Auschwitz Transporte mit Aussiedlern aus der Region Zamość und aus Hrubieszów... Alle mit diesen Transporten eingetroffenen Menschen wurden vergast."* [77] Auch Ludwik Rajewski bestätigt dies in seinen Aussagen. [78]

In einem der Dokumente der Widerstandsbewegung ist vermerkt: [79] *"Ins Gas gehen außerhalb der Nummerierung auch Polen in größeren Transporten, wie z.B. aus der Region Zamość."* Zahlreiche Hinweise zu dieser Frage finden sich auch in den Akten der Delegatur. Wie in einem Dokument vom 27. August 1943 [80] geschrieben wird, *„verschwinden in den Gaskammern nicht registrierte Transporte mit Juden (bisher eine halbe Million), von Zigeunern — 12000 — und in der letzten Zeit eine nicht festgestellte Anzahl von polnischen Bauern aus der Region Lublin."* In der Laufenden Information Nr. 12/85 wird berichtet: [81] *"Oświęcim. Die Nachrichten über die Hinrichtung von zwei Transporten mit Polen aus der Region Zamość im Januar 1943 bestätigen sich."* Eine andere Aufzeichnung betrifft sicherlich die gleiche Nachricht: [82] *„Im Januar sind in der Gaskammer zwei Transporte von Polen aus den Regionen Zamość und Lublin hingerichtet worden."* In dem Text "Brief eines Häftlings aus Auschwitz" heißt es: [83] *„Ganze Transporte werden ohne jegliche Nummerierung ins Gas gebracht. (...) Zuletzt gehen Transporte mit Polen aus der Region Lublin (Männer und Frauen) direkt ins Gas. Kinder werden direkt ins Feuer geworfen."*

---

[76] APMO: Höß-Prozeß, Bd. 4, Bl. 97.
[77] APMO: Höß-Prozeß, Bd. 4, Bl. 91.
[78] APMO: Höß-Prozeß, Bd. 23, Bl. 189.
[79] APMO: Materialien der Widerstandsbewegung, Bd. 7, Bl. 485.
[80] *Obóz koncentracyjny Oświęcim w świetle akt Delegatury*, S. 119 f.
[81] Ebenda, S. 96.
[82] Ebenda, S. 99.
[83] Ebenda, S. 111.

Diese Materialien enthalten jedoch keine Bestätigung dafür, daß eine größere Anzahl von Bewohnern der Region Zamość in das Konzentrationslager deportiert wurde. Czesław Madajczyk schreibt in seiner zusammenfassenden Bewertung der genannten Quellen:[84] *„Aus der Region Zamość sind insgesamt mehrere zehntausend polnische Bauern in die Konzentrationslager deportiert worden, davon 16 000 nach Majdanek und 2 000 nach Auschwitz."*

Die direkte Vernichtung von Polen, ohne daß diese zur Tarnung erst in der Evidenz des Konzentrationslagers registriert worden waren, wurde weitestgehend geheimzuhalten versucht. Die angeführten Beispiele können nicht als Grundlage für genauere Schätzungen dienen. Eine gewisse Orientierung hinsichtlich des Umfangs der auf diese Weise durchgeführten Morde ermöglichen zwei Dokumente aus den Akten der Delegatur. In dem Dokument "An die Zentrale" vom November 1942 wird festgestellt, daß bis zu diesem Zeitpunkt etwa 8 000 Polen direkt aus den Waggons zu den Gaskammern getrieben wurden.[85] In einer Notiz in den Materialien der Widerstandsbewegung (sie stammt wahrscheinlich vom Januar 1944) wird festgestellt, daß auf der Grundlage von Beobachtungen und Berechnungen davon ausgegangen werden kann, daß im Konzentrationslager Auschwitz ohne Erfassung in der Evidenz 50 000 oder mehr Polen vergast wurden.[86]

Zugleich kann auf der Grundlage der Feststellungen von Konieczny geschätzt werden, daß von den etwa 5 200 durch das Standgericht Kattowitz abgeurteilten Personen zwischen 3 000 und 4 500 Personen in Auschwitz hingerichtet worden sind.

Auf der Grundlage der angeführten Angaben und Beispiele kann davon ausgegangen werden, daß im Konzentrationslager **Auschwitz mindestens 10 000, möglicherweise jedoch beträchtlich mehr Polen ohne vorherige Registrierung in der Evidenz** gestorben sind.

Sowjetische Kriegsgefangene

Jerzy Brandhuber verzeichnet in seinem Aufsatz über die sowjetischen Kriegsgefangenen in Auschwitz vier Transporte mit sowjetischen Kriegs-

---

84 *Zamojszczyzna. Sonderlaboratorium SS. Zbiór dokumentów polskich i niemieckich z okresu okupacji hitlerowskiej* [Region Zamość. Sonderlaboratorium der SS. Eine Sammlung polnischer und deutscher Dokumente aus der Zeit der Nazi-Okkupation Polens]. Pod redakcją Czesława Madajczyka [Unter der Redaktion von Czesław Madajczyk]. Warschau 1977, Bd. 1, S. 7 (Einleitung von Czesław Madajczyk); *Zamojszczyzna w okresie okupacji hitlerowskiej (relacje wysiedlonych i partyzantów)* [Die Region Zamość in der Zeit der Nazi-Okkupation (Berichte von Ausgesiedelten und von Partisanen)]. Warschau 1968, S. 14.

85 *Obóz koncentracyjny Oświęcim w świetle akt Delegatury*, S. 61.

86 APMO: Materialien der Widerstandsbewegung, Bd. 7, Bl. 485.

gefangenen, die ohne vorherige Registrierung in der Evidenz im Konzentrationslager getötet wurden: etwa 300 im Juli 1941 eingelieferte Kommissare, etwa 600 am 3.9.1941 eingelieferte Kommissare, etwa 900 im September 1941 eingelieferte sowjetische Kriegsgefangene, und 18 am 26. Februar 1944 eingelieferte sowjetische Kriegsgefangene — insgesamt also 1818 sowjetische Kriegsgefangene.[87] Im Licht der oben angeführten Quellen ist davon auszugehen, daß diese Zahl beträchtlich unter der tatsächlichen liegt. Dafür sprechen die Materialien der Widerstandsbewegung, in denen an mehreren Stellen im Zusammenhang der nicht registrierten Kriegsgefangenen die Zahlen 12000 und 14000 oder sogar noch höhere Zahlen genannt werden; so wird zum Beispiel in einem Bericht vom 10. Oktober 1942 berichtet:[88] *„Seit Juli 1941 werden bolschewistische Kriegsgefangene in das Lager gebracht, die fast alle im Umfang von mehreren zehntausend Menschen in den Gaskammern vergiftet wurden."* In einem anderen Dokument vom 23. Oktober 1942 heißt es:[89] „[...] *sowjetische Kriegsgefangene: von ihnen trafen im Verlauf des Jahres 1941 etwa 60 tausend ein und niemand überlebte"*.

Die höchste Zahl für ohne vorherige Registrierung im Konzentrationslager Auschwitz getötete sowjetische Kriegsgefangene hat Höß in seiner ersten Aussage unmittelbar nach seiner Verhaftung durch die Engländer genannt:[90] *„Ich persönlich erinnere mich während meiner Kommandantenzeit in Auschwitz auf Befehl von den zuständigen Gestapoleitern 70000 Russische Kriegsgefangene vergast zu haben."*

Angesichts des Umstands, daß andere Quellen nicht vorliegen, können die angeführten Zahlen zur Zeit nicht verifiziert werden. Es kann lediglich konstatiert werden, daß im Konzentrationslager Auschwitz, abgesehen von den 11964 registrierten sowjetischen Kriegsgefangenen, **mindestens 3000**, möglicherweise aber beträchtlich mehr **nicht in der Evidenz erfaßte sowjetische Kriegsgefangene** umgekommen sind.

Andere Nationalitäten

Ohne Registrierung als Häftling wurden etwa **1700 Zigeuner** aus Białystok in das KL Auschwitz gebracht. Als fleckfieberverdächtig wurden sie am 23. März 1943 in der Gaskammer getötet.[91]

Abgesehen von Einzelbeispielen liegen keine zusammenfassenden Zahlen zur Frage der Liquidierung von nicht in der Evidenz registrierten

---

[87] Jerzy Brandhuber, a.a.O., S. 45.
[88] *Obóz koncentracyjny Oświęcim w świetle akt Delegatury*, S. 45-46.
[89] Ebenda, S. 52.
[90] APMO: Höß-Prozeß, Bd. 21, Bl. 13. Aussage von Höß.
[91] APMO: Bestand Erklärungen, Bd. 13, Bl. 58, Bericht des ehemaligen Häftlings Tadeusz Joachimowski.

Häftlingen anderer Nationalität bzw. von zum Zweck der sofortigen Tötung nach Auschwitz überstellten Häftlingen aus anderen Konzentrationslagern vor.

Nähere Angaben zu der zuletzt angesprochenen Frage erfordern zunächst detaillierte Forschungen zur Geschichte der einzelnen Konzentrationslager.

*

Wie sich aus den obigen Feststellungen ergibt, sind von 1940 bis 1945 etwa 900 000 (905 000) Menschen, hauptsächlich Juden, nach Auschwitz gebracht worden, die nicht in der Nummernevidenz registriert wurden. Mit den 400 000 registrierten Häftlingen sind also etwa 1 300 000 Menschen nach Auschwitz deportiert worden.

Tabelle E.
Die in das KL Auschwitz-Birkenau Deportierten nach der Nationalität.

Nationalität	Zusammen	Darunter:	
		Nichtregistrierte	Registrierte
Juden	1 100 000 (1 095 000)	890 000	200 000 (205 000)
Polen	140 000–150 000 (147 000)	10 000	130 000–140 000 (137 000)
Zigeuner	23 000	2 000	21 000
Sowjetische Kriegsgefangene	15 000	3 000	12 000
Andere[a]	25 000[b]	—	25 000
Insgesamt	etwa 1 300 000 (1 305 000)	905 000	etwa 400 000

a. Unter anderem Tschechen, Russen, Belorussen, Ukrainer, Jugoslawen, Franzosen, Deutsche und Österreicher.
b. Diese Zahl ist die Differenz zwischen den 400 000 Registrierten und den 205 000 Juden, 137 000 Polen, 21 000 Zigeunern und 12 000 sowjetischen Kriegsgefangenen.

2. Die Zahl der Opfer

Wie viele der 1,3 Millionen Menschen, die nach Auschwitz gebracht worden sind, kamen um, und wie viele sind der Vernichtung entgangen?

Aus den angeführten Feststellungen geht hervor, daß **etwa 900 000 (905 000) Deportierte nicht in der Evidenz registriert** und zumeist unmittelbar nach dem Eintreffen in Auschwitz getötet worden. Unter den auf diese Weise Getöteten waren etwa **890 000 Juden, 10 000 Polen, 3 000 sowjetische Kriegsgefangene und 2 000 Zigeuner**. Festzustellen bleibt also noch, **wie viele der 400 000 Registrierten umgekommen sind.**

Auf der Grundlage der als fragmentarischer Bestand erhaltenen Dokumente des Konzentrationslagers Auschwitz ist es lediglich möglich, den Tod von etwa 100 000 der registrierten Opfer festzustellen.[92] Dabei ist jedoch festzuhalten, daß die erhaltenen Dokumente des Konzentrationslagers lediglich bestimmte Zeitabschnitte umfassen und außerdem in der Regel jeweils lediglich einen Teil der Häftlinge betreffen, so z.B. ausschließlich Frauen oder ausschließlich Männer, die in bestimmten Teilen des KL Auschwitz inhaftiert waren. Die Zahl der Opfer kann in dieser Situation allein dadurch festgestellt werden, daß eine Bilanz der Zugänge und der Abgänge im Zahlenstand der Häftlinge aufgestellt wird.

Als Ausgangsbasis für unsere Berechnungen stützen wir uns auf die Zahlen zu Überstellungen in andere Konzentrationslager, zu Entlassungen und zu Fluchten, die Danuta Czech im „Kalendarium der Ereignisse im Konzentrationslager Auschwitz-Birkenau" nennt, sowie auf die Angaben zum Zahlenstand der Häftlinge nach den zugänglichen Quellen des KL Auschwitz. Wo dies möglich ist, werden die folgenden Feststellungen mit den aus den Quellen hervorgehenden Angaben zur Mortalität der Häftlinge verglichen.

Die letzte im Jahre 1940 ausgegebene Häftlingsnummer war die Nummer 7879, die zugleich der Anzahl der im Verlauf des Jahres registrierten Häftlinge entsprach. Von dieser Zahl sind nach den Feststellungen von Danuta Czech 92 Häftlinge in andere Konzentrationslager überstellt worden, drei Häftlinge sind geflohen, Angaben zu entlassenen Häftlingen liegen nicht vor.[93] Ebenso fehlen globale Angaben zum tatsächlichen

---

[92] Das Leichenhallenbuch verzeichnet 22 902 Nummern gestorbener Männer. Das Stärkebuch verzeichnet 20 696 Namen von Häftlingen und 1 472 Nummern von sowjetischen Kriegsgefangenen, das Totenbuch der sowjetischen Kriegsgefangenen führt (zumeist mit Namen) 9 176 sowjetische Kriegsgefangene auf, und ein Verzeichnis der Namen von gestorbenen polnischen weiblichen Häftlingen, eine Abschrift von Dokumenten des KL Auschwitz, nennt 6 660 Namen. Unter Ausgliederung der Perioden, für die sich die Angaben überschneiden, sind allein in diesen vier Dokumenten 52 286 Sterbefälle verzeichnet. Weiter ergibt sich aus der Nummerierung der Sterbeurkunden, daß im KL Auschwitz in den Jahren 1942 und 1943 mindestens 82 607 Häftlinge gestorben sind. APMO: Höß-Prozeß, Bd. 10, Bl. 76–149.

[93] 48-D. Czech, Kalendarium. In: Hefte von Auschwitz Nr. 2, Oświęcim 1959, passim. Die im „Kalendarium" verzeichneten Angaben hat Lidia Krysta zusammengestellt. APMO: Bestand Ausarbeitungen, Bd. 100. Nach den Materialien der Widerstandsbewegung sind 1940 etwa 100 Häftlinge in andere Konzentrationslager überstellt bzw. entlassen worden. APMO: Materialien der Widerstandsbewegung, Bd. 10, Bl. 76–149.

Zahlenstand der Häftlinge Ende 1940, wodurch es unmöglich ist, für dieses Jahr eine auch nur annähernde Bilanz der Abgänge im Zahlenstand der Häftlinge oder — was sich daran anschlösse — eine Feststellung der Zahl der Gestorbenen durchzuführen.

Ähnlich stellt sich die Situation für die ersten drei Quartale des Jahres 1941 dar. Abgesehen von Einzelfällen liegen für diesen Zeitraum keine Dokumente des Konzentrationslagers vor, auf deren Grundlage die zahlenmäßigen Verluste und die Mortalität der Häftlinge berechnet werden könnte, erhalten haben sich jedoch Materialien, die Häftlinge illegal angefertigt haben. In einem Dokument der Widerstandsbewegung vom 30. April 1941 wird festgestellt, daß bereits 12 500 Menschen im Lager waren, von denen etwa 4 000 gestorben sind.[94] In einem weiteren Dokument der Widerstandsbewegung vom 15. August 1941 wird festgestellt:[95] „*Es wird berechnet, daß bereits 4 — 5 tausend gestorben sind, das heißt zugrundegerichtet wurden, und daß etwa 300 erschossen wurden.*"

Wie gleichzeitig ausgeführt wurde, betrug die Lagerstärke 12 000 und die höchste zu dieser Zeit ausgegebene Nummer hatte bereits 17 000 überschritten. Diese Zahlen sind zu niedrig. Wie aus zweifelsfreien Quellen hervorgeht[96], ist am 14. August 1941 tatsächlich die Nummer 20 076 ausgegeben worden, was bedeuten würde, daß die Zahl der Gestorbenen für diesen Zeitraum nicht vier— bis fünftausend beträgt, sondern etwa 8 000. Erst für Oktober 1941 liegen die ersten Eintragungen in dem in der Leichenhalle des Lagers in Block 28 des Stammlagers geführten Nummernverzeichnis der gestorbenen Häftlinge vor.

In der Zeit vom 7. Oktober bis zum 31. Dezember 1941 wurden in dieses Verzeichnis die Nummern von 2 915 Häftlingen eingetragen, deren Leichen vor dem Abtransport in das Krematorium des Konzentrationslagers in die Leichenhalle gebracht wurden.[97] Zur gleichen Zeit wurden in ein anderes Dokument — das Totenbuch des Krankenbaus der sowjetischen Kriegsgefangenen — die Namen bzw. sporadisch die Nummern von 6 893 gestorbenen sowjetischen Kriegsgefangenen eingetragen.[98] Zusammengenommen sind also für das vierte Quartal 1941 in diesen beiden Dokumenten 9 808 Sterbefälle verzeichnet. Im Fall der sowjetischen Kriegsgefangenen gibt die Zahl der in dem Totenbuch verzeichneten Sterbefälle

---

[94] *Obóz koncentracyjny Oświęcim w świetle akt Delegatury*, S. 6 (Anhang Nr. 7 zu einem Bericht für die Zeit vom 16. — 30. April 1941). Tatsächlich war die letzte im April ausgegebene Nummer 15 181.

[95] Ebenda, S. 7 (Lagebericht für die Zeit vom 1. April bis 15. August 1941).

[96] D. Czech, Kalendarium. In: Hefte von Auschwitz, Nr. 2, Oświęcim 1959, S. 108.

[97] APMO: Höß-Prozeß, Bd. 10, Bl. 143.

[98] J. Brandhuber, a.a.O., S. 32 ff.

annähernd die Zahl der Sterbefälle im Jahre 1941 wieder[99]; für die übrigen Häftlinge ist jedoch zweifellos davon auszugehen, daß die Zahl der gestorbenen Häftlinge auch für den durch die Einträge in dem bereits erwähnten Leichenhallenbuch abgedeckten Zeitraum niedriger als die tatsächliche Zahl der Todesfälle liegt. Wie bereits erwähnt, ist eine gewisse Zahl an Leichen direkt und unter Umgehung der Leichenhalle des Konzentrationslagers direkt zum Krematorium gebracht worden, insbesondere die Leichen der an der Todeswand bzw. außerhalb des Lagers Erschossenen.

Bis Ende 1941 sind 25 149 Häftlinge[100] und etwa 10 000 sowjetische Kriegsgefangene[101], insgesamt also 35 000 Personen registriert worden; der Zahlenstand der Häftlinge und der sowjetischen Kriegsgefangenen betrug jedoch Ende 1941 etwa 11 500 Personen[102], die Zahl der Abgänge aus dem KL Auschwitz muß also etwa 23 500 Personen betragen haben. Nach den Feststellungen von D. Czech sind 1941 in andere Konzentrationslager 2 282 Häftlinge überstellt worden und sechs Häftlinge sind aus dem KL Auschwitz geflohen, für Entlassungen liegen keine Angaben vor, mit den im Jahre 1940 aus dem Lager überstellten bzw. geflohenen 95 Häftlingen ergibt dies zusammen 2 383[103]. Hieraus ergibt sich, **daß im Konzentrationslager Auschwitz seit seiner Gründung bis Ende 1941 etwa 21 000 Häftlinge und sowjetische Kriegsgefangene gestorben sind**. Von dieser Zahl sind 9 808 Sterbefälle, also 46 Prozent, in Dokumenten des KL Auschwitz aus dem vierten Quartal 1941 dokumentiert.

---

[99] Die Zahlen zur Mortalität der sowjetischen Kriegsgefangenen nach dem Totenbuch der sowjetischen Kriegsgefangenen decken sich nicht mit den Zahlen, die sich aus der Bilanz der Zugänge und der Abgänge in der zahlenmäßigen Stärke ergeben. Für den Stand am 19.1.1942 ergibt sich z.B. aus einer Bilanz des Zahlenstands der Häftlinge , daß 8 493 Kriegsgefangene nicht mehr im Lager waren, während das Totenbuch der sowjetischen Kriegsgefangenen lediglich 7 725 Sterbefälle verzeichnet. Nach dem Zahlenstand am 1.3.1942 waren 9 038 Kriegsgefangene nicht mehr im Lager, im Totenbuch sind dagegen 8 320 Sterbefälle verzeichnet.

[100] Diese Nummer ist am 29.12.1941 ausgegeben worden. D. Czech, *Kalendarium*, S. 158.

[101] D. Czech, *Kalendarium*, S. 126-143.

[102] Am 19.1.1942 betrug die Lagerstärke 11 632 Häftlinge und sowjetische Kriegsgefangene. APMO: D-AuI, Stärkebuch.

[103] APMO: Bestand Ausarbeitungen, Bd. 100. Lidia Krysta, *Przeniesienia, zwolnienie i ucieczki z KL Auschwitz* [Überstellungen, Entlassungen und Fluchten aus dem KL Auschwitz]. In andere Konzentrationslager überstellt bzw. entlassen wurden nach den Materialien der Widerstandsbewegung 1941 nach einem Dokument 2 208 Häftlinge, nach einem anderen Dokument etwa 3 300 Häftlinge, also über eintausend mehr, als sich aus den im "Kalendarium der Ereignisse..." enthaltenen Angaben ergibt. APMO: Materialien der Widerstandsbewegung, Bd. 7, Bl. 419, 474.

Für das Jahr 1942 verfügen wir über die vollständigen Eintragungen in das Leichenhallenbuch sowie für den Zeitraum vom 19. Januar bis 19. August 1942 über das Stärkebuch des Männerlagers, für den Zeitraum vom 1. Januar bis 28. Februar 1942 über das Totenbuch der sowjetischen Kriegsgefangenen sowie über einen Teil der vom Standesamt des KL Auschwitz ausgestellten Sterbeurkunden.

In dem ersten der angeführten Dokumente, im Leichenhallenbuch, sind für 1942 insgesamt 13 526 Nummern gestorbener Häftlinge verzeichnet.[104] In das Stärkebuch wurden 22 168 Sterbefälle (davon 20 696 Namen sowie 1 472 Nummern von sowjetischen Kriegsgefangenen) eingetragen.[105] Im Totenbuch der sowjetischen Kriegsgefangenen sind 1 427 Namen von sowjetischen Kriegsgefangenen verzeichnet[106], zusammengenommen enthalten die genannten Dokumente also 37 121 Vermerke über Sterbefälle. Unter Berücksichtigung der Perioden, für die sich die Angaben aus den einzelnen Dokumenten überschneiden, also bei Addition:

— der Zahl der 812 vom 1. Januar bis 18. Januar 1942 gestorbenen sowjetischen Kriegsgefangenen[107],
— der Zahl der für den gleichen Zeitraum im Leichenhallenbuch verzeichneten 307 Häftlinge[108],
— der Zahl der im Stärkebuch für die Zeit vom 19. Januar bis 19. August 1942 verzeichneten 22 168 Häftlinge und sowjetischen Kriegsgefangenen[109], und
— der Zahl der für den Zeitraum vom 20. August bis 31. Dezember 1942 im Leichenhallenbuch verzeichneten 6 069 Häftlinge[110],

erhalten wir die Zahl von 29 356 gestorbenen männlichen Häftlingen. Für das Jahr 1942 sind neben den genannten Dokumenten 4 839 Sterbeurkunden erhalten.[111] Neben den wichtigsten Angaben zur Person der Häftlinge, für die sie ausgestellt wurden, nennen sie das Todesdatum und die Todesursache und die Religionszugehörigkeit. Nicht verzeichnet sind jedoch die Häftlingsnummer und die Nummernserie sowie der Haftgrund. Sterbeurkunden wurden sowohl für Männer wie für Frauen, sowohl für Nicht-Juden wie für Juden ausgestellt.

Eine Analyse der erhaltenen Sterbeurkunden ergibt, daß sie für die einzelnen Jahre beginnend mit der Nummer 1 jeweils laufend durchnummeriert und daß sie in Bänden zu jeweils 1 500 Sterbeurkunden

---

[104] APMO: Höß-Prozeß, Bd. 10, Bl. 143.
[105] J. Sehn, a.a.O., S. 44, 112.
[106] J. Brandhuber, a.a.O., S. 33.
[107] Ebenda.
[108] APMO: Höß-Prozeß, Bd. 10, Bl. 143.
[109] J. Sehn, a.a.O., S. 44, 112.
[110] APMO: Höß-Prozeß, Bd. 10, Bl. 143.
[111] APMO: D-AuI-2, Sterbebuch.

geordnet wurden. Für das Jahr 1942 sind die Sterbeurkunden aus den Bänden 16, 18 und 22 fast vollständig sowie mehrere hundert Sterbeurkunden aus anderen Bänden erhalten; die Sterbeurkunde mit der höchsten bekannten laufenden Nummer für das Jahr 1942 trägt die Nummer 45 616 und wurde am 31. Dezember 1942 für den am 23. Dezember 1942 gestorbenen Häftling Erna Haubenstock ausgestellt.[112] Die Zahl der Sterbefälle betrug durchschnittlich 128 pro Tag, bis zum Jahresende verblieben noch acht Tage, also starben wahrscheinlich in der verbliebenen Zeit bis Jahresende noch mehr als 1 000 Häftlinge, und es ist also davon auszugehen, daß für das Jahr 1942 etwa 47 000 (46 600) Sterbeurkunden ausgestellt worden sind. Es erhebt sich die Frage, ob die Zahl der ausgestellten Sterbeurkunden mit der tatsächlichen Zahl der Sterbefälle von registrierten Häftlingen übereinstimmt.

Zur Beantwortung dieser Frage ist eine Bilanz der Zugänge und der Abgänge im Zahlenstand der Häftlinge für das Jahr 1942 vorzunehmen.

Bis Ende 1942 sind in der allgemeinen Nummernserie 113 169 Häftlinge (85 264 Männer[113] und 27 905 Frauen[114]), etwa 10 100 sowjetische Kriegsgefangene und 3 044 Erziehungshäftlinge (Männer)[115] registriert worden, insgesamt also seit Beginn des Bestehens des Lagers etwa 126 000 (126 313) Personen. Gegen Ende 1942 befanden sich (nach dem Stand für den 1. Januar 1943) im KL Auschwitz 29 630 Häftlinge (24 263 Männer[116] und 5 367 Frauen[117]). Nicht mehr vorhanden waren also etwa 96 500 Personen (etwa 74 000 Männer und etwa 22 500 Frauen). Von ihnen sind, wie festgestellt wurde, in den Jahren 1940 und 1941 insgesamt etwa 23 500 Personen als Abgänge zu verzeichnen (gestorben, in andere Konzentrationslager überstellt, geflohen oder entlassen), im Jahre 1942 wurden 2 916 in andere Konzentrationslager überstellt, 48 sind geflohen und 997

---

[112] APMO: D-AuI-2, Sterbebuch, Bd. 5. Nach Angaben des in der Politischen Abteilung des Konzentrationslagers Auschwitz eingesetzten ehemaligen Häftlings Klari Weiss sind im Jahre 1942 insgesamt 48 000 Häftlinge, im Jahre 1943 35 000 Häftlinge und im Jahre 1944 30 000 Häftlinge eines natürlichen Todes gestorben (also ohne die vergasten und die mit Phenolinjektionen getöteten Häftlinge). Diese Zahlen entsprechen annähernd den auf die laufende Nummerierung der Sterbeurkunden für die Jahre 1942 und 1943 gestützten Feststellungen (für 1944 liegen keine Sterbeurkunden vor). APMO: Krakauer Auschwitz-Prozeß, Bd. 44, Bl. 124, 125.

[113] Die Nummer 85 264 erhielt am 31.12.1942 ein aus Kattowitz eingelieferter Häftling. D. Czech, *Kalendarium*, S. 370.

[114] Die Nummer 27 905 erhielt am 30.12.1942 ein mit einem Sammeltransport eingelieferter weiblicher Häftling. D. Czech, *Kalendarium*, S. 38. J. Brandhuber, a.a.O., S. 41 f.

[115] APMO: Materialien der Widerstandsbewegung, Bd. 4, Bl. 290.

[116] APMO: D-AuI-3a, Bd. I, Bl. 60. Monatsübersichten über den Häftlingseinsatz im KL Auschwitz.

[117] Ebenda, Bl. 19a.

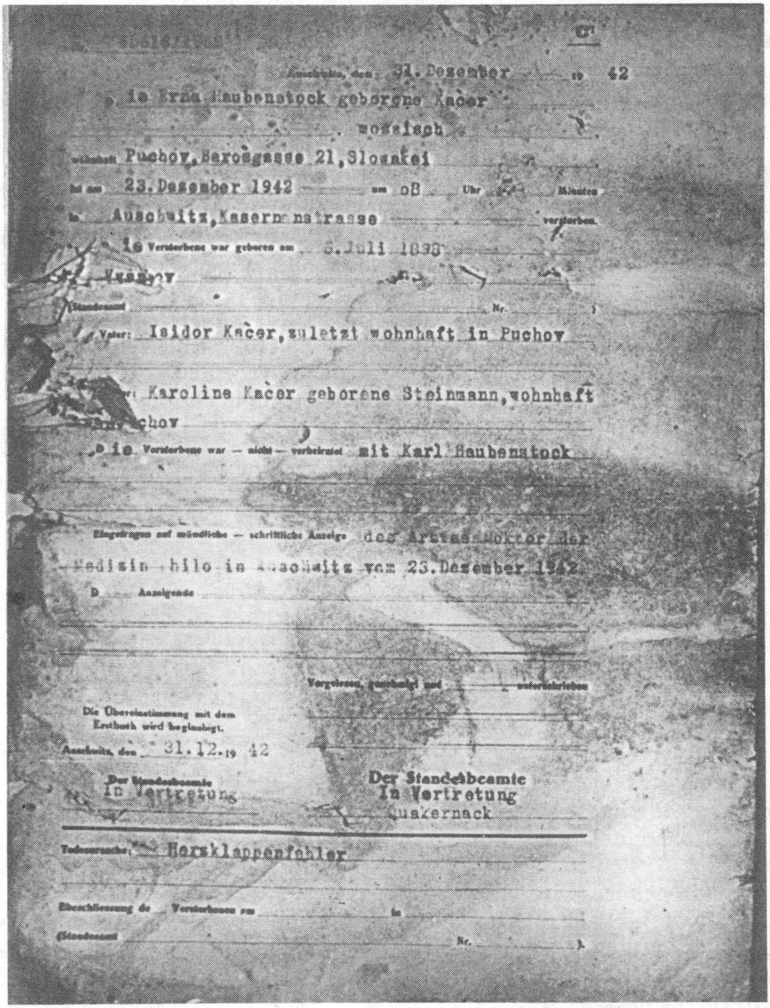

Auschwitz, den 31. Dezember 19 42

Die Erna Haubenstock geborene Kacer

mosaisch

wohnhaft Puchov, Herodgasse 21, Slowakei

ist am 23. Dezember 1942 um 08 Uhr Minuten

in Auschwitz, Kasernenstrasse verstorben.

Die Verstorbene war geboren am 3. Juli 18[illegible]

in [illegible]

(Standesamt Nr.)

Vater: Isidor Kacer, zuletzt wohnhaft in Puchov

Mutter: Karoline Kacer geborene Steinmann, wohnhaft in Puchov

Die Verstorbene war — nicht — verheiratet mit Karl Haubenstock

Eingetragen auf mündliche — schriftliche Anzeige des Arztes Doktor der Medizin Thilo in Auschwitz vom 23. Dezember 1942

D Anzeigende

Vorgelesen, genehmigt und unterschrieben

Die Übereinstimmung mit dem Erstbuch wird beglaubigt.

Auschwitz, den 31.12.19 42

Der Standesbeamte In Vertretung

Der Standesbeamte In Vertretung Quakernack

Todesursache: Herzklappenfehler

Eheschliessung de Verstorbenen am in

(Standesamt Nr.)

Sterbeurkunde Nr. 45616 des am 23. Dezember 1942 gestorbenen jüdischen Häftling Erna Haubenstock. Dies ist für das Jahr 1942 die letzte der in der Gedenkstätte Auschwitz verwahrten und eine der letzten 1942 ausgestellten Sterbeurkunden. APMO: D-AuI-2/2986, Sterbebuch, Bd. 31, Inventarnummer 8986.

wurden entlassen, insgesamt also 3 961 Personen.[118] Daraus ergibt sich, **daß im Jahre 1942 im KL Auschwitz etwa 69 000 registrierte Häftlinge gestorben sind** (etwa 46 500 Männer und etwa 22 500 Frauen). Diese Zahl liegt also um etwa 22 000 höher als die Zahl, die sich aus der Zahl der ausgestellten Sterbeurkunden ergibt.

Eine Erklärung für diese Differenzen finden wir in den Aussagen des ehemaligen Häftlings Klari Weiss, die ab dem 16. August 1942 in der Schreibstube der Politischen Abteilung eingesetzt war.[119] Klari Weiss hat ausgesagt, daß im Jahre 1942 48 000 registrierte Häftlinge eines „natürlichen" Todes gestorben sind (diese Zahl entspricht also annähernd der Zahl der ausgestellten Sterbeurkunden), ohne die nach einer Selektion in den Gaskammern bzw. durch Giftinjektionen Getöteten. Die in der Evidenz der Sterbefälle der Häftlinge nicht berücksichtigten etwa 21 000 bis 22 000 Toten sind also „nicht natürliche" Sterbefälle — diese Häftlinge wurden in den Gaskammern und durch Phenolinjektionen getötet.

Diese Feststellungen werden durch in eine statistische Zusammenstellung in den Akten der Delegatur bestätigt.[120] Dort werden für die Zeit von der Gründung des Lagers bis zum 15. Dezember 1942 folgende Zahlen genannt (in Klammern fügen wir zum Vergleich unsere Feststellungen hinzu):

Gesamtzahl der Registrierten	125 200	(126 313)
Lagerstärke	24 200	(29 630)
Überstellt	4 500	(5 290)
Entlassen	1 200	(977)
Gestorben	95 300	(90 239)

Die Differenzen zwischen den oben angeführten Zahlen ergeben sich zum Teil aus dem Umstand, daß sich die Bezugszeiträume nicht vollständig decken (das Dokument der Delegatur umfaßt den Stand bis zum 15. Dezember 1942, unsere Berechnungen den Stand bis zum 31. Dezember 1942), zum Teil gehen sie auf Differenzen zwischen den zugrundeliegenden Quellen zurück.

Für das Jahr 1943 sind noch weniger Dokumente als für das Jahr 1942 erhalten. Von den 3 964 Sterbeurkunden betreffen lediglich 260 den Tod

---

[118] APMO: Bestand Ausarbeitungen, Bd. 100. Lidia Krysta. Überstellungen, Entlassungen und Fluchten aus dem KL Auschwitz. Nach den Materialien der Widerstandsbewegung sind 1942 etwa 2 100 Häftlinge entlassen bzw. in andere Konzentrationslager überstellt worden, also fast 2 000 weniger, als sich aus den im „Kalendarium der Ereignisse..." verzeichneten Angaben ergibt. APMO: Materialien der Widerstandsbewegung, Bd. 7, Bl. 419.

[119] APMO: Krakauer Auschwitz-Prozeß, Bd. 44, Bl. 125. Aussage von Klari Weiss.

[120] *Obóz koncentracyjny Oświęcim w świetle akt Delegatury*, S. 79 f.

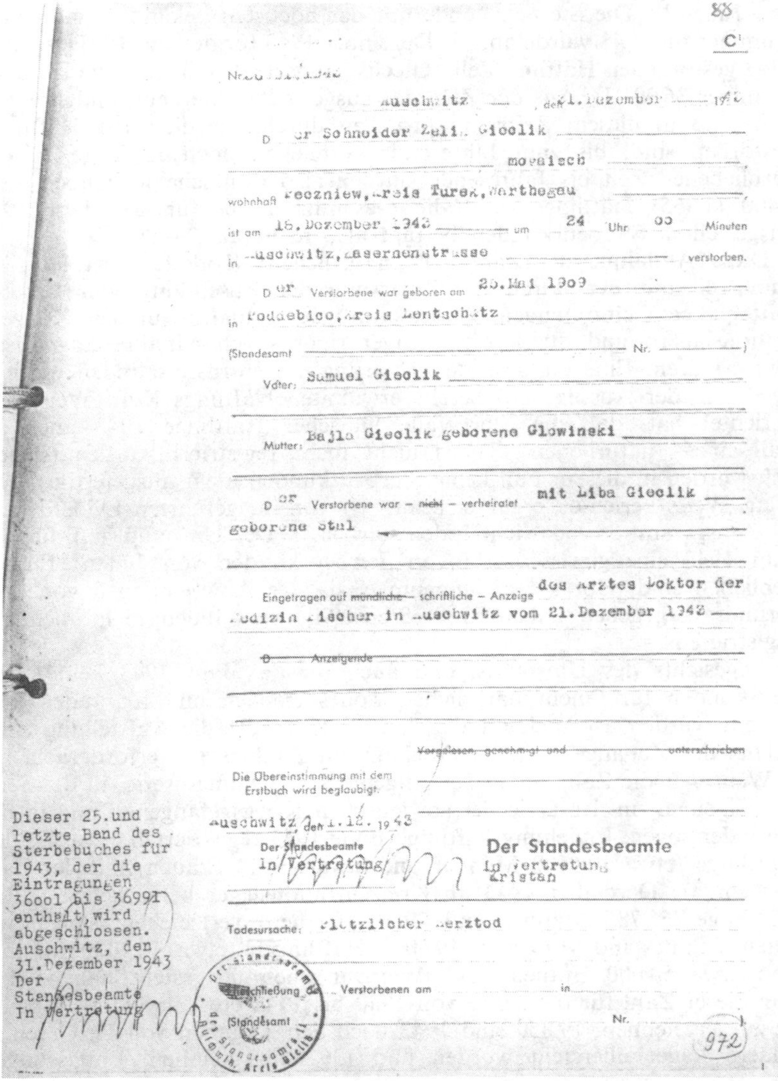

88

C

Nr. [illegible]

Auschwitz, den 21. Dezember 1943

Der Schneider Zelik Gieclik

mosaisch

wohnhaft Poczniew, Kreis Turek, Warthegau

ist am 18. Dezember 1943 um 24 Uhr 00 Minuten

in Auschwitz, Kasernenstrasse verstorben.

Der Verstorbene war geboren am 25. Mai 1909

in Poddebice, Kreis Lentschütz

(Standesamt Nr.)

Vater: Samuel Gieclik

Mutter: Bajla Gieclik geborene Glowinski

Der Verstorbene war – ~~nicht~~ – verheiratet mit Liba Gieclik geborene Stul

Eingetragen auf ~~mündliche~~ – schriftliche – Anzeige des Arztes Doktor der Medizin Fischer in Auschwitz vom 21. Dezember 1943

~~D Anzeigende~~

~~Vorgelesen, genehmigt und unterschrieben~~

Die Übereinstimmung mit dem Erstbuch wird beglaubigt.

Auschwitz, den 21.12.1943

Der Standesbeamte in Vertretung

Der Standesbeamte In Vertretung Kristan

Todesursache: Plötzlicher Herztod

Eheschließung d Verstorbenen am in

(Standesamt Nr.)

972

Dieser 25. und letzte Band des Sterbebuches für 1943, der die Eintragungen 36001 bis 36991 enthält, wird abgeschlossen. Auschwitz, den 31. Dezember 1943 Der Standesbeamte In Vertretung

Sterbeurkunde des am 18. Dezember 1943 gestorbenen jüdischen Häftlings Zelik Gieclik. Dies ist die letzte im Jahre 1943 ausgestellte Sterbeurkunde (Nummer 36991). APMO: D-AuI-2, Sterbebuch 25/9, Inventarnummer 149506.

von Juden.[121] Die Sterbeurkunde mit der höchsten bekannten laufenden Nummer für 1943 wurde am 31. Dezember 1943 für den am 18. Dezember 1943 gestorbenen Häftling Zelik Gieclik ausgestellt und trägt die laufende Nummer 36 991.[122] Aus der Zahl der ausgestellten Sterbeurkunden ergibt sich, daß in diesem Zeitraum pro Tag durchschnittlich 105 Häftlinge gestorben sind, bis zum Jahresende verblieben noch 13 Tage, in der verbliebenen Zeit bis Jahresende starben also wahrscheinlich noch etwa 1 400 (1 365) Häftlinge, und die Gesamtzahl der für das Jahr 1943 ausgestellten Sterbeurkunden beträgt also mehr als 38 000.

Diese Abnahme der Zahl der „natürlichen" Todesfälle ist lediglich zum Teil mit der durch die Zulassung der Zusendung von Lebensmittelpaketen eintretenden Verbesserung der Situation in den Konzentrationslagern und durch die weniger rigoros gehandhabte Lagerdisziplin erklären. Eine umfassende Erklärung des Vorgangs finden wir erst wieder in der Aussage des bereits erwähnten Häftlings Klari Weiss, die berichtet hat, daß die Sterbefälle jüdischer Häftlinge 1943 auch im Fall eines "natürlichen" Todes nicht mehr registriert wurden (sicherlich wurden in diesem Fall keine Sterbeurkunden mehr ausgefertigt). Wie Klari Weiss berichtet, ergab sich aus der von ihr geführten Evidenz, daß 1943 insgesamt 35 000 Nicht-Juden starben.[123] Der Umstand, daß für das Jahr 1943 eine gewisse Zahl von Sterbeurkunden von Juden erhalten geblieben sind, läßt jedoch annehmen, daß es Abweichungen von dem Grundsatź gegeben haben muß, Sterbefälle von Juden nicht mehr zu registrieren.

Angesichts des Umstands, daß auch für das Jahr 1943 keine Sterbeurkunden für "nicht natürliche" Todesursachen und für Juden ausgestellt wurden, ist auch für das Jahr 1943 wieder die Aufstellung einer Bilanz der Zugänge und der Abgänge im Zahlenstand erforderlich.

Wenn wir die Zahl der in der Allgemeinen Nummernserie, in der Serie der Zigeuner, in der Serie der sowjetischen Kriegsgefangenen und in der Serie der sogen. Erziehungshäftlinge Ende 1943 registrierten etwa 282 000 Häftlinge (etwa 198 500 Männer und etwa 83 000 Frauen) mit der Zahl der am 31. Dezember 1943 im Konzentrationslager befindlichen 85 298 Häftlinge (55 785 Männer und 29 513 Frauen) vergleichen, stellen wir einen Fehlbestand von etwa 197 000 Häftlingen (etwa 143 000 Männer und etwa 54 000 Frauen) fest. Wie wir oben festgestellt haben, sind von dieser Zahl für die Jahre von 1940 bis 1942 etwa 96 500 als Abgänge zu verzeichnen, 19 859 sind 1943 nach den Angaben von D. Czech in andere Lager überstellt worden und 139 sind geflohen, Entlassungen

[121] APMO: D-AuI-2, Sterbebuch 1943.

[122] APMO: D-AuI-2, Sterbebuch 1943, Bd. 25, Sterbeurkunde Nr. 36 991.

[123] APMO: Krakauer Auschwitz-Prozeß, Bd. 44, Bl. 124, 125, Aussage von Klari Weiss (vgl. S. 225 f.).

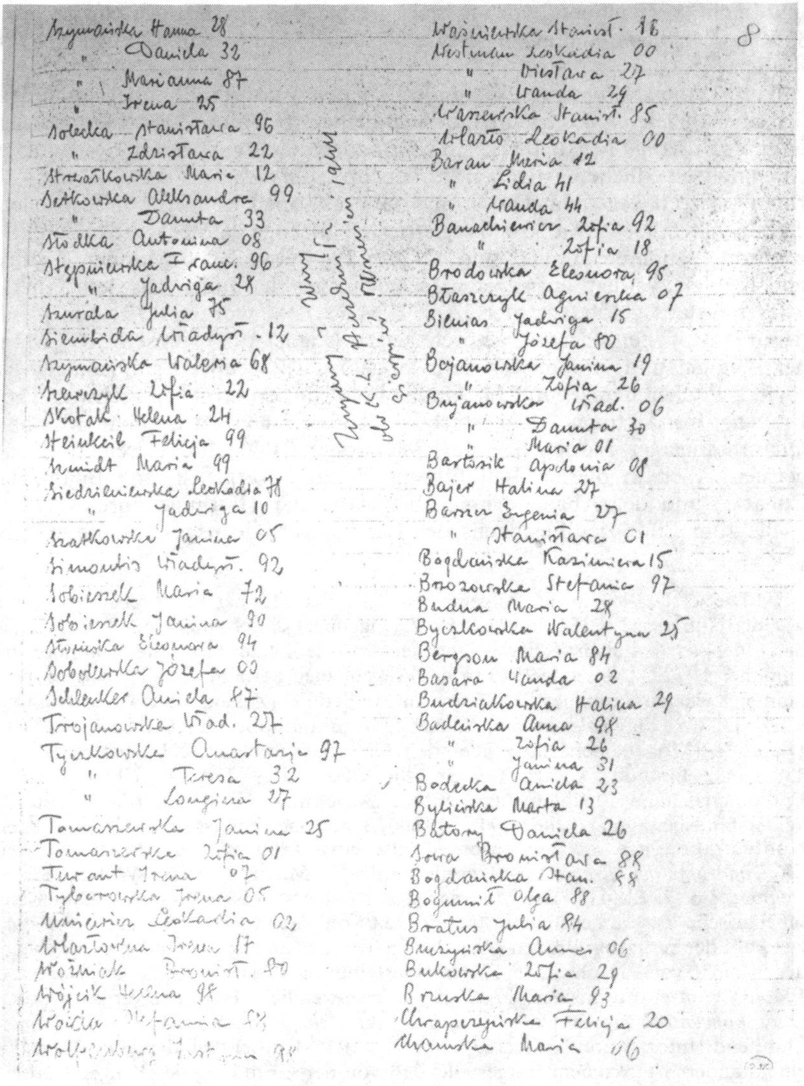

8

Szymańska Hanna 28
" Daniela 32
" Marianna 87
" Irena 25
Solecka Stanisława 96
" Zdzisława 22
Strzałkowska Maria 12
Setkowska Aleksandra 99
" Danuta 33
Stodulka Antonina 08
Stępniewska Franc. 96
" Jadwiga 28
Szurala Julia 75
Siembida Władysł. 12
Szymańska Waleria 68
Szczurzyk Zofia 22
Skotak Helena 24
Steinkeil Felicja 99
Szmidt Maria 99
Siedzieniewska Leokadia 78
" Jadwiga 10
Szatkowska Janina 05
Simonitis Władysł. 92
Sobieszek Maria 72
Sobieszek Janina 90
Stępińska Eleonora 94
Sobolewska Józefa 03
Schlenker Aniela 87
Trojanowska Wład. 27
Tyszkowska Anastazja 97
" Teresa 32
" Longina 27
Tomaszewska Janina 25
Tomaszewska Zofia 01
Turant Irena 07
Tyborowska Irena 05
Uniewicz Leokadia 02
Wlazłówna Irena 17
Woźniak Bronisł. 80
Wójcik Helena 98
Wójcik Stefania 98
[illegible] 98

Waśniewska Stanisł. 16
Westman Leokadia 00
" Wiesława 27
" Wanda 29
Waszewska Stanisł. 85
Wlazło Leokadia 00
Baran Maria 12
" Lidia 41
" Wanda 44
Banachiewicz Zofia 92
" Zofia 18
Brodowska Eleonora 95
Błaszczyk Agnieszka 07
Bieniaś Jadwiga 15
" Józefa 80
Bojanowska Janina 19
" Zofia 26
Bojanowska Wład. 06
" Danuta 30
" Maria 01
Bartosik Apolonia 08
Bajer Halina 27
Barszcz Eugenia 27
" Stanisława 01
Bogdańska Kazimiera 15
Brzozowska Stefania 97
Budna Maria 28
Byczkowska Walentyna 25
Bergson Maria 84
Basara Wanda 02
Budziakowska Halina 29
Badeńska Anna 98
" Zofia 26
" Janina 31
Bodecka Aniela 23
Bylińska Marta 13
Batory Daniela 26
Sowa Bronisława 88
Bogdańska Stan. 88
Bogumił Olga 88
Bratus Julia 84
Burzyńska Anna 06
Bukowska Zofia 29
Brzuska Maria 93
Chrapowicka Felicja 20
Chamska Maria 06

[illegible]

Ein Blatt einer von der Widerstandsbewegung im KL Auschwitz angefertigten Liste von polnischen Häftlingen (Frauen), die im August und September 1944 aus Warschau in das KL Auschwitz eingeliefert worden waren. Insgesamt wurden damals 13 000 Männer, Frauen und Kinder aus Warschau nach Auschwitz gebracht. APMO: D-RO/93, Inventarnummer 72788, Bd. 8b.

sind nicht verzeichnet, woraus sich ergibt, **daß im KL Auschwitz etwa 80 500 Personen umkamen** (etwa 49 000 Männer und etwa 31 500 Frauen.[124]

Es ist keine Dokumentenbestand erhalten, der vollständig oder zumindest für einen größeren Zeitraum die Anzahl der im Jahre 1944 Gestorbenen umfaßt. Für 1944 liegen auch keine Sterbeurkunden vor. Auf der Grundlage von unterschiedlichen Angaben zu den im „*Kalendarium der Ereignisse...*" von D. Czech verzeichneten Vernichtungsaktionen können wir feststellen, daß im Jahre 1944 etwa 30 000 registrierte Häftlinge getötet worden sind. So sind unter anderem am 11. und 12. Juli 1944 etwa 7 000 Männer, Frauen und Kinder aus dem aufgelösten Familienlager der Juden aus dem Ghetto Theresienstadt getötet worden. Am 9. März 1944 wurden 3 791 Juden aus dem Ghetto Theresienstadt getötet. Am 2. August 1944 wurden 2 897 Männer, Frauen und Kinder aus dem aufgelösten Zigeuner-Familienlager getötet. Zwischen dem 1. und 15. Januar 1944 starben im KL Auschwitz 2 661 Frauen. Im Oktober 1944 starben 3 836 Frauen. Aus dem Männer-Quarantänelager wurden bei neun Selektionen 2 046 Männer selektiert und getötet. Auch in diesem Fall führen wir zum Vergleich eine Bilanz der Zugänge und der Abgänge im Zahlenstand der Häftlinge durch.

Bis zum Ende des Bestehens des Lagers wurden insgesamt mindestens

---

[124] Die letzte 1943 in der Allgemeinen Serie der Männer ausgegebene Nummer war die Nummer 171 352, in der Serie Z (Zigeuner) die Nummer 9 008, und in der Serie der sowjetischen Kriegsgefangenen ist die letzte bekannte Nummer die Nummer 11 129. Die letzte 1943 in der Allgemeinen Serie der Frauen ausgegebene Nummer war die Nummer 73 982 und in der Serie Z (Zigeunerinnen) die Nummer 9 728. D. Czech. *Kalendarium*, S. 689 f.; J. Brandhuber, a.a.O., S. 42. APMO: D-AuI-3a (Monatsübersichten über den Häftlingseinsatz im KL Auschwitz), Bl. 438, 448; Bestand Ausarbeitungen, Bd. 100, Lidia Krysta, Überstellungen, Entlassungen und Fluchten aus dem KL Auschwitz. Nach den Materialien der Widerstandsbewegung sind 1943 15 600 Häftlinge entlassen bzw. in andere Konzentrationslager überstellt worden, also etwa 4 400 weniger, als sich aus dem „*Kalendarium der Ereignisse...*" ergibt. APMO: Materialien der Widerstandsbewegung, Bd. 7, Bl. 419. Die Materialien der Widerstandsbewegung enthalten eine tabellarische Zusammenstellung für die Zeit von Februar 1943 bis zum 15.1.1944. zur Zahl der vergasten Frauen (Angaben zu den aus anderen Gründen Gestorbenen liegen nicht vor). Nach dieser Zusammenstellung sind von Februar bis Dezember 1943 im Konzentrationslager 17 805 registrierte weibliche Häftlinge vergast worden. *Obóz koncentracyjny Oświęcim w świetle akt Delegatury*, S. 154, 155, Dokument „Laufende Information Nr. 9 (133)" vom 1.3.1944. Hinsichtlich der Männer wird in einem anderen Dokument festgestellt, daß von der Gründung des Konzentrationslagers bis Ende 1943 von den in der Allgemeinen Serie registrierten Häftlingen 100 000, von den in der Serie der sowjetischen Kriegsgefangenen registrierten 12 000 und von den Häftlingen in der Serie der Erziehungshäftlinge Registrierten 1 379, insgesamt also mehr als 113 000 gestorben sind. APMO: Materialien der Widerstandsbewegung, Bd. 7, Bl. 475.

400 200 Häftlinge registriert, von denen von 1940 bis 1943 durch Überstellungen in andere Konzentrationslager, durch Tod, durch Flucht aus dem Lager sowie aufgrund von Entlassung etwa 197 000 Häftlinge als Abgang zu verzeichnen waren; dementsprechend waren im Verlauf des Jahres 1944 und im Januar 1945 etwa 203 000 Häftlinge im KL Auschwitz. Etwa 163 000 wurden im Rahmen der Verlagerung von Häftlings-Arbeitskräften und der Evakuierung des KL Auschwitz in andere Konzentrationslager überstellt, etwa 300 sind geflohen, etwa 500 wurden aus dem Konzentrationslager entlassen [125], und etwa 8 000 wurden in Auschwitz-Birkenau bzw. in den Nebenlagern befreit [126]. **Ums Leben gekommen sind also 1944 mehr als 30 000** (31 500) registrierte Häftlinge. Die Mehrzahl von ihnen, fast ausschließlich Juden, wurde innerhalb des KL Auschwitz (in den Häftlingskrankenbaurevieren, in der Quarantäne, in den einzelnen Lagern und Nebenlagern) selektiert und in den Gaskammern getötet. Aus der Bilanz der Zugänge und der Abgänge im Häftlings-Zahlenstand sowie aus einer Addition der einzelnen Vernichtungsaktionen ergibt sich, daß die Zahl dieser 30 000 Todesfälle sowohl Juden wie Nichtjuden und sowohl die eines „natürlichen" Todes gestorbenen, wie die getöteten Häftlinge umfaßt. Klari Weiss gibt dagegen in ihrer bereits zitierten Aussage an, daß sich die Zahl 30 000 lediglich auf Nichtjuden und lediglich auf die eines „natürlichen" Todes gestorbenen Häftlinge bezieht. Weiss hat wahrscheinlich nicht berücksichtigt, daß 1944 aus Tarnungsgründen generell die ganze Sterbefall-Dokumentation gefälscht worden ist. Statt der bis dahin zur Bezeichnung der Todesursache bei den nicht natürlichen Todesfällen verwendeten Tarnbezeichnungen SB und GU wurden nunmehr Krankheiten als Todesursachen eingetragen; außerdem wurden sogar alte Dokumente, in denen die genannten Tarnbezeichnungen verzeichnet waren, ohne diese neu abgeschrieben, um so die Beweise für das Verbrechen zu verwischen.[127] Aus dem gleichen Grund wurden Juden wie Nichtjuden dieser Prozedur unterzogen.

Wenn wir die angeführten Feststellungen für den Zeitraum von 1940 bis 1945 zusammenfassen, stellen wir fest, daß aufgrund von Überstellung in andere Konzentrationslager, von Flucht aus dem Lager, von Entlassungen und schließlich durch die Befreiung 198 000 registrierte sowie 25 000 nach

---

[125] APMO: Bestand Ausarbeitungen, Bd. 100, Lidia Krysta, Überstellungen, Entlassungen und Fluchten aus dem KL Auschwitz.

[126] In den Hauptlagern Auschwitz, Birkenau und Monowitz wurden etwa 7 000 Häftlinge befreit. Mehrere hundert Häftlinge flohen zwischen dem 19. und dem 27. Januar 1945 aus dem Konzentrationslager, und mehrere hundert wurden in den Nebenlagern befreit.

[127] Andrzej Strzelecki, *Ewakuacja, likwidacja i wyzwolenie KL Auschwitz* [Die Evakuierung, die Auflösung und die Befreiung des KL Auschwitz]. Oświęcim 1982, S. 137 f.

kurzem Aufenthalt im KL Auschwitz in andere Konzentrationslager überstellte nicht registrierte Häftlinge überlebt haben.

Insgesamt sind also im Konzentrationslager etwa 200 000 (202 000) registrierte Häftlinge gestorben.[128] Für die einzelnen Jahre stellt sich die Mortalität wie folgt dar:

1940–1941	etwa 20 000	(21 000)
1942	etwa 70 000	(69 000)
1943	etwa 80 000	(80 500)
1944–1945	etwa 30 000	(31 500)

Angesichts des Fehlens von Dokumenten ist es mit zwei Ausnahmen nicht möglich, die Zahl der Getöteten auf die einzelnen Nationalitäten aufzuteilen; bekannt ist, daß etwa 20 000 (19 000) Zigeuner und etwa 12 000 sowjetische Kriegsgefangene gestorben sind. Für die verbliebenen etwa 170 000 gestorbenen und getöteten Häftlinge sind lediglich Schätzungen möglich. **Als Indikator für die Verluste der einzelnen** Nationalitäten kann der prozentuale Anteil der jeweiligen Nationalität an der Gesamtzahl der Häftlinge dienen. Die Übertragung des prozentualen Anteils an der Nationalitätenstruktur der insgesamt registrierten Häftlinge

---

[128] Die gleiche Zahl nennt J. Gumkowski. Die zuweilen in der Literatur genannte Zahl von 340 000 gestorbenen und getöteten Häftlingen beruht auf einer irrtümlichen Interpretation der von Sehn genannten Zahl, die sowohl die in Auschwitz, wie die in andere Konzentrationslager überstellte Häftlinge umfaßt. Die Quellen und Veröffentlichungen nennen unterschiedliche Zahlen. Der Oberste Volksgerichtshof in Polen hat Höß in seinem Schuldspruch des Todes von etwa 300 000 registrierten Häftlingen für schuldig erklärt. Stanisław Kłodziński schreibt, daß in Auschwitz, wie oben erwähnt, 267 985 Häftlinge gestorben sind. Nach Hermann Langbein sind in Auschwitz 261 000 Häftlinge gestorben. In den Dokumenten der Widerstandsbewegung finden sich nur fragmentarische Angaben für bestimmte Zeiträume, die sich lediglich auf einige Häftlingskategorien beziehen. So wird zum Beispiel in einem Dokument vom 16.9.1944 festgestellt: „... vom 18.6.1940 bis November 1943 in den schlimmsten Zeiten der Quälerei und der Morde, denen 106 000 registrierte Häftlinge, 12 600 russische Kriegsgefangene und mehr als eine Million aus ganz Europa deportierte und mit Gas ermordete Juden zum Opfer gefallen sind". Aus anderen Dokumenten der Widerstandsbewegung ergibt sich, daß sich die Zahl von etwa 100 000 Gestorbenen lediglich auf die Männer der Allgemeinen Nummernserie bezieht, also Zigeuner und Frauen nicht berücksichtigt. Der ehemalige Häftling Werner Krumme hat ausgesagt, daß bis Juli 1944 etwa 215 000 mit Nummer registrierte Häftlinge gestorben sind. *Obóz koncentracyjny Oświęcim* [Das Konzentrationslager Auschwitz]. Pod red. Janusza Gumkowskiego [Unter Redaktion von Janusz Gumkowski]. Warschau 1955, S. 7; S. Kłodziński, *Wkład polskiej służby zdrowia...*, a.a.O., S. 52; H. Langbein. A.a.O., S. 70; APMO: Materialien der Widerstandsbewegung, Bd. 7, Bl. 462, 475; Krakauer Auschwitz-Prozeß, Bd. 45, Bl. 112, Aussage von W. Krumme.

53a

Frauen-Lager,KL.Au.II
Abteilung III/a
BIa-b/B.II b.g.c./B.III   Birkenau,den 3. lo.44

S t ä r k e m e l d u n g .

Stärke am 2.lo. 1944		26.23o Hftl.
Zugänge am 2.lo.1944		
Einlieferungen	49	
Durchgangs-Juden	172o2	17.251
Abgänge am 2.lo.1944		
gestorben n.t.Todes	11	
S.B.	8	19 "
	SA.:	43.462

SS- Obersturmführer.:

Meldung über die Häftlingsstärke im Frauenlager Auschwitz II (Birkenau) am 2. Oktober 1944. APMO: D-AuII-3a/53a auf die herkunftsmäßige Struktur der Getöteten enthält jedoch ein erhebliches Risiko. Dies kann am Beispiel des Problems der Zigeuner und der sowjetischen Kriegsgefangenen erläutert werden. Der Anteil der registrierten Zigeuner an der Nationalitätenstruktur der Registrierten beträgt fünf Prozent, ihr Anteil an der Struktur der Getöteten und der Gestorbenen beträgt jedoch zehn Prozent; im Fall der sowjetischen Kriegsgefangenen betragen die entsprechenden Zahlen drei bzw. sechs Prozent.

Die Mortalität der Juden war zwar ständig sehr hoch, auch hier sind jedoch Schwankungen festzustellen. Wie erwähnt, wurden Juden in den Jahren 1940 und 1941 bereits kurze Zeit nach ihrer Einlieferung in das KL Auschwitz getötet; ihre Zahl war nicht groß, sie fielen in der Masse der Häftlinge sehr schnell auf und waren besonderen Schikanen und Quälereien ausgesetzt. In der Zeit von 1942 bis Frühjahr 1943 wurden sie dagegen erheblich häufiger, als die anderen Häftlinge, Selektionen unterzogen. Nach einer Unterbrechung in der Zeit zwischen Mai und August 1943 wurden die Selektionen wieder aufgenommen, allerdings **ausschließlich unter den jüdischen Häftlingen, bis sie im November 1944** eingestellt wurden. Gleichzeitig begann im Frühjahr 1944 angesichts des Arbeitskräftebedarfs in großem Umfang die Verlegung von Juden in Konzentrationslager in Deutschland und in Nebenlager des KL Auschwitz, was eine Verringerung der Mortalität der Juden zur Folge hatte. Viele tausend Häftlinge entgingen der Vernichtung, weil sie nach kurzer Zeit Auschwitz wieder verließen.

Die im Durchschnitt beträchtliche Mortalität der polnischen Häftlinge läßt sich wiederum durch ihre im Vergleich mit den anderen Häftlingen beträchtlich längeren Haftzeit im KL Auschwitz erklären. Erheblich niedriger lag die Mortalität unter den deutschen und österreichischen Häftlingen, die von den SS-Angehörigen bevorzugt wurden; vor allem aus ihren Reihen rekrutierten sich die Funktionshäftlinge, und als Deutschen wurden ihnen bewußt leichtere Arbeiten zugeteilt.

Dieser Vorbehalte bewußt und unter Berücksichtigung des Prozentanteils der Juden, der Polen und der anderen Nationalitäten an der Nationalitäten struktur der Häftlinge schätze wir, daß **Juden** etwa die Hälfte aller **in der Evidenz registrierten Opfer** darstellten, d.h. **etwa 100 000** (95 000), **Polen etwa 60 000 bis 65 000** (64 000), **Zigeuner etwa 19 000, sowjetische Kriegsgefangene etwa 12 000** und **die anderen Nationalitäten etwa 10 000 bis 15 000** (12 000).[129]

Von den nicht registrierte Deportierten und den registrierten Häftlingen starben in Annäherung insgesamt:

---

[129] Für diese Schätzung der Nationalitätenanteile unter den registrierten und im Konzentrationslager gestorbenen Häftlingen sprechen u.a. die Angaben in den Materialien der Widerstandsbewegung. So wird zum Beispiel in einem Bericht für die Zeit vom 5.5.1944 bis 25.5.1944 festgestellt, daß bis dahin im Konzen-

— 960 000 Juden
(etwa 865 000 Nichtregistrierte und 95 000 Registrierte)
— 70 000 bis 75 000 (74 000) Polen
(etwa 10 000 Nichtregistrierte und 64 000 Registrierte)
— 21 000 Zigeuner (etwa 2 000 Nichtregistrierte und 19 000 Registrierte)
— 15 000 sowjetische Kriegsgefangene
(etwa 3 000 Nichtregistrierte und 12 000 Registrierte)
— 10 000 bis 15 000 (12 000) registrierte Häftlinge anderer Nationalität (u.a. Bürger der Sowjetunion — Belorussen, Russen, Ukrainer —, außerdem Tschechen, Jugoslawen, Franzosen, Deutsche, Österreicher).[130]

Insgesamt sind also von 1940 bis 1945 im KL Auschwitz-Birkenau mindestens etwa 1 100 000 Menschen von etwa 1 300 000 nach Auschwitz Deportierten **ums Leben gekommen**.

Beide Zahlen, sowohl die Zahl der Deportierten, wie die Zahl der im KL Auschwitz getöteten und gestorbenen Häftlinge, sind als Minimalzahlen zu betrachten, die im Ergebnis einer Bilanz der Angaben zur Zahl der aus den einzelnen Ländern in das KL Auschwitz Deportierten und der Abgänge im Häftlings-Zahlenstand errechnet wurden.

Diese Angaben wurden der umfassenden Literatur zum Thema entnommen, sie wurden einer Konfrontation und Überprüfung unterzogen und beruhen auf einer Analyse der zugänglichen Aktenüberlieferung des Konzentrationslagers Auschwitz, der Materialien der Widerstandsbewegung im KL Auschwitz und außerhalb des Konzentrationslagers, von Prozeßakten und von anderen Quellen.

---

trationslager neben 1 500 000 Juden "mehr als 100 000 Polen, Russen und andere" gestorben sind (APMO: Materialien der Widerstandsbewegung, Bd. 7, Bl. 436, 437). Es liegen auch andere detaillierte Angaben zur Mortalität der Häftlinge vor. Unter anderem ist im Stärkebuch für die Zeit vom 19. Januar bis 19. August 1942 der Tod von mehr als 22 000 Personen vermerkt. Von ihnen waren 11 340 Juden, etwa 7 700 Polen (6 786 als Polen gekennzeichnete Häftlinge und 906 als Erziehungshäftlinge gekennzeichnete Häftlinge, in der Mehrzahl Polen), 1 060 Tschechen, 143 Franzosen, 38 Jugoslawen, 18 Russen (ohne die sowjetischen Kriegsgefangenen), zwei Holländer, ein Bulgare, ein Este und ein Litauer. Für die Übrigen ist die Nationalität nicht vermerkt. APMO: Bestand Ausarbeitungen, Bd. 100. Die Zusammenstellung wurde von Piotr Setkiewicz angefertigt.

Ein illegal von weiblichen Häftlingen angefertigtes Namensverzeichnis nennt mehr als 6 600 gestorbene und getötete Polinnen. APMO: Materialien der Widerstandsbewegung, Bd. 14.

Hilberg schätzt die Zahl der im Lager registrierten und gestorbenen Nicht-Juden auf mehr als 300 000. Diese Schätzung ist offensichtlich beträchtlich zu hoch angesetzt. R. Hilberg, *Die Vernichtung*, S. 603, Anm. 99.

[130] Detaillierte Zahlenangeben zu den einzelnen Nationalitäten werden im Rahmen einer Computeranalyse der karteimäßig verzeichneten Häftlinge festgestellt werden.

In einigen Fällen ist angesichts des Fehlens von Angaben auf vorsichtige Schätzungen zurückgegriffen worden, wobei im Fall von Differenzen jerweils die niedrigeren Zahlen zugrundegelegt wurden bzw. Zahlen im Rahmen einer bestimmten Mindest- und Höchstzahl angenommen worden.

Unter Berücksichtigung des Umstands, daß:

1. in der Literatur weiter Differenzen hinsichtlich der Gesamtzahl der Opfer der Nazis [131] wie auch der Verluste in den einzelnen Ländern [132], Konzentrationslagern und anderen Vernichtungsstätten [133] bestehen,
2. die Todesorte eines Teils der Opfer bisher nicht identifiziert werden konnten [134],
3. ein Teil der in das KL Auschwitz deportierten Transporte vollständig getötet wurde, so daß in der vor allem zur Registrierung der Häftlinge geführten Dokumentation des Konzentrationslagers keine Spuren dieser Transporte verblieben, deren Eintreffen zum Teil lediglich durch Hinweise in den Materialien der Widerstandsbewegung, durch die Überlieferung von Häftlingen bzw. durch Akten anderer Konzentrationslager und nationalsozialistischer Institutionen bezeugt ist,
4. die Personenzahl eines Teils der Transporte mit polnischen Juden höher liegen kann, als D. Czech auf der Grundlage unterschiedlicher

---

[131] Die Zahl der während des zweiten Weltkrieges ums Leben gekommenen Juden schätzen R. Hilberg, auf 5,1 Millionen, M. Gilbert auf 5,75, und Leszczyński auf 6 Millionen. R. Hilberg, *Die Vernichtung*, S. 812; M. Gilbert, *Endlösung*, S. 245; L. Poliakov, J. Wulf, a.a.O., S. 121, 125.

[132] Für Polen schätzen z.B. Łuczak und Madajczyk die Zahl der während des zweiten Weltkrieges getöteten Juden auf 2,7 Millionen, Hilberg und Gilbert dagegen auf 3 Millionen. Cz. Łuczak, a.a.O., S. 114; Cz. Madajczyk, *Polityka III Rzeszy*, Bd. 2, S. 328; R. Hilberg, *Die Vernichtung*, S. 812; M. Gilbert, *Endlösung*, S. 244.

[133] Die Zahl der in den einzelnenen Vernichtungslagern umgekommenen Juden beträgt: in Treblinka nach Hilberg mehr als 750 000, nach Gilbert 840 000; in Bełżec nach Hilberg bis zu 600 000, nach Gilbert 600 000; in Sobibór nach Hilberg bis zu 200 000, nach Gilbert 250 000; in Chełmno-Kulmhof nach Hilberg 150 000, nach Gilbert 360 000. R. Hilberg, *Die Vernichtung*, S. 811; M. Gilbert, *Endlösung*, S. 169.

[134] Aufgrund der Aktenvernichtung durch den Okkupanten war es z. B. bisher unmöglich, die genaue Zahl der im Gefängnis Pawiak in Warschau inhaftierten Polen sowie die Zahl der aus diesem Gefängnis in die Konzentrationslager sowie zu Exekutionsstätten gebrachten Polen festzustellen. Die genannten Zahlen beruhen in einer Reihe von Fällen auf die Schätzungen langjähriger Häftlinge. Nach Auschwitz wurden aus dem Gefängnis Pawiak mindestens 53 Transporte gebracht. Regina Domańska, *Pawiak. Więzienie Gestapo. Kronika 1939-1944* [Das Gestapo-Gefängnis Pawiak. Eine Chronik 1939-1945], Warschau 1978, S. VIII, 1, 26.

Unter formalen Gesichtspunkten können die mindestens 9 000 Häftlinge, die im Januar 1945 während der Evakuierung des Lagers und vor dem Eintreffen der Transporte in den innerdeutschen Konzentrationslagern umkamen, zu den Opfern des KL Auschwitz gezählt werden.

Angaben, u.a. der wenigen Fahrpläne der Sonderzüge, geschätzt hat, stellen wir fest, daß die tatsächliche Zahl der Opfer des KL Auschwitz--Birkenau höher sein kann.

Eine stärker ins Gewicht fallende Erhöhung der Zahl der Opfer von Auschwitz ist theoretisch einzig und allein im Bezug auf die jüdischen Opfer möglich, weil die Häftlinge anderer Nationalität in der Regel durch ein präzise differenzierendes System nummernmäßiger Erfassung registriert wurden und weil die Zahl der nicht in der Evidenz erfaßten Polen, sowjetischen Kriegsgefangenen und anderen Häftlinge auch unter Berücksichtigung von Angaben in Quellen, die der Verfasser wegen ihrer ungenügenden Zuverlässigkeit nicht einbezogen hat, lediglich in einer Größenordnung von einigen zehntausend höher liegen kann.

Unter Berücksichtigung des Umstands, daß die Proportionen in einer statistischen Gesamtbilanz der biologischen Verluste der jüdischen Bevölkerung innerhalb des bekannten Gesamtrahmens bleiben müssen, **ist eine hypothetische Erhöhung der Zahl der im KL Auschwitz getöteten Juden lediglich dann möglich, wenn die Schätzungen hinsichtlich der Verluste der Juden in den anderen Konzentrationslagern und Vernichtungsstätten niedriger gefaßt und diese dafür in die Bilanz der Opfer von Auschwitz einbezogen werden.** Im Fall der Feststellungen von Hilberg, der die Gesamtzahl der jüdischen Verluste mit 5,1 Millionen (davon eine Million in Auschwitz) bestimmt hat, ist eine solche Verschiebung wenig wahrscheinlich. Die von Hilberg angenommenen Angaben für die anderen Konzentrationslager und Vernichtungsstätten sind im Ergebnis eines Quellenvergleichs sehr vorsichtig festgesetzt worden, und sie sind als Minimalzahlen zu behandeln. Wahrscheinlicher sind Verschiebungen dieser Art bei den Angaben von Gilbert, der die Globalzahl der biologischen Verluste der Juden mit 5,75 Millionen bestimmt hat. Unter Berücksichtigung, daß die Differenz von 650 000 zwischen den Angaben von Hilberg und von Gilbert sich u.a. daraus ergibt, daß Gilbert die Verluste der russischen Juden, die ja nicht nach Auschwitz deportiert wurden, um 300 000 höher schätzt, könnte eine höhere Schätzung der Zahl der in Auschwitz umgekommenen Juden maximal um 350 000 höher liegen, also genau um die Zahl, um die die Schätzung Hilbergs (1,7 Millionen) und die Schätzung Gilberts (2,05 Millionen) für die Höhe der jüdischen Verluste in den vier zentralen Vernichtungsstätten der Judenvernichtung (Treblinka, Bełżec, Chełmno-Kulmhof und Sobibór) differieren. Würde dann diese statistische Differenz der Opferzahlen zu der Statistik der Opfer von Auschwitz hinzugenommen, käme es zu einer Erhöhung der Zahl der jüdischen Opfer von Auschwitz auf etwa 1,35 Millionen und einer Erhöhung der Gesamtzahl der Opfer von Auschwitz auf knapp 1,5 Millionen. Es handelt sich hierbei jedoch um rein theoretische Erwägungen. In jedem Fall erforderte ein höherer Ansatz der Zahl der nach Auschwitz Deportierten, wie auch der Zahl der in Auschwitz Getöteten eine Absicherung durch entsprechende zugrundeliegende Quellen.

SCHLUSS

Das Konzentrationslager Auschwitz war der Ort des größten Verbrechens, das der Staat Hitlers begangen hat. Angesichts der Dimension und des Charakters dieses Verbrechens wurde das Konzentrationslager Auschwitz zu einer **großen Warnung der Menschheit vor Gleichgültigkeit gegenüber allen Formen von Diktatur und von Rassenhaß, von ideologischem, politischen, religiösen und nationalen Haß**. Diese an die ganze Menschheit gerichtete Botschaft ist nach wie vor das Hauptziel der Verbreitung des Gedenkens an diese Tragödie.

Das Konzentrationslager Auschwitz hat einen besonderen Platz in der Geschichte der Juden. Hier hat **etwa eine Million** unschuldiger Männer, Frauen und Kinder **von mehr als fünf Millionen** Angehörigen dieses Volkes, die während des zweiten Weltkrieges ermordet wurden, sein Leben verloren. Eine große Zahl wissenschaftlicher Publikationen jüdischer Historiker und Publizisten, die Erinnerungen jüdischer ehemaliger Häftlinge und eine umfassende Erziehungsarbeit haben bewirkt, daß das Wissen über die Tragödie der in Auschwitz ermordeten Juden aus ganz Europa seinen festen Platz im Bewußtsein von Millionen Menschen auf der ganzen Welt gefunden hat. Auschwitz ist dadurch zu dem Symbol für die Vernichtung dieses Volkes geworden, für die der Begriff Holocaust geprägt worden ist.

Für die Polen, die die sechs langen Jahre der Okkupation hindurch in tausenden Gefängnissen, Lagern und Hinrichtungsstätten gestorben sind, die um ihr biologisches und geistiges Überleben gekämpft haben, **ist Auschwitz zugleich das Symbol für das Martyrium des polnischen Volkes**; der Ort, dessen Name in der ganzen polnischen Gesellschaft Angst und Schrecken verbreitete, an dem zehntausende Polen als Angehörige der Widerstandsbewegung, der Intelligenz, darunter viele bedeutende Kulturschaffende, Wissenschaftler und Persönlichkeiten des öffentlichen Lebens, Geistliche und auch viele andere Angehörige des polnischen Volkes starben, die von dem Okkupanten als potentiellen Feinde der hitlerschen „neuen Ordnung” behandelt wurden.

Auschwitz ist auch ein besonderer Ort für die Zigeuner; 21 000 Angehörige dieses kleinen Volkes haben in Auschwitz durch Hunger, Krankheiten und Tötung in den Gaskammern ihr Leben verloren. In Auschwitz sind etwa zehn Prozent der insgesamt während des Krieges umgekommenen geschätzt etwa 220 000 Zigeuner gestorben.[135]

Auch für alle anderen, die hier ihre Nächsten verloren haben, gleich welcher Nationalität, Religion oder politischen Anschauung, bleibt Auschwitz eine Tragödie der gleichen Dimension.

---

[135] M. Gilbert, *Endlösung*, S. 141.

Tabellen

Tabelle 1. Die Zahl der nach Auschwitz Deportierten nach Jan Sehn.

Land	Zahl
Polen	2 300 000
Ungarn	400 000
Deutschland	250 000
Tschecho-Slowakei	150 000
Frankreich	150 000
Holland	90 000
Griechenland	80 000
Belgien	60 000
Jugoslawien	10 000
Italien	6 000
Norwegen	2 000
Zusammen	3 498 000

Quelle: Jan Sehn. *Obóz Koncentracyjny Oświęcim-Brzezinka (Auschwitz-Birkenau)* [Das Konzentrationslager Auschwitz-Birkenau]. Warschau 1964, S. 28

Tabelle 2. Die Zahl der nach Auschwitz Deportierten und dort Ermordeten nach Rudolf Höß.

Land	Zahl
Oberschlesien und Generalgouvernement	250 000
Deutschland und Theresienstadt	100 000
Holland	95 000
Belgien	20 000
Frankreich	110 000
Griechenland	65 000
Ungarn	400 000
Slowakei	90 000
Zusammen	1 130 000

Quelle: *Kommandant in Auschwitz. Autobiographische Aufzeichnungen von Rudolf Höß*. Stuttgart 1958, S. 162

Tabelle 3. Die Zahl der nach Auschwitz Deportierten nach Gerald Reitlinger.

Land	Zahl
Belgien	22 600
Kroatien	3 500
Frankreich	55 000
Deutsches Reich einschl. der Konzentrationslager und Protektorat	20 000 *
Deutsches Reich und Protektorat über Theresienstadt	40 000
Griechenland	45 000
Holland	57 300
Ungarn (in den Vorkriegsgrenzen)	380 000
Italien	5 000
Luxemburg	2 000
Norwegen	700
Polen (in den Vorkriegsgrenzen) und baltische Länder	200 000 *
Slowakei (in den Grenzen von 1939)	20 000
Zusammen	851 200 (851 100 F.P.)

* Ungesicherte Angaben

Quelle: Gerald Reitlinger, *The Final Solution*. London 1971, S. 500

Tabelle 4. Die Zahl der Juden, die nach dem Protokoll der „Wannsee-Konferenz" von der Vernichtungsaktion erfaßt werden sollten.

Land	Zahl
A. Altreich	131 800
Ostmark	43 700
Ostgebiete	420 000
Generalgouvernement	2 284 000
Bialystok	400 000
Protektorat Böhmen und Mähren	74 200
Estland (judenfrei)	—
Lettland	3 500
Litauen	34 000
Belgien	43 000
Dänemark	5 600

Tabelle 4. (Fortsetzung)

Land		Zahl
Frankreich — Besetztes Gebiet		165 000
— Unbesetztes Gebiet		700 000
Griechenland		69 600
Niederlande		160 800
Norwegen		1 300
B. Bulgarien		48 000
England		330 000
Finnland		2 300
Irland		4 000
Italien einschl. Sardinien		58 000
Albanien		200
Kroatien		40 000
Portugal		3 000
Rumänien einschl. Bessarabien		342 000
Schweden		8 000
Schweiz		18 000
Serbien		10 000
Slowakei		88 000
Spanien		6 000
Türkei (europ. Teil)		55 500
Ungarn		742 800
UdSSR		5 000 000
— Ukraine	2 994 684	
— Weißrußland ausschl. Bialystok	446 484	
Zusammen über		11 000 000

Quelle: Artur Eisenbach, *Hitlerowska polityka zagłady Żydów* [Die nationalsozialistische Judenvernichtungspolitik]. Warschau 1961, S. 296.

Tabelle 5. Die Zahl der von 1939–1945 getöteten Juden und ihre Herkunftsländern nach Martin Gilbert.

Land	Zahl
Polen	3 000 000
UdSSR	1 000 000
Rumänien einschl. Bukowina und Bessarabien	364 632
Ungarn einschl. Nord-Siebenbürgen	305 000
Tschecho-Slowakei einschl. Karpathenukraine	277 000
Deutschland	160 000
Litauen	135 000
Holland	106 000
Frankreich	83 000
Lettland	80 000
Österreich	65 000
Griechenland	65 000
Jugoslawien	60 000
Belgien	24 387
Thrakien und Makedonien	11 343
Italien	8 000
Memelland	8 000
Andere Gebiete	6 358
Zusammen	5 758 720

Quelle: Martin Gilbert, *Endlösung. Die Vertreibung und Vernichtung der Juden. Ein Atlas*. Reinbek bei Hamburg 1982, S. 244.

Tabelle 6. Die Zahl der nach Auschwitz deportierten, der registrierten und der sofort nach dem Eintreffen getöteten Juden nach Georges Wellers.

Herkunftsland	Zahl der Deportierten	Zahl der Registrierten	Zahl der Vergasten	Prozentanteil der Vergasten
Deutschland und Österreich	27 555	5 680	21 875	79,4
Belgien	25 260	8 435	16 825	66,6
Frankreich	69 030	27 220	41 810	60,5
Griechenland	55 655	12 760	41 895 *	77,0
Niederlande	56 575	18 270	38 305	67,7
Ungarn	437 400	27 760	409 640	93,6
Italien	7 460	2 495	4 965	66,5
Norwegen	620	185	435	70,2
Polen und UdSSR	622 935	49 110	573 825	92,1
Slowakei und Protektorat	27 000	15 465	11 535	42,0 **
Theresienstadt	52 220	19 680	32 540	60,8 **
Jugoslawien	12 320	960	11 360	92,5 **
Andere Länder	1 670	1 670	0	0
Aus anderen Konzentrationslagern	14 780	4 140	10 640	72,0
Aus Arbeitslagern	22 925	7 575	15 350	67,0
Zusammen	1 433 405	201 405	1 232 000	85,9

Quelle: Georges Wellers, Essai de détermination du nombre de morts au camp d'Auschwitz. Le Monde Juif 1983, Nr. 112.

* richtig: 42 895 — F.P. ** Prozentangabe ungenau

Tabelle 7. Die Zahl der nach Auschwitz Deportierten und in Auschwitz Gestorbenen nach Georges Wellers.

Nationalität	Zahl der Deportierten	Gestorben		Überlebende	
		Zahl	%	Zahl	%
Juden	1 433 405	1 352 980	94,4	80 425	5,6
Polen *	146 605	86 675	59,1	59 930	40,9
Zigeuner	21 665	20 255	93,5	1 410	6,5
Russen	11 780	11 685	99,2	95	0,8
Insgesamt	1 613 455	1 471 595	91,2	141 860	8,8

* Einschließlich der Erziehungshäftlinge — EH — (etwa 11 000, überwiegend Polen) und anderer.

Quelle: Georges Wellers, Essai de détermination du nombre de morts au camp d'Auschwitz. Le Monde Juif 1983. Nr. 112.

Tabelle 8. Die Judenvernichtung während des II. Weltkrieges nach Raul Hilberg.

Ghettoisierung allgemeine Entbehrungen			800 000
Ghettos in dem			
von Deutschen besetzten Osteuropa		600 000	
Theresienstadt und Entbehrungen außerhalb der Ghettos		100 000	
Kolonien in Transnistrien (rumänische und sowjetische Juden)		100 000	
Erschießungen im Freien			1 300 000
Einsatzgruppen, Höhere SS- und Polizeiführer, rumänische und deutsche Truppenverbände bei mobilen Operationen; Erschießungen in Galizien während Deportationen; Tötungen von Kriegsgefangenen sowie Erschießungen in Serbien und anderswo			
Lager			3 000 000
deutsche Todeslager		2 750 000	
Auschwitz	über 1 000 000		
Treblinka	über 750 000		
Bełżec	bis zu 600 000		
Sobibór	bis zu 200 000		
Kulmhof	150 000		
Lublin	50 000		
Lager mit Todesopfern im Bereich von einigen zehntausend oder darunter		150 000	
Konzentrationslager (Bergen--Belsen, Buchenwald, Mauthausen, Dachau, Stutthof und andere)			
Lager mit Tötungsoperationen (Poniatowa, Trawniki, Semlin)			
Arbeitslager und Durchgangslager			
rumänische Lager			
Golta-Komplex und bessarabische Durchgangslager		100 000	
		Insgesamt	5 100 000

Quelle: Raul Hilberg, Die Vernichtung der europäischen Juden. Berlin 1982, S. 811.

Tabelle 9. Die Judenvernichtung während des II. Weltkrieges nach Raul Hilberg.

Land		Zahl
Polen	bis zu	3 000 000
UdSSR		700 000
Ungarn (einschließlich der Karpathoukraine)	über	300 000
Rumänien		270 000
Reichs- und Protektoratsgebiet		250 000
Litauen	bis zu	130 000
Niederlande		100 000
Frankreich		75 000
Lettland		70 000
Slowakei		70 000
Jugoslawien		60 000
Griechenland		60 000
Belgien		25 000
Italien (einschließlich Rhodos und Albanien)	unter	10 000
Estland		2 000
Norwegen	unter	1 000
Luxemburg	unter	1 000
Insgesamt	über	5 100 000

Quelle: Raul Hilberg, Die Vernichtung der europäischen Juden. Berlin 1982, S. 812.

Tabelle 10. Die Verluste der polnischen Juden während des II. Weltkrieges nach Czesław Madajczyk

Todesort	Zahl
Vernichtungslager und Konzentrationslager	2 000 000
Ghettos und Arbeitslager	500 000
Exekutionen der Einsatzgruppen	200 000
Zusammen	2 700 000

Quelle: Czesław Madajczyk, Polityka III Rzeszy w okupowanej Polsce [Die Politik des III. Reiches im besetzten Polen]. Warschau 1970, Bd 2, S. 328.

Tabelle 11. Die Verluste der polnischen Juden während des II. Weltkrieges und ihre Herkunftsregionen nach Czesław Madajczyk.

Region	Zahl
Distrikte Krakau, Radom, Lublin und Warschau	1 280 000
Distrikt Galizien	530 000
Bezirk Bialystok	160 000–225 000
Wartheland	280 000–300 000
Oberschlesien	100 000
Regierungsbezirk Zichenau und Gau Danzig-Westpreußen	32 000
Ostpolen	300 000
Zusammen	2 682 000–2 767 000

Quelle: Czesław Madajczyk, Polityka III Rzeszy w okupowanej Polsce [Die Politik des III. Reiches im besetzen Polen]. Warschau 1970, Bd. 2, S. 328.

Tabelle 12. Die Zahl der in den Vernichtungslagern umgekommenen Juden nach Aharon Weiss.

Vernichtungslager	Zahlen	
	höchste	niedrigste
Chełmno-Kulmhof	310 000	152 000
Bełżec	600 000	600 000
Sobibór	250 000	250 000
Treblinka II	900 000	900 000 (700 000)
Majdanek	200 000	120 000
Auschwitz-Birkenau	2 500 000	über 1 200 000 (1 500 000)
Zusammen	4 760 000	3 222 000

Quelle: Aharon Weiss, Categories of Camps, their Character and Role in the Execution of the Final Solution of the Jewish Question. In: The Nazi Concentration Camps. Jerusalem 1984, S. 132. (Weiss beruft sich bei den Zahlen auf Arndt / Scheffler, Klafkowski und Madajczyk).

Tabelle 13. Die Zahl der in den Vernichtungslagern umgekommenen Juden nach Czesław Madajczyk.

Vernichtungslager	Zahl
Chełmno-Kulmhof	260 000–300 000
Bełżec	500 000–600 000
Sobibór	150 000–250 000
Treblinka	700 000–800 000
Zusammen	1 610 000–1 950 000

Quelle: Czesław Madajczyk, Polityka III Rzeszy w okupowanej Polsce [Die Polityk des III. Reiches im besetzten Polen]. Warschau 1970, Bd. 2, S. 343.

Tabelle 14. Die Transporte der Juden aus Ungarn nach Auschwitz.

Gesamtzahl am:	Zahl der Deportierten
29. 4.1944	1 800
17. 5.1944	23 363
18. 5.1944	51 000
19. 5.1944	62 644
23. 5.1944	110 556
24. 5.1944	117 082
25. 5.1944	138 870
28. 5.1944	204 312
31. 5.1944	217 236
1. 6.1944	236 414
2. 6.1944	247 856
3. 6.1944	253 389
8. 6.1944	289 357
14. 6.1944	324 005
15. 6.1944	326 009
16. 6.1944	340 142
26. 6.1944	351 850
30. 6.1944	381 661
7. 7.1944	422 911
9. 7.1944	437 402
13. 8.1944	437 533 [a m]
18.10.1944	437 685 [a m]
	(438 000)

Quelle: Randolph L. Braham, The Destruction of Hungarian Jewry. New York 1963.

[a] D. Czech, Kalendarium, S. 848, 911, [m] Mindestzahl

Tabelle 15. Die Transporte mit Juden aus Polen (in den Vorkriegsgrenzen) nach Auschwitz

Ankunftsdatum	Herkunftsort	Zahl der Deportierten
5. 5.1942	Dąbrowa Górnicza	630
12. 5.1942	Sosnowiec	1 500
5.1942	Zawiercie	2 000
5.1942	Będzin	2 000
17. 6.1942	Sosnowiec	1 000
20. 6.1942	Sosnowiec	2 000
6.1942	Bielsko-Biała	5 000
6.1942	Olkusz	3 000
6.1942	Krzepice	1 000
6.1942	Chrzanów	4 000
1–3. 8.1942	Będzin	5 000
15. 8.1942	Sosnowiec	2 000
16. 8.1942	Sosnowiec	2 000
17. 8.1942	Sosnowiec	2 000
18. 8.1942	Sosnowiec	2 000
7.11.1942	Ciechanów	2 000
8.11.1942	Ciechanów **	1 000
8.11.1942	Białystok *	1 000
9.11.1942	Białystok *	1 000
14.11.1942	Ciechanów **	2 500
14.11.1942	Białystok *	1 500
18.11.1942	Grodno	1 000
19.11.1942	Ciechanów **	1 500
22.11.1942	Ciechanów **	1 500
25.11.1942	Grodno	2 000
28.11.1942	Ciechanów **	1 000
30.11.1942	Ciechanów **	1 000
11.1942	Grodno	1 000
2.12.1942	Grodno	1 000
3.12.1942	Płońsk	1 000
6.12.1942	Mława	2 500
8.12.1942	Grodno	1 000
10.12.1942	Małkinia	2 500
12.12.1942	Małkinia	2 000
14.12.1942	Nowy Dwór Mazowiecki, Czerwińsk	2 000
17.12.1942	Płońsk	2 000
7. 1.1943	Augustów	2 000
13. 1.1943	Zambrów	2 000
14. 1.1943	Łomża	4 000

Tabelle 15. (Fortsetzung)

Ankunftsdatum	Herkunftsort	Zahl der Deportierten
15. 1.1943	Zambrów	2 000
16. 1.1943	Zambrów	2 000
16. 1.1943	Łomża	2 000
17. 1.1943	Łomża	2 000
18. 1.1943	Zambrów	2 000
19. 1.1943	Zambrów	2 000
19. 1.1943	Kraków	400 [m]
20. 1.1943	Grodno	2 000
21. 1.1943	Grodno	2 000
22. 1.1943	Grodno	3 650
23. 1.1943	Grodno	2 000
24. 1.1943	Grodno	2 000
26. 1.1943	Sokółka Jasionówka	2 300
28. 1.1943	Wołkowysk	2 000
30. 1.1943	Wołkowysk Prużana	2 612
31. 1.1943	Orańczyce	2 450
31. 1.1943	Prużana	2 834
2. 2.1943	Prużana	1 265
5. 2.1943	Zamość	417 [m]
6. 2.1943	Białystok	2 000
7. 2.1943	Białystok	2 000
8. 2.1943	Białystok	2000
18. 2.1943	Chrzanów	1 000
13. 3.1943	Kraków	2 000
16. 3.1943	Kraków	1 000
31. 3.1943	Sieradz	1 000
31. 3.1943	Ostrowiec Świętokrzyski	3000
21. 5.1943	Sosnowiec	1000
6. 6.1943	Wartheland	1000
20. 6.1943	Sosnowiec	45
24. 6.1943	Sosnowiec	1600
25. 6.1943	Częstochowa	1000
25. 6.1943	Będzin	2 500
1. 8.1943	Będzin	2 000
1. 8.1943	Będzin	2 000
1. 8.1943	Będzin	2 000
1. 8.1943	Sosnowiec	2 000
1. 8.1943	Sosnowiec	2 000
2. 8.1943	Będzin	2 000
3. 8.1943	Sosnowiec	3 000
3. 8.1943	Sosnowiec	3 000
3. 8.1943	Sosnowiec	3 000

Tabelle 15. (Fortsetzung)

Ankunftsdatum	Herkunftsort	Zahl der Deportierten
5. 8.1943	Sosnowiec	3000
5. 8.1943	Sosnowiec	1000
6. 8.1943	Sosnowiec	3000
10. 8.1943	Sosnowiec	3000
12. 8.1943	Sosnowiec	1000
21. 8.1943	Pommern	500
23. 8.1943	Koło	2000
26. 8.1943	Zawiercie	1500
27. 8.1943	Zawiercie	1500
27. 8.1943	Wolsztyn	1026
28. 8.1943	Kostrzyń	800
29. 8.1943	Rawicz	2000
29. 8.1943	Koluszki	1600
31. 8.1943	Bochnia	3000
2. 9.1943	Tarnów	5000
2. 9.1943	Przemyśl	3500
2. 9.1943	Bochnia	3000
19. 9.1943	Dąbrowa Tarnowska	1300
15.10.1943	Poznań	38 m
18.10.1943	Zawiercie	1000
28.10.1943	Pabianice	348
2.11.1943	Szopienice	1870
3.11.1943	Szopienice	1203
5.11.1943	Szebnie	4237
12.11.1943	Schlesien	191 m
11.1943	Rzeszów	1000
17.12.1943	Będzin	800
13. 1.1944	Będzin, Sosnowiec	2000
7. 2.1944	Sosnowiec	40
26. 2.1944	Sosnowiec	64
4. 3.1944	Sosnowiec	27
9. 3.1944	Bielsko	7
14. 3.1944	Sosnowiec	39
16. 3.1944	Bielsko	6 m
28. 3.1944	Borysław	600
22. 4.1944	Sosnowiec	21
23. 4.1944	Schlesien	248 m
9./16. 4.1944	Oberschlesien	295
16. 5.1944	Sosnowiec	17 m
29. 5.1944	Sosnowiec	10

Tabelle 15. (Fortsetzung)

Ankunftsdatum	Herkunftsort	Zahl der Deportierten
22. 6.1944	Borysław	700
29. 6.1944	Sosnowiec	61
12. 7.1944	Sosnowiec	23
18. 7.1944	Sosnowiec	47
19. 7.1944	Sosnowiec	317 m
23. 7.1944	Sosnowiec	12
27. 7.1944	Pustków	1700
30. 7.1944	Radom	1707
30. 7.1944	Radom	5
31. 7.1944	Tarnów	3000
31. 7.1944	Pionki	3000
1. 8.1944	Kielce	94 m
2. 8.1944	Kielce	547 m
3. 8.1944	Ostrowiec	307 m
4. 8.1944	Ostrowiec	1443 m
6. 8.1944	Galizien	2 m
8. 8.1944	Pustków	137 m
8. 8.1944	Radom	2
15. 8.1944	Łódź	244 m
15. 8.1944	Galizien	7 m
16. 8.1944	Łódź	400 m
16. 8.1944	Galizien	35 m
16. 8.1944	Łódź	270 m
18. 8.1944	Radom	510 m
21. 8.1944	Łódź	131 m
22. 8.1944	Łódź	66 m
24. 8.1944	Łódź	17 m
24. 8.1944	Łódź	222 m
30. 8.1944	Łódź	75 m
2. 9.1944	Łódź	393 m
18. 9.1944	Łódź	2500
2. 9.1944	Łódź	500 m
Zusammen		225464
August-September 1944	Łódź	55000–65000
Zusammen 1942–1944		300000

Quellen: D. Czech, Kalendarium. Konzentrationslager sind in der Aufstellung nicht berücksichtigt. M. Gilbert. Endlösung.

* Regierungsbezirk Bialystock

m Mindestzahl der Deportierten.

** Regierungsbezirk Zichenau

Tabelle 16. Die Transporte der Juden aus Frankreich nach Auschwitz.

Abfahrtsdatum	Ausgangsort	Zahl der Deportierten
27. 3.1942	Compiègne	1112
5. 6.1942	—„—	1000
22. 6.1942	Drancy	1000
25. 6.1942	Pithiviers	999
28. 6.1942	Beaune-la-Rolande	1038
17. 7.1942	Pithiviers	928
19. 7.1942	Drancy	999
20. 7.1942	Angers	827
22. 7.1942	Drancy	996
24. 7.1942	—„—	1000
27. 7.1942	—„—	1000
29. 7.1942	—„—	1001
31. 7.1942	Pithiviers	1049
3. 8.1942	—„—	1034
5. 8.1942	Beaune-la-Rolande	1014
7. 8.1942	Pithiviers	1069
10. 8.1942	Drancy	1006
12. 8.1942	—„—	1007
14. 8.1942	—„—	991
17. 8.1942	—„—	1000
19. 8.1942	—„—	1000
21. 8.1942	—„—	1000
24. 8.1942	—„—	1000
26. 8.1942	—„—	1002 [c]
28. 8.1942	—„—	1000 [c]
31. 8.1942	—„—	1000 [c]
2. 9.1942	—„—	1000 [c]
4. 9.1942	—„—	1013 [c]
7. 9.1942	—„—	1000 [c]
9. 9.1942	—„—	1000 [c]
11. 9.1942	—„—	1000 [c]
14. 9.1942	—„—	1000 [c]
16. 9.1942	—„—	1003 [c]
18. 9.1942	—„—	1000 [c]
21. 9.1942	Pithiviers	1000 [c]
23. 9.1942	Drancy	1000
25. 9.1942	—„—	1004 [c]
28. 9.1942	—„—	904 [c]
30. 9.1942	—„—	210
4.11.1942	—„—	1000

Tabelle 16. (Fortsetzung)

Abfahrtsdatum	Ausgangsort	Zahl der Deportierten
6.11.1942	—„—	1 000
9.11.1942	—„—	1 000 [c]
11.11.1942	—„—	745
9. 2.1943	—„—	1 000
11. 2.1943	—„—	998
13. 2.1943	—„—	1 000
2. 3.1943	—„—	1 000
23. 6.1943	—„—	1 018
18. 7.1943	—„—	1 000
31. 7.1943	—„—	1 000
2. 9.1943	Drancy	1 000
7.10.1943	—„—	1 000
28.10.1943	—„—	1 000
20.11.1943	—„—	1 200
7.12.1943	—„—	1 000
17.12.1943	—„—	850
20. 1.1944	—„—	1 155
3. 2.1944	—„—	1 214
10. 2.1944	—„—	1 500
7. 3.1944	—„—	1 501
27. 3.1944	—„—	1 000
13. 4.1944	—„—	1 500
29. 4.1944	—„—	1 004
20. 5.1944	—„—	1 200
30. 5.1944	—„—	1 000
30. 6.1944	—„—	1 100
31. 7.1944	—„—	1 300
11. 8.1944	Lyon	430
22. 8.1944	Clermont Ferrand	63 [m]
8. 7.1942	?	130 [m]
30. 4.1944	?	
1942–1944		69 114 (69 000)

Quelle: Serge Klarsfeld, *Memorial to the Jews Deported France 1942–1944*. New York 1983. S. XXVI–XXVII.

[m] Mindestzahl
[c] Der Transport wurde in Cosel (Koźle) einer ersten Selektion unterzogen.

Tabelle 17. Die Transporte der holländischen Juden nach Auschwitz.

Abfahrtsdatum	Zahl der Deportierten
15. 7.1942	1 135
16. 7.1942	586
16. 7.1942	309
21. 7.1942	931
24. 7.1942	1 000
27. 7.1942	1 010
31. 7.1942	1 007
3. 8.1942	1 013
7. 8.1942	987
10. 8.1942	559
14. 8.1942	505
17. 8.1942	506
21. 8.1942	1 008
24. 8.1942	519
28. 8.1942	608
31. 8.1942	560
4. 9.1942	714
7. 9.1942	930
11. 9.1942	874
14. 9.1942	902
18. 9.1942	1 004
21. 9.1942	713
25. 9.1942	928
28. 9.1942	610
2.10.1942	1 014
5.10.1942	2 012
9.10.1942	1 703
12.10.1042	1 711
16.10.1942	1 710
19.10.1942	1 327
23.10.1942	988
26.10.1942	841
30.10.1942	659
2.11.1942	954
6.11.1942	465
10.11.1942	758
16.11.1942	761
20.11.1942	726
24.11.1942	709
30.11.1942	826

Tabelle 17. (Fortsetzung)

Abfahrtsdatum	Zahl der Deportierten
4.12.1942	812
8.12.1942	927
12.12.1942	757
11. 1.1943	750
18. 1.1943	748
22. 1.1943	921
23. 1.1943	516
29. 1.1943	659
2. 2.1943	890
9. 2.1943	1 184
16. 2.1943	1 108
23. 2.1943	1 101
24. 8.1943	1 001
31. 8.1943	1 004
7. 9.1943	987
14. 9.1943	1 005
21. 9.1943	979
19.10.1943	1 007
15.11.1943	1 149
16.11.1943	995
25. 1.1944	949
8. 2.1944	1 015
3. 3.1944	732
23. 3.1944	599
5. 4.1944	240
19. 5.1944	453
3. 6.1944	496
3. 9.1944	1 019
1942–1944	60 085 (60 000)

Quelle: *Documenten van de Jodenvervolging in Nederland 1940–1945*. Amsterdam 1965, S. 115–120.

Tabelle 18. Die Transporte der griechischen Juden nach Auschwitz.

Ankunftsdatum	Ausgangsort	Zahl der Deportierten
20. 3.1943	Saloniki	2800
24. 3.1943	—"—	2800
25. 3.1943	—"—	1901
30. 3.1943	—"—	2501
3. 4.1943	—"—	2800
9. 4.1943	—"—	2500
10. 4.1943	—"—	2750
13. 4.1943	—"—	2800
17. 4.1943	—"—	3000
18. 4.1943	—"—	2501
22. 4.1943	—"—	2800
26. 4.1943	—"—	2700
28. 4.1943	—"—	3070
4. 5.1943	—"—	2930
7. 5.1943	—"—	1000
8. 5.1943	—"—	2500
16. 5.1943	—"—	4500
8. 6.1943	—"—	880
18. 8.1943	—"—	1800
11. 4.1944	Athen	1500
30. 6.1944	Athen, Korfu	2000
16. 8.1944	Rhodos	2500
20.03.1943–16.08.1944		54533 (55000)

Quelle: Danuta Czech, Deportation und Vernichtung der griechischen Juden im KL Auschwitz. In: Hefte von Auschwitz 11. Oświęcim 1970, Tabelle 2.

Tabelle 19. Die Transporte der Juden aus dem Protektorat Böhmen und Böhmen und Mähren (Theresienstadt) nach Auschwitz.

Abfahrtsdatum	Zahl der Deportierten
26.10.1942	1 866
20. 1.1943	2 000
23. 1.1943	2 000
26. 1.1943	1 000
29. 1.1943	1 000
1. 2.1943	1 001
6. 9.1943	5 007
5.10.1943	1 313
15.12.1943	2 504
18.12.1943	2 503
15. 5.1944	2 503
16. 5.1944	2 500
18. 5.1944	2 500
28. 9.1944	2 499
29. 9.1944	1 500
1.10.1944	1 500
4.10.1944	1 500
6.10.1944	1 550
9.10.1944	1 600
12.10.1944	1 500
16.10.1944	1 500
19.10.1944	1 500
23.10.1944	1 715
28.10.1944	2 038
1942–1944	46 099 (46 000)

Quelle: H.G. Adler, Theresienstadt 1941–1945. Tübingen 1955, S. 50, 688–694.

Tabelle 20. Die Transporte der Juden aus Berlin nach Auschwitz.

Abfahrtsdatum	Nummer des Transports	Zahl der Deportierten
11. 7.1942	XX	210
29.11.1942 ?	23 ?	1 001 ?
9.12.1942	24	997
12. 1.1943	26	1 210
29. 1.1943	27	1 000
3. 2.1943	28	952
19. 2.1943	29	1 000
26. 2.1943	30	1 100
1. 3.1943	31	1 736
2. 3.1943	32	1 758
3. 3.1943	33	1 732
4. 3.1943	34	1 143
6. 3.1943	35	662
12. 3.1943	36	947
19. 4.1943	37	688
17. 5.1943	38	395
28. 6.1943	39	297
4. 8.1943	40	99
24. 8.1943	41	50
10. 9.1943	42	53
28. 9.1943	43	74
14.10.1943	44	74
29.10.1943	45	50
8.11.1943	46	50
7.12.1943	47	55
20. 1.1944	48	48
22. 2.1944	49	32
9. 3.1944	50	32
18. 4.1944	51	30
3. 5.1944	52	30
19. 5.1944	53	24
15. 6.1944	54	29
12. 7.1944	55	30
10. 8.1944	56	38
6. 9.1944	57	39
12.10.1944	58	31
5. 1.1945	61	14
Zusammen		17 710

Quelle: Robert M.W. Kempner, Die Ermordung von 35 000 Berliner Juden. Der

Judenmordprozeß in Berlin schreibt Geschichte. In: Gegenwart im Rückblick. Festgabe fur die Jüdische Gemeinde zu Berlin 25 Jahre nach dem Neubeginn. Heidelberg 1970, S. 185–187.

Nach den Feststellungen des Internationalen Suchdienstes des Roten Kreuzes in Arolsen liegt die Zahl der Deportierten höher und beträgt 19697. So wird z. B. der 25. Transport, der nach Kempner nach Riga abging, unter den nach Auschwitz geleiteten Transporten verzeichnet. APMO: D-RF-3/121/1-16, Gestapo Berlin Auschwitz-Transportlisten.

Tabelle 21. Die Transporte der Juden aus Deutschland (ohne Berlin sowie die Konzentrationslager und ihre Nebenlager) nach Auschwitz

Abfahrts- bzw. Ankunftsdatum	Ausgangsort	Zahl der Deportierten
15. 2.1942	Beuthen	ohne Angabe
5.1942	Gleiwitz	586
11. 7.1942	Hamburg	300 [m]
10.10.1942	Offenbach	759
12. 2.1943	Hamburg	23 [m]
23. 2.1943	Breslau	1000
1. 3.1943	Düsseldorf	58
2. 3.1943	Hannover	38
13. 3.1943	München	54
20. 4.1943	Neudorf	1000
17. 6.1943	Nürnberg	56
18. 6.1943	Nürnberg	7
5. 8.1943	Dresden	125
24. 8.1943	Markstädt	100
10.11.1943	Deutschland	19
20. 1.1944	Breslau	35
19. 4.1944	Deutschland	12
3. 5.1944	Gleiwitz	506
23. 7.1944	Ludwigsdorf	455
12. 8.1944	Hirschberg	18
Zusammen		5151

Quelle: APMO: D-RF-3/120/1-3n, Gestapo Transportlisten; Danuta Czech, Kalendarium; Martin Gilbert, Endlösung; Die jüdischen Opfer des Nationalsozialismus in Hamburg. Hamburg 1965.

[m] Mindestzahl der Deportierten

Tabelle 22. Die von der Gestapo Wien direkt nach Auschwitz geleiteten Transporte mit Juden

Ankunftsdatum	Nummer des Transports	Zahl der Deportierten
3. 3.1943	47 A	17 (75)[a]
31. 3.1943	47 B	55 —
7.10.1943	47 C	24 (21)[a]
1.12.1943	47 D	24 (25)[a]
24. 2.1944	47 E	18 (41)[a]
26. 4.1944	47 F	19 (19)[a]
27. 6.1944	47 G	17 (17)[a]
28. 6.1944	48 C	— (38)[a]
22. 8.1944	—	— (2)[a]
1. 9.1944 (7.9.1944)	47 H	29 (29)[a]
Zusammen		203 (267)[a]

Quelle: APMO: D-RF-3/3, Gestapo Transportlisten Auschwitz-Transporte.

[a] nach Jonny Moser, Die Judenverfolgung in Österreich 1938–1945. Wien, Frankfurt am Main, Zürich 1966, S. 49

Tabelle 23. Die Transporte der slowakischen Juden nach Auschwitz.

Abfahrtsdatum	Ausgangsort	Zahl der Deportierten	Registriert wurden		
			Männer	Frauen	Zusammen
26. 3.1942	Poprad	1 000	—	999	999
28. 3.1942	Bratislava	1 000	—	798	798
2. 4.1942	Bratislava	1 000	—	965	965
3. 4.1942	Poprad	1 000	—	997	997
13. 4.1942	Sered	1 000	634	366[a]	1 000
17. 4.1942	Žilina	1 000	973	—	973
19. 4.1942	Žilina	1 000	464	536	1 000
23. 4.1942	Poprad	1 000	543	457	1 000
24. 4.1942	Žilina	1 000	442	558	1 000
29. 4.1942	Žilina	1 004	423	300	723
19. 6.1942	Žilina	1 059	404	255	659
3. 7.1942	Žilina	1 000	264	108	372
10. 7.1942	Žilina	1 000	182	148	330
16. 7.1942	Žilina	1 000	327	178	505
24. 7.1942	Žilina	1 010	192	93	285
31. 7.1942	Žilina	800	165	75	240

Abfahrtsdatum	Ausgangsort	Zahl der Deportierten	Registriert wurden		
			Männer	Frauen	Zusammen
18. 9.1942	Žilina	991	206	71	277
22. 9.1942	Žilina	1001	294	67	361
20.10.1942	Žilina	860	121	78	199
26. 3.1942–20.10.1942		18725	5634	7049	12683
August-November 1944		7936	1037 [b]	121 [b]	1158 [b]
1942–1944		26661 (27000)	6671	7170	13841

Quellen: Von Moreshet Archives, Givat Chaviva, Israel, zusammengestelltes Verzeichnis der Transporte vom 26.3.1942–20.10.1942, Signatur D.1.5705; Danuta Czech, Kalendarium, S. 190 ff.; Raul Hilberg, Die Vernichtung, S. 490–505

[a] nach D. Czech, Kalendarium, 443

[b] unvollständige Angaben, Mindestzahlen

Tabelle 24. Die Transporte der jugoslawischen Juden nach Auschwitz.

Ankunftstag	Ausgangsort	Zahl der Deportierten	Zahl der Registrierten
18. 8.1942	Tenje		156
22. 8.1942	Tenje	3500	196
26. 8.1942	Tenje		159
30. 8.1942	Tenje		76
10.1942	Loborgrad	1500	ohne Angabe
7. 5.1943	Zagreb	2000	40
13. 5.1943	Zagreb	2000	55
ohne Angabe	verschiedene	1000	ohne Angabe
Zusammen		10000	682

Quelle: Danuta Czech, Kalendarium; Jaša Romano, Lavoslav Kadelburg, The Third Reich: Initiator, Organizer and Executant of Anti-Jewish measures and Genocide in Yugoslavia. In: The Third Reich and Yugoslavia 1933–1945. Belgrad 1977, S. 670–690; APMO: Bestand Ausarbeitungen, Bd. 77, Djordje Lebovic, Hronologija najwaznijih dogadjaja u koncentracionom logoru Ausvic [Chronologie der wichtigsten Ereignisse im Konzentrationslager Auschwitz]. Für den 7. und 13. Mai 1943 nennen Czech und Gilbert jeweils 1000 Personen, Romano und Kadelburg dagegen zusammen 4000.

Tabelle 25. Die Transporte der Juden aus Belgien nach Auschwitz

Ankunftsdatum	Ausgangsort	Zahl der Deportierten
4. 8.1942	Malines	998
11. 8.1942	—"—	999
15. 8.1942	—"—	1 000
18. 8.1942	—"—	998
25. 8.1942	—"—	995
29. 8.1942	—"—	1 000 [c]
1. 9.1942	—"—	1 000 [c]
8. 9.1942	—"—	1 000 [c]
12. 9.1942	—"—	1 000 [c]
15. 9.1942	—"—	1 048
26. 9.1942	—"—	1 742
10.10.1942	—"—	999 [c]
10.10.1942	—"—	675 [c]
24.10.1942	—"—	995
24.10.1942	—"—	476
31.10.1942	—"—	822
31.10.1942	—"—	874
15. 1.1942	—"—	945
15. 1.1943	—"—	610
19. 4.1943	—"—	1 400
31. 7.1943	—"—	1 553
20. 9.1943	—"—	631
20. 9.1943	—"—	794
15. 1.1944	—"—	657
4. 4.1944	—"—	625
19. 5.1944	—"—	507
31. 7.1944	—"—	563
1942–1944		24 906 (25 000)

Quelle: Serge Klarsfeld, Maxime Steinberg, Memorial de la Deportation des Juifs de Belgique. O.O. 1982

[c] Der Transport wurde in Cosel (Koźle) einer ersten Selektion unterzogen.

Tabelle 26. Die Transporte der italienischen Juden nach Auschwitz.

Ankunftsdatum	Ausgangsort	Zahl der Deportierten
18.10.1943	Rom	1 031
9.11.1943	Florenz, Bologna	85
21.11.1943	Borgo San Dalmazzo	330
6.12.1943	Mailand, Verona	215
30. 1.1944	Mailand, Verona	584
22. 2.1944	Fossoli	485
5. 4.1944	Fossoli, Mantua, Verona	606
16. 5.1944	Fossoli	575
26. 6.1944	Fossoli, Verona	517
23. 7.1944	Rodi, Coo	1 805
2. 8.1944	Verona	250
24.10.1944	Bozen	102
Verschiedene Daten	Triest	837
Zusammen		7 422 (7 500)

Quelle: Ebrei in Italia: Deportatione, Resistenza. Florenz 1975. Tabelle von Giuliana Donati.

Tabelle 27. Die Transporte der norwegischen Juden nach Auschwitz.

Ankunftsdatum	Ausgangsort	Zahl der Deportierten
1.12.1942	Oslo	532
2. 3.1943	Oslo, Berlin	158
Zusammen		690

Quelle: Dokumentensammlung über „Die Deportierung der Juden aus Norwegen nach Auschwitz". Ramat Gan 1963.

Tabelle 28. Die Zahl der aus den einzelnen Ländern[a] nach Auschwitz deportierten Juden

Land	Zahl der Deportierten
Ungarn	438 000 [b]
Polen	300 000
Frankreich	69 000
Holland	60 000
Griechenland	55 000
Protektorat Böhmen und Mähren (Theresienstadt)	46 000
Slowakei	27 000 [b]
Belgien	25 000
Deutschland und Österreich	23 000
Jugoslawien	10 000 [b]
Italien	7 500
Norwegen	690
Konzentrationslager, Nebenlager und andere Orte	34 000
Zusammen	1 095 190 (1 100 000)

Quelle: Zusammenstellung auf der Grundlage der Quellen und der Literatur. Vgl. Tabellen 14–27.

[a] in den Vorkriegsgrenzen
[b] in den Grenzen der Kriegsjahre

Tabelle 29. Die Zahl der von 1940 bis 1945 nach Auschwitz Deportierten

1 300 000 (1 305 000)	**insgesamt** — 900 000 (905 000) Nichtregistrierte — 400 000 Registrierte
1 100 000 (1 095 000)	**Juden** — 890 000 Nichtregistrierte — 200 000 (205 000) Registrierte
140 000–150 000 (147 000)	**Polen** — 10 000 Nichtregistrierte [a] — 130 000–140 000 (137 000) Registrierte [b]
23 000	**Zigeuner** — 2 000 Nichtregistrierte — 21 000 Registrierte
15 000	**Sowjetische Kriegsgefangene** — 3 000 Nichtregistrierte — 12 000 Registrierte
25 000	**Andere** [c] (Tschechen, Russen, Belorussen, Jugoslawen, Franzosen, Ukrainer, Deutsche, Österreicher und andere — alle wurden registriert [d]

Quelle: Feststellungen des Verfassers auf der Grundlage der Literatur und archivalischer Quellen.

[a] Geschätzte Feststellungen des Verfassers

[b] Geschätzte Feststellungen des Verfassers u.a. auf der Grundlage der Angaben zu den Transporten aus dem Gebiet Polens

[c] Diese Zahl stellt die Differenz zwischen den 400 000 registrierten Häftligen und den 205 000 registrierten Juden, den 21 000 registrierten Zigeunern, den 12 000 registrierten sowjetischen Kriegsgefangenen sowie den 137 000 registrierten polnischen Häftlingen dar.

[d] Detaillierte Zahlenangaben zu den einzelnen Nationalitäten werden erst im Ergebnis einer Computeranalyse der Angaben über die karteimäßig verzeichneten Häftlinge vorliegen.

Tabelle 30. Die Zahl der Häftlinge des KL Auschwitz, die Auschwitz überlebten [a]

220 000–230 000 (223 000)	**insgesamt** — 25 000 Nichtregistrierte — 200 000 (198 000) Registrierte
210 000–220 000 (213 000)	in andere Konzentrationslager **Verlegte** — 25 000 Nichtregistrierte — 190 000 (188 000) Registrierte
8 000	**Befreite** Registrierte
1 500	**Entlassene** Registrierte
500	**Entflohene** Registrierte

Quelle: Danuta Czech, Kalendarium, passim; Andrzej Strzelecki, Ewakuacja, likwidacja i wyzwolenie KL Auschwitz [Die Evakuierung, die Auflösung und die Befreiung des KL Auschwitz]. Oświęcim 1982, S. 298–319; APMO: Lidia Krysta, Statistische Berechnungen: aus dem KL Auschwitz Überstellte, Entlassene und Entflohene.

[a] Viele in andere Konzentrationslager Verlegte starben während des Transports bzw. nach dem Eintreffen in diesen Konzentrationslagern oder kamen während der Evakuierungsmärsche in der letzten Kriegsphase um.

Tabelle 31. Die Zahl der von 1940 bis 1945 in Auschwitz Getöteten und Gestorbenen

1 100 000 (1 082 000)	**Insgesamt** — 900 000 (880 000) Nichtregistrierte — 200 000 (202 000) Registrierte [a]
1 000 000 (960 000)	**Juden** — 865 000 Nichtregistrierte — 100 000 (95 000) Registrierte
70 000–75 000 (74 000)	**Polen** [a] — 10 000 Nichtregistrierte — 60 000–65 000 (64 000) Registrierte
21 000	**Zigeuner** — 2 000 Nichtregistrierte — 19 000 Registrierte
15 000	**sowjetische Kriegsgefangene** — 3 000 Nichtregistrierte — 12 000 Registrierte
10 000–15 000 (12 000)	**Andere** [a] — über Nichtregistrierte liegen keine Angaben vor — 10 000–15 000 (12 000) registrierte Tschechen, Russen, Belorussen, Ukrainer, Jugoslawen, Franzosen, Deutsche, Österreicher und andere [b]

Quelle: Feststellungen des Verfassers u.a. auf der Grundlage der Angaben über die zahlenmäßigen Zugänge und Abgänge im Häftlingsstand.

[a] Geschätzte Feststellungen des Verfassers auf der Grundlage u.a. des prozentualen Anteils der einzelnen Nationalitäten an der Zusammensetzung der Deportierten.

[b] Detaillierte Zahlenangaben zu den einzelnen Nationalitäten werden erst Ergebnis einer Computeranalyse der Angaben über die karteimäßig verzeichneten Häftlinge vorliegen.

PROTOKOLL [1]

Oświęcim, den 10. und 11. Mai 1945. Der Bezirks-Untersuchungsrichter in Kraków Jan Sehn, Mitglied der Kommission zur Untersuchung der Deutsch-Hitleristischen Verbrechen in Auschwitz, vernahm auf Antrag und in Anwesenheit des Mitglieds der Kommission Stellvertretender Staatsanwalt am Bezirksgericht in Kraków Edward Pęchalski sowie unter Beteiligung des Sachverständigen Dr. Jan Zygmunt Robel nach Paragraph 254 in Verbindung mit Artikel 107, 109, 115 und 124 der Strafprozeßordnung als Zeugen den früheren Häftling des deutschen Konzentrationslagers Auschwitz Nr. 80359, der folgendes ausgesagt hat:

Ich heiße Szlama Dragon, geboren am 19. März 1920 in Żeromin, Kreis Sierpc, Sohn von Daniel und Malka Beckermann (beide nicht mehr am Leben), unverheiratet, Schneider, mosaischer Religion, polnischer Nationalität und polnischer Staatsangehörigkeit, wohnhaft vor der Verhaftung in Żeromin, ul. Bieżuńska Nr.16 (jetzt werde ich meinen Wohnsitz wahrscheinlich in Żeromin, Mławska 10, nehmen). Nach Auschwitz kam ich am 7. Dezember 1942 [2] mit der Eisenbahn in einem Transport mit 2500 Juden unterschiedlichen Geschlechts und Alters aus dem Ghetto in Mława. Auf dem Bahnhof übernahmen Lagerführer Plage [3], Rapportführer Palitsch [4] und Lagerarzt Mengele [5] den Transport. Bereits auf dem Bahnhof führten sie eine Selektion [6] durch

---

[1] Protokoll der Vernehmung von Szlama Dragon am 10., 11. und 17. Mai 1945 in Oświęcim. APMO: Höß-Prozeß, Bd. 11, Bl. 102–121.

[2] Tatsächlich traf dieser Transport bereits am 6. Dezember 1942 ein.

[3] Der SS-Angehörige Ludwig Plagge, geb. am 13. Juni 1910, hatte ab 1940 unterschiedliche Funktionen im KL-Auschwitz, vom Blockführer bis zum Lagerführer. Am 22. Dezember 1947 wurde er von Obersten Volksgerichtshof Polens zum Tode verurteilt.

[4] Der SS-Angehörige Gerhard Palitzsch, geb. am 17. Juni 1913, war ab 1940 im KL Auschwitz eingesetzt und hatte unterschiedliche Funktionen. Er war ein Sadist und führte an der Hinrichtungswand im Hof von Block 11 Erschießungen aus. Wegen Veruntreuung von Finanzmitteln wurde er von der SS verhaftet. Sein weiteres Schicksal ist unbekannt.

[5] Der Zeuge irrt sich hier — der SS-Arzt Josef Mengele, geb. am 16. März 1911, kam erst im Mai 1943 nach Auschwitz.

[6] Bis Mai 1944 wurden die Massentransporte mit Juden zumeist auf einer Ausladerampe des Güterbahnhofs Auschwitz in der Nähe des Lagers Birkenau ausgeladen.

Die früheren Angehörigen des Sonderkommandos im KL Auschwitz Abram und Szlama Dragon (nach Kriegsende angefertigte Fotoaufnahme).

und teilten Frauen und Kinder der einen und die Männer der anderen Gruppe zu. Aus der Gruppe der Männer wurden 400 Personen ausgesucht. [7] In dieser Gruppe befand auch ich mich. Wir 400 wurden zu Fuß zu dem Lager Birkenau geführt. Der Rest, das heißt alle Frauen und ihre Kinder und die nicht zu unserer Gruppe gehörenden Männer, wurden mit Autos in unbekannter Richtung weggebracht, in jedem Fall aus dem Lagers heraus. [8] Unsere Gruppe wurde in Block 3 des Lagerabschnitts untergebracht, der später in das Frauenlager umgewandelt wurde. Weiter wurde ich dann auf Block 22, in die alte "Sauna" und auf Block 14 dieses Lagerabschnitts verlegt. Am 9. Dezember 1942 kamen abends Moll [9], Plage, Palitsch und Siwy [10] sowie der Arbeitseinsatz Mikuś [11] in Block 14, Moll erklärte, daß er Arbeiter für eine Gummifabrik aussucht, jeder von uns ging zu ihm, Moll fragte ihn nach dem Beruf und beschaute ihn, ob er stark und gesund war, und teilte ihn der Gruppe zu, die, wie sie erklärten, in einer Gummifabrik arbeiten sollte. [12] Ich und mein Bruder gaben an, daß wir von Beruf Schneider sind, und auch wir wurden dieser damals von Moll und seinen Begleitern zusammengestellten Gruppe zugeteilt. Am Morgen des nächsten Tages, d.h. am 10. Dezember 1942, kam, nachdem bereits alle Kommandos zur Arbeit ausgerückt waren, Moll zu Block 14 und gab das Kommando "Sonderkommando raus". Dadurch erfuhren wir, daß wir zu einem Sonderkommando [13] gehören und nicht zu einem Kommando, das in einer Gummifabrik arbeiten sollte. Uns war nicht klar, was dies für ein Sonderkommando sein sollte, schließlich hatte uns niemand dies erklärt. Auf Befehl von Moll traten wir vor dem Block an, wo uns SS-Männer umstellten und in zwei Gruppen zu jeweils 100 Menschen aus dem Lager herausführten. Wir wurden in einen Wald geführt, wo ein gemauertes, mit einem Strohdach gedecktes Bauernhaus stand. [14] Seine Fenster

---

[7] Aus dem Transport wurden 406 Männer, darunter der Zeuge, ausgesucht, die mit den Nummern von 80 262 bis 80 667 der Allgemeinen Nummernserie gekennzeichnet wurden.

[8] Diese Menschen wurden zu den Gaskammern (den sogen. Bunkern Nr. 1 und 2) gebracht.

[9] Der SS-Angehörige Otto Moll, geb. am 4. März 1915, war ab dem 2. Mai 1941 im KL Auschwitz eingesetzt und übte dort unterschiedliche Funktionen aus; u.a. beaufsichtigte er die Verbrennung der Leichen der in den Gaskammern vergasten Juden. Ein amerikanisches Militärgericht verurteilte ihn zum Tode, er wurde am 28. Mai 1946 hingerichtet.

[10] Der politische Häftling Nr. 1 104, der Pole Leon Siwy, hatte einige Zeit die Funktion des Lagerältesten des Lagerabschnitts BIb.

[11] Der politische Häftling Nr. 7 794, der Pole Józef Mikusz, hatte zu dieser Zeit die Funktion des Arbeitsdienstes.

[12] In der Nähe des KL Auschwitz errichtete der Konzern IG Farbenindustrie eine Fabrik für synthetischen Kautschuk und synthetisches Benzin.

[13] Das vorherige Sonderkommando, dem etwa 400 bei der Entleerung der beiden Bunker und der Verbrennung der Leichen eingesetzte Häftlinge angehörten, wurde Anfang Dezember 1942 liquidiert; die in diesem Sonderkommando eingesetzten Häftlinge wurden in der Gaskammer bei dem Krematorium Nr. I im Stammlager getötet.

[14] Der Zeuge spricht über die Gaskammer, die als Bunker Nr. 2 bzw. als Weißes Haus bezeichnet wurde.

waren zugemauert. An die in das Innere dieses Hauses führende Tür war eine kleine Blechtafel mit der Aufschrift "Hochspannung — Lebensgefahr" angeschlagen. Im Abstand von etwa 30 bis 40 Metern von diesem kleinen Haus entfernt standen zwei [15] Holzbaracken. Auf der anderen Seite des Hauses befanden sich vier 30 m lange, 7 m breite und 3 m tiefe Gruben. Die Wände dieser Gruben hatten Teer- und Brandspuren. Wir mußten uns vor dem Haus aufstellen, Moll kam und erklärte uns, daß wir hier beim Verbrennen von alten und verlausten Menschen arbeiten werden, daß wir selbst zu Essen bekommen, daß wir für die Nacht in das Lager gebracht werden und daß wir arbeiten müssen, und wenn nicht werden die, die nicht arbeiten wollen, geschlagen und für so welche sind die Knüppel und die Hunde da. Die SS-Männer, die uns bewachten, hatten tatsächlich Hunde. Dann wurden wir in mehrere Gruppen aufgeteilt. Ich selbst wurde mit 11 anderen der Gruppe zugeteilt, die, wie sich später herausstellte, die Leichen aus diesem Haus herausziehen sollte. Wir zwölf bekamen alle Masken aufgesetzt und wir wurden zu der Tür des Hauses geführt. Moll öffnete die Tür, und erst dann sahen wir, daß in diesem kleinen Haus die nackte Leichen von Menschen unterschiedlichen Alters und unterschiedlichen Geschlechts lagen. Moll befahl uns, diese Leichen aus dem Haus auf den Hof vor der Tür herauszutragen. Wir begannen damit so, daß wir zu viert eine Leiche heraustrugen. Dies versetzte Moll in Harnisch, er krempelte selbst die Ärmel hoch und warf eine Leiche durch die Tür auf den Hof. Als wir trotz dieser seiner Lektion erklärten, daß wir dies nicht so machen können, teilte er uns zu zweit zu dieser Arbeit ein. Als die Leichen bereits auf dem Hof lagen, brach ihnen ein Dentist, assistiert von einem SS-Mann, die Zähne heraus, ein von einem SS-Mann beaufsichtigter Friseur schnitt ihnen die Haare ab, und dann lud eine andere Gruppe die Leichen auf Loren (Rollwagen). Dies waren auf Schmalspurschienen, die bis zum Rand der Gruben führten, stehende Loren. Diese Schienen verliefen zwischen zwei Gruben. Eine andere Gruppe war damit beschäftigt, die Grube zum Verbrennen der Leichen vorzubereiten. Auf den Grund wurden zuerst dicke Holzstücke gelegt, dann über Kreuz immer kleinere, und schließlich trockene Zweige. Die nächste Gruppe übernahm die mit den Rollwagen zum Rand der Gruben gebrachten Leichen und warf sie in die Gruben. Wenn dann alle Leichen aus dem Haus zu den Gruben transportiert waren, übergoß Moll die Leichen an den vier Ecken der Grube mit Petroleum, zündete einen Kautschukkamm an und warf ihn auf die mit Petroleum übergossene Stelle. Das Feuer loderte auf und die Leichen fingen Feuer. Während Moll anzündete, standen wir vor dem Haus und beobachteten dies genau. Nachdem alle Leichen aus dem Haus herausgetragen waren, mußten wir es genau säubern, wir wuschen den Fußboden mit Wasser, bestreuten ihn anschließend mit Sägespänen und weißten die Wände. Das Haus war im Inneren durch Querwände in vier Kammern unterteilt. In einer konnten 1200 ausgezogene Personen untergebracht werden, in die zweite paßten 700, in die dritte 400 und in die vierte 200 bis 250 Personen. [16] Die erste und größte Kammer

[15] Nach Höß befanden sich bei diesem Bunker drei Auskleidebaracken.

[16] Dieses Haus wurde 1944 abgebrochen. Nach den erhaltenen Fundamenten hatte es eine Grundfläche von 142,36 m^2 (8,34m x 17,07m), wobei die Fläche der vier Innenräume etwa 105 m^2 umfaßte. Die Zahl von 2 500 Personen, die nach der Aussage des Zeugen in dieser Gaskammer Platz finden sollten, ist deshalb als zu hoch angesetzt zu betrachten. Den tatsächlichen Verhältnissen entspricht eher die von dem ehemaligen Kommandanten Rudolf Höß genannte Zahl von 1 200 Personen.

hatte in der Mauer zwei Öffnungen. Die drei weiteren hatten jeweils eine Öffnung. Diese Öffnungen waren mit kleinen Holztüren verschlossen. In jede Kammer führte ein gesonderter Eingang. An den Eingangstüren hing eine kleine Tafel, die ich bereits früher erwähnt habe, mit der Aufschrift "Hochspannung — Lebensgefahr". Diese Aufschrift war dann sichtbar, wenn die Eingangstür verschlossen war. Wenn die Tür geöffnet war, war diese Aufschrift nicht zu sehen, zu sehen war dann jedoch eine andere Aufschrift "Zum Baden". Wenn die Vergasten in der Kammer waren, sahen sie eine zweite Aufschrift an der Ausgangstür aus der Kammer. Es war die Aufschrift "Zur Desinfektion". Hinter der Tür, auf der diese letzte Aufschrift zu sehen war, gab es selbstverständlich keinerlei Desinfektion, denn das war die Ausgangstür aus der Kammer, durch die wir die Leichen auf den Hof zogen. Die von mir beschriebene Kammer hat auf der Grundlagen meiner Aussagen Ingenieur Nosal aus Oświęcim genau gezeichnet.[17] Diese Kammer wurde Bunker Nr. 2 genannt. Denn außerdem gab es noch etwa einen halben km entfernt eine zweite, als Bunker Nr. 1 bezeichnete Kammer.[18] Dies war ebenfalls ein gemauertes Haus, es bestand jedoch lediglich aus zwei Kammern, die zusammen weniger als zweitausend ausgezogene Menschen aufnehmen konnten. Diese Kammern hatten nur Eingangstüren und jeweils eine kleine Öffnung. In der Nähe des Bunkers 1 standen eine Scheune und zwei Baracken. Die Gruben lagen sehr weit entfernt und auch hier führten zu ihnen Schienen für die Loren.

Am Abend des ersten Tages wurden wir nach Abschluß der Arbeit in das Lager gebracht. Wir wurden jedoch nicht in Block 14 untergebracht, von wo aus wir zur Arbeit ausgerückt waren, sondern in Block Nr. 2. Auf diesen Block kehrte auch die andere Gruppe zurück, die, wie sich herausstellte, an diesem Tag bei dem Bunker Nr. 1 gearbeitet hatte. Dies war ein abgeschlossener Block, der im Unterschied zu den anderen Blöcken von einer Mauer umgeben war. Wir durften keine Verbindung mit Häftlingen aus einem anderen Block haben.

Zur Vergasung der Menschen rückte nicht das ganze Kommando aus. Sie fand gewöhnlich nachts statt. Damals wurden aus unserem Kommando etwa 20 Häftlinge ausgesucht, die bei dieser Arbeit halfen. Denn die Vergasung selbst führten SS-Männer durch. Sie verlief auf folgende Weise: die Menschen wurden mit Kraftfahrzeugen zu den Baracken gebracht. Wir zur Hilfe Eingeteilten halfen den Kranken, vom Kraftfahrzeug abzusteigen und sich in der Baracke auszuziehen. Denn alle Antransportierten zogen sich in den Baracken aus. Die Baracken und der Raum zwischen den Baracken und der Kammer waren von SS-Männern mit Hunden umstellt. Die ausgezogenen Menschen gingen nackt aus den Baracken zu der Kammer. Die an der Eingangstür stehenden SS-ler trieben sie mit Knüppeln an. Wenn die Kammer mit Menschen gefüllt war, schlossen die SS-ler die Tür, und Mengele wies seinen Adjutanten Rotenführer Scheinmetz[19] an, mit der Vergasung zu beginnen. Er sagte "Scheinmetz mach da fertig". Scheinmetz holte dann aus dem

---

[17] Vgl. die beigefügten Skizzen.

[18] Dieses Haus wurde 1943 abgebrochen. Es sind keine Spuren des Gebäudes erhalten. Nach einem Plan des Katasteramtes hatte das Haus eine Fläche von etwa 90 m^2. Die von Dragon genannte Zahl ist also zu hoch angesetzt. Den tatsächlichen Verhältnissen entspricht eher die von dem ehemaligen Kommandanten des Lagers Rudolf Höß genannte Zahl von 800 Personen.

[19] Es liegen keine näheren Informationen vor. Auch der frühere Angehörige des Sonderkommandos Henryk Tauber nennt in seiner Aussage diesen SS-Angehörigen.

Rot-Kreuz-Wagen, der jedem Häftlingstransport folgte, die zur Vergasung vorgesehene Büchse Gas, einen Hammer und ein Spezialmesser, legte die Maske an und schüttete ihren Inhalt durch die Öffnung in die Kammer. Dann verschloß er die Öffnung und brachte die Büchse, den Hammer, das Messer und die Maske zu dem Auto. Unter sich bezeichneten die Deutschen das Auto als "Sanker". Ich habe selbst viele Male gehört, wie Mengele den Adjutanten fragte: "ist der Sanker da?". Nach der Durchführung dieser Handlungen fuhren Mengele und sein Adjutant mit dem Sanitätsauto weg, und wir wurden in den Block gebracht.

Ich weiß nicht, wie es am Anfang war, aber später verblieben nach dem Abschluß einer solchen Vergasung in der Nacht SS-Posten bei dem Bunker und insbesondere bei den Baracken. Wenn dieser Bunker bis zum Morgen ohne Bewachung verblieb, kam es nämlich vor, daß die Kisten mit den Goldzähnen, die mit den anderen Sachen der Vergasten in den Baracken aufbewahrt wurden, ausgeraubt wurden. Die Leichen der Vergasten lagen bis zum Morgen in dem Bunker, bis das Kommando kam, das ihre Verbrennung durchführte. Der Verlauf der Verbrennung war der gleiche, wie ich ihn bereits für den ersten Tag meiner Arbeit beim Bunker Nr. 2 beschrieben habe. Am nächsten Tag sammelte ein besonderes Kommando die in den Baracken verbliebenen Sachen der Vergasten ein, sortierte sie und verbrachte sie in die Effektenkammer in Auschwitz.[20] Die Asche holten wir meistens erst etwa 48 Stunden nach der Verbrennung aus den Gruben. In dieser Asche befanden sich Knochenreste, man sah Schädel, Knie und lange Knochen. Mit Schaufeln warfen wir die Asche an den Rand der Grube, es kamen Autos angefahren, auf die die Asche geladen wurde und die sie zur Soła abfuhren. Wir wurden auch an der Soła beim Abladen der Asche aus den Autos eingesetzt. Dies fand selbstverständlich unter der Kontrolle von SS-Männern statt. Wir mußten die Fläche zwischen dem Auto und dem Wasser mit Planen so abdecken, daß keine Aschereste auf die Erde fielen. Die SS-Männer befahlen uns, die Asche so in das Wasser zu schütten, daß sie mit der Strömung weggeschwemmt wurde und sich nicht auf dem Grund absetzte. Nach dem Abladen des Wagens schüttelten wir die Asche von den Planen in das Wasser und fegten die ganze Abladestelle genau mit Besen.

Die Leichen der Vergasten fanden wir nach der Öffnung der Kammer zumeist in liegenden Positionen vor. Wenn viele zusammengedrängt waren, lagen sie aneinandergelehnt, manchmal in stehenden Positionen mit geneigtem Rumpf. In sehr vielen Fällen sah ich auf den Lippen der Vergasten weißen Schaum. In der Kammer war es nach dem Öffnen sehr heiß und das Gas war zu spüren, es würgte und auf den Lippen war es süß, angenehm. Die Gasbüchsen waren aus Metall und hatten einen Aufkleber in gelber Farbe. Es waren die gleichen, wie sie später im Krematorium verwendet wurden. In beiden Bunkern wurden vor allem Menschen vergast, die mit Transporten aus Polen angekommen waren, und außerdem Transporte mit Litauern, Franzosen und Juden aus Berlin.[21] Der Bunker Nr. 1 wurde noch 1943 vollständig abgebrochen. Nach der Errichtung des als Nr. 2 bezeichneten Krematoriums in

---

[20] Die Magazine für die geraubte Habe, in der Lagersprache als Kanada (I) bezeichnet, lagen in der Nähe der Deutschen Ausrüstungs-Werke (DAW) und des sogen. Bauhofs.

[21] Massentransporte mit Franzosen und Litauern, die direkt zu den Gaskammern geschickt wurden, werden durch andere Quellen nicht bestätigt. Es geht hier wahrscheinlich um Juden.

Birkenau[22] wurden auch die Baracken bei dem Bunker Nr. 2 abgebrochen und die Gruben zugeschüttet. Der Bunker selbst verblieb jedoch bis zum Ende und wurde nach einer längeren Unterbrechung erneut zur Vergasung der ungarischen Juden in Betrieb genommen. Damals wurden neue Baracken aufgestellt und die Gruben wurden geöffnet. Gearbeitet wurde damals bei diesem Bunker in zwei Schichten, d.h. in einer Tagschicht und in einer Nachtschicht. Ich selbst habe auch dort wohl zwei Tage gearbeitet. In dieser Zeit haben wir die Leichen kurze Zeit nach Beendigung der Vergasung aus den Kammern des Bunkers geholt und es kam deshalb vor, daß wir noch Stöhnen hörten, wenn wir in die Kammer gingen, gerade dann, wenn wir eine Leiche am Arm faßten und aus der Kammer zogen. In einem Fall fanden wir in der Kammer ein lebendes Kind. Es war ganz in ein Kissen eingewickelt. Auch der Kopf des Kindes war mit dem Kissen eingewickelt. Nachdem wir das Kissen ausgewickelt hatten, stellte sich heraus, daß das Kind offene Augen hatte und den Eindruck machte, es lebte. Wir trugen das Kind mit dem Kissen zu Moll und meldeten ihm, daß das Kind lebt. Moll nahm es uns aus den Armen, trug es an den Rand der Grube, legte es auf die Erde, stellte sich mit dem Absatz auf den Hals und warf es dann in das Feuer. Ich sah die ganze Szene mit eigenen Augen und nahm wahr, daß das Kind, als Moll auf seinen Hals trat, seine Arme bewegte. Das Kind schrie die ganze Zeit nicht, ich kann nicht sagen, weil ich das nicht untersucht habe, ob es atmete, in jedem Fall fiel uns auf, daß es anders aussah, als die Leichen der nicht mehr lebenden. Das Fassungsvermögen der Bunker Nr. 1 und Nr. 2 betrug etwa 4000 Menschen. Der Bunker Nr. 2 konnte gleichzeitig in allen seinen Kammern mehr als zweitausend, und der Bunker Nr. 1 weniger als zweitausend aufnehmen.[23]

Im Jahre 1943 wurden wir aus dem Frauenlager in das Lager BIId[24] verlegt und dort zuerst in Block 13 und dann in Block 11 untergebracht. Etwa im Herbst dieses Jahres wurde ich erneut im Sonderkommando eingesetzt. In der Unterbrechung zwischen der Arbeit bei den Bunkern wurde ich im Abbruchkommando eingesetzt. Ich arbeitete beim Krematorium Nr. V. Bis Mai 1944 wurden wir dort bei Gartenarbeit, beim Holzhacken und beim Kokstransport eingesetzt, weil die Öfen von Krematorium Nr. V damals noch nicht in Benutzung waren.[25] In Betrieb genommen wurde dieses Krematorium erst im Mai 1944, als die Transporte mit den ungarischen Juden einzutreffen begannen. Die Arbeit im Krematorium wurde von Moll geleitet, seine Befehle wurden von Kommandoführer Gorger[26] ausgeführt, zweiter Kommandoführer war Eckhardt[27], Wachposten waren u.a. die SS-Männer Kurzschlus[28] und

---

[22] Krematorium Nr. II wurde am 31. März 1943 in Betrieb genommen.

[23] Vgl. Anmerkungen 16 und 18.

[24] Das Männerlager BIId in Birkenau.

[25] Das Krematorium V wurde am 4. April 1943 in Betrieb genommen.

[26] Richtig: Johann Gorges, geb. am 1. Dezember 1900 in Fell, Kreis Trier, von Beruf Fuhrmann. APMO: D-AuI/19, Personalblatt Johann Gorges.

[27] Filip Müller, ebenfalls Angehöriger des Sonderkommandos, erwähnt diesen SS-Angehörigen als Eckardt. Filip Müller, Eyewitness Auschwitz. Three years in the Gas Chambers. New York 1979, s. 126, 141.

[28] Dieser SS-Angehörige wird als Kurschuss auch in den Berichten der früheren Angehörigen des Sonderkommandos Filip Müller, Alter Feinsilber (Stanisław Jankowski) und Henryk Tauber erwähnt. Filip Müller, a.a.O., S. 141, 165; APMO: Höß-Prozeß, Bd. 11, Bl. 142; Inmitten des grauenvollen Verbrechens. Handschriften von Mitgliedern des Sonderkommandos. Hefte von Auschwitz. Sonderheft I. Oświęcim 1972, S. 53.

Gutas[29]. Das Krematorium war genauso gebaut wie das Krematorium IV. Diese beiden Krematorien hatten auf beiden Seiten jeweils 4 Öfen[30]. In jeden Ofen gingen 3 Leichen. Der Auskleideraum und die Gaskammern (Bunker) lagen ebenerdig. Die Vergasung selbst fand auch in diesen Krematorien auf die gleiche Weise statt, wie in den Bunkern Nr. 1 und 2. Die Menschen wurden mit Autos zu diesen Krematorien gebracht, und nach der Inbetriebnahme des Eisenbahngleises nach Birkenau[31] wurden sie auch von der Eisenbahnrampe zu Fuß zu den Krematorien IV und V getrieben. Die Angekommenen gingen zu dem Auskleideraum, Gorger trieb sie an und sagte, macht schneller, das Essen und der Kaffee werden kalt. Denn die Menschen forderten Wasser. Gorger antwortete ihnen, daß das Wasser kalt ist und daß man es nicht trinken darf, daß sie sich beeilten sollten und daß sie, wenn sie aus dem Bad kommen, Tee bekommen, der für sie vorbereitet ist. Wenn sich bereits alle in dem Auskleideraum befanden, stieg Moll auf eine Bank und hielt eine Ansprache an die Versammelten. Er sage ihnen, daß sie in ein Lager gekommen sind, in dem die Gesunden zur Arbeit gehen und die Kranken und die Frauen in den Blöcken bleiben. Er zeigte dabei auf die Gebäude in Birkenau und sagte, daß alle vor der Aufnahme in das Lager baden müssen, denn anders lassen sie die Leitung des Lagers dort nicht hinein. Nachdem sich bereits alle ausgezogen hatten, wurden sie nackt in die Gaskammer getrieben. Zuerst gab es 3 dieser Kammern, in der letzten Zeit wurde eine vierte hergerichtet. Die erste hatte ein Fassungsvermögen von 1 500 Personen, die zweite von 800 Personen, die dritte von 600 Personen, und die vierte von 150 Personen.[32] Aus dem Auskleideraum gingen die Menschen durch einen engen Korridor in die Kammer. In den Kammern befanden sich Aufschriften "Zur Desinfektion". Wenn die Kammer schon voll war, wurde die Tür geschlossen, dies machten SS-Posten, meistens Moll selbst. Dann gab Moll Scheinmetz den Befehl, der wie bei den Bunkern zu dem Kraftfahrzeug mit dem Zeichen des Roten Kreuzes ging, die Büchse mit dem Gas herausholte, sie öffnete und den Inhalt der Büchse durch die Öffnung in der Seitenwand in die Kammer schüttete. Diese Öffnung lag ziemlich hoch, so daß er sie über eine Leiter erreichte. Auch hier machte er es wie bei den Bunkern mit einer Maske. Nach einiger Zeit teilte Mengele mit, daß die Menschen nicht mehr leben, er sagte "Es ist schon fertig" und fuhr mit Scheinmetz mit dem Auto des Roten Kreuzes weg. Moll öffnete dann die Tür zu der Gaskammer, wir zogen die Masken an und schleppten die Leichen aus den einzelnen Kammern durch den kleinen Korridor in den Auskleideraum und durch den Auskleideraum und den anschließenden kleinen Korridor zu den Öfen. In dem ersten Korridor bei den Ausgangstüren schoren die Friseure die Köpfe, in dem zweiten Korridor brachen die Dentisten die Zähne heraus. Vor den Öfen legten wir die Leichen auf eiserne Tragen, die wir dann auf an die Türen zu den Öfen montierten Rollen in den Ofen schoben. Wir legten die Leichen so auf die Tragen, daß die eine mit dem Kopf nach vorne lag und wir dann die andere mit dem Kopf

---

[29] In anderen Quellen nicht genannt.

[30] Es handelte sich um einen Achtmuffel-Einäscherungsofen mit jeweils vier Brennkammern auf jeder der beiden Seiten.

[31] Das Nebengeleis auf dem Gelände des Lagers Birkenau wurde ab Mai 1944 genutzt.

[32] Diese insgesamt vier als Gaskammern genutzten Räume hatten eine Gesamtfläche von etwa 237 m². Bei der Annahme, daß auf einen Quadratmeter etwa zehn Personen gingen, betrüge ihr Fassungsvermögen etwa gut 2 000 Personen.

nach hinten legten. Jeden Ofen beschickten wir mit jeweils drei Leichen. Wenn wir die dritte Leiche einschoben, hatte die zuerst in den Ofen geschobene Leiche bereits Feuer gefangen. Ich sah, daß die Arme der Leiche in die Höhe gingen, später gingen die Beine in die Höhe. Im übrigen beeilten wir uns sehr und ich hatte keine Möglichkeit, den ganzen Verbrennungsprozeß genau zu beobachten. Wir mußten uns sehr beeilen, denn wenn die Gliedmaßen der bereits brennenden Leichen zu sehr in die Höhe gingen, hatten wir Schwierigkeiten, die dritte Leiche in den Ofen einzuschieben. Die Tragen bedienten wir auf die Weise, daß zwei Häftlinge sie an dem weiter von dem Ofen entfernten Ende und ein Häftling an dem zuerst in den Ofen einfahrenden Ende hochhoben. Nach dem Einschieben der Trage hielt einer der Häftlinge die Leiche mit einem langen eisernen, am Ende gegabelten Schüreisen, wir nannten dies Rührstange, fest, und die beiden anderen zogen die Trage unter der Leiche weg. Nach dem Beschicken des Ofens schlossen wir die Tür und beschickten den nächsten Ofen. Die Verbrennung dauerte 15 bis 20 Minuten. Nach dem Ablauf dieser Zeit öffneten wir die Türen der Öfen und schoben die nächsten Leichen hinein. In der Zeit, in der die ungarischen Transporte ankamen, arbeiteten wir im Krematorium V in zwei Schichten. Die Tagschicht von 6.30 Uhr bis 18.30 und die Nachtschicht von 18.30 bis 6.30 am nächsten Tag. Diese Arbeit dauerte ungefähr 3 Monate. Weil jedoch die Krematorien nicht so leistungsfähig waren [33], wurden zum Verbrennen der vergasten Ungarn Gruben neben dem Krematorium V ausgehoben. Dort befanden sich 3 größere und zwei kleinere Gruben. Der Prozeß des Verbrennens in den Gruben bei Krematorium V war der gleiche, wie in den Gruben bei den Bunkern 1 und 2. Auch hier war es Moll, der die Leichen anzündete. Die Asche wurde auf die gleiche Weise aus den Gruben geholt, wie es bei den Bunkern gemacht wurde, sie wurde in besonderen Mörsern zerstoßen und zur Soła abgefahren. Die Asche aus dem Ofen des Krematoriums wurde zuerst in besonders zu diesem Zweck ausgehobenen Gräben vergraben. Nach dem Beginn der russischen Offensive ordnete Höß jedoch an, die Krematoriumsasche aus diesen Gruben herauszuholen und ebenfalls zur Soła abzufahren.

Wegen Vorliegens von amtlichen Verhinderungen wurde die Vernehmung des Zeugen am 11. Mai 1945 um 17 Uhr unterbrochen.

Nach dem Verlesen des Protokolls wurde die Amtshandlung abgeschlossen. [...]

Den 17. Mai 1945 in Oswiecim. Der Zeuge Szlama Dragon (bekannt in der Sache) sagt weiter folgendes aus:

Die zur Vergasung benutzten Kammern des Krematoriums Nr. 5 waren rundherum 2 und 1/2 m hoch [34]. In jedem Fall konnte ich die Decke mit nach oben ausgestreckter Hand nicht erreichen. Vom oberen Rand der Tür bis zur Decke waren es noch etwa 70 cm. Den oberen Rand der Fensteröffnung, durch die der Inhalt der Cyklon-Büchsen in die Kammer geschüttet wurde, konnte ein erwachsener Mann mittlerer Größe mit nach oben ausgestreckter Hand erreichen. Scheinmetz hatte jedoch eine besondere Leiter, auf die er sich stellte, wenn er das Cyklon in die Kammer schüttete. Zu unterschiedlichen Zeiten übten auch andere SS-Männer diese Tätigkeit aus, deren Namen ich jedoch nicht kenne. Den Namen

---

[33] Nach den Angaben der Zentralbauleitung in Auschwitz betrug die Kapazität dieses Krematoriums 768 Leichen pro Tag, nach dem ehemaligen Häftling und Mitglied des Sonderkommandos Feinsilber bzw. Fajnzylberg (Jankowski) 1 500 Personen.

[34] Nach den erhaltenen Plänen hatten die Gaskammern eine Höhe von 2,20 m.

Scheinmetz kenne ich deswegen, weil er anfangs Kommandoführer unseres Sonderkommandos war. Seinen Vornamen kenne ich nicht. Er ist ein Mann mittlerer Größe, ist kleiner als ich, ist blond, ich denke, er war ungefähr 26 Jahre alt. Zur Bedienung nahm er immer Mädchen aus der Slowakei. Ob er mit ihnen slowakisch oder deutsch sprach, weiß ich nicht. Chef der Krematorien IV und V sowie des Bunkers Nr. 2 war Hauptscharführer Moll. Er war ein Mann von mittlerer Größe, hatte einen stämmigen Körperbau, war blond und hatte einen Scheitel gekämmt. Sein linkes Auge war künstlich. Ich denke, daß er etwa 37 Jahre alt war. Seine Frau und seine beiden Kinder (der Sohn war etwa 10 Jahre alt, die jüngere Tochter etwa 7 Jahre) wohnten in Auschwitz. Bei der Vergasung der Menschen assistierte ihm zumeist Lagerarzt Mengele. Dieser war ein Mann meiner Größe, ich nehme an, daß er etwa 40 Jahre alt war, er hatte dunkelbraunes Haar. Er kam immer mit dem Sanitätsauto, mit dem das Cyklon angefahren wurde, und sowohl ich, wie andere in dem Sonderkommando eingesetzten Häftlinge sahen, daß er während der Vergasung der Menschen bei der zu der Gaskammer führenden Tür stand. Diese Tür hatte ein Guckloch. Mengele gab nach dem Abschluß der Vergasung den Befehl, die Gaskammer zu öffnen. Bei der Entfernung der Vergasten aus der Kammer war Mengele bereits nicht mehr im Krematorium, denn er fuhr sogleich weg, nachdem er festgestellt hatte, daß die Opfer bereits vergast sind, und den Befehl gegeben hatte, die Tür der Gaskammer zu öffnen. Er fuhr mit dem gleichen Sanitätsauto weg. Ich habe niemals gesehen, daß Mengele die zur Gaskammer gehenden Menschen untersuchte oder daß er die Leichen der Vergasten beschaute oder untersuchte.

Anfang Mai 1944 wurde damit begonnen, im Krematorium V die Transporte mit ungarischen Juden zu vergasen und zu verbrennen.[35] Die Leichen der Vergasten aus den ersten Transporten wurden in den Öfen des Krematoriums IV verbrannt, weil die Schornsteine im Krematorium V beschädigt waren. Ungarische Juden wurden bis zum Schluß in den zu diesem Zweck neben dem Gebäude von Krematorium Nr. V ausgehobenen Gruben verbrannt. Dort wurden 5 Gruben von 25 m Länge, 6 m Breite und etwa 3 m Tiefe ausgehoben, in diesen Gruben wurden täglich etwa 5000 Personen verbrannt. Es kamen jedoch mit den Transporten mehr ungarischen Juden, so daß erneut Bunker Nr. 2 in Betrieb genommen wurde, und auch dort wurden Menschen vergast und verbrannt. Wie viele Menschen täglich in diesem Bunker verbrannt wurden, weiß ich nicht, weil ich zu der Zeit, in der die ungarischen Juden verbrannt wurden, nicht bei Bunker Nr. 2 arbeitete. Sowohl das bei dem Krematorium V eingesetzte Sonderkommando, wie auch das bei dem Bunker Nr. 2 arbeitende Sonderkommando arbeitete in zwei Schichten: in einer Tagschicht und in einer Nachtschicht. Diese Arbeit zog sich durch die Monate Mai und Juni 1944 hin.[36] Ich berechne, gestützt auf meine Wahrnehmungen, daß in dem Krematorium Nr. V in diesen zwei Monaten etwa 300 000 ungarische Juden verbrannt wurden.[37] Diese Menschen wurden zu Fuß direkt von der Ausladerampe

[35] Die ersten beiden Transporte mit Juden aus Ungarn trafen am 2. Mai 1944 aus Kistarcsa (Budapest) und aus Topolya in Auschwitz ein. Die massierten Deportationen aus Ungarn begannen am 16. Mai 1944.

[36] Transporte mit Juden aus Ungarn trafen in Auschwitz auch noch in der ersten Dekade des Juli 1944 ein.

[37] Die Unterlagen der Abteilung Arbeitseinsatz belegen, daß abgesehen von Krematorium V auch die anderen drei Krematorien in Betrieb waren. Zur Tötung wurde auch der Bunker Nr. 2 verwendet.

in Birkenau zu den Gaskammern getrieben. Unter ihnen waren Männer, Frauen und Kinder unterschiedlichen Alters. Wenn ein solcher Transport auf das Gelände des Krematoriums kam, wurden wir in zwei besonders für diesen Zweck vorgesehene kleine Zimmern eingesperrt. Es ging darum, daß wir mit diesen Menschen nicht sprachen und ihnen nicht verrieten, welches Schicksal auf sie wartet. Es kam jedoch vor, daß auf dem Wege jemand aus den Transport vor Schwäche zusammenbrach. Unter der Bewachung eines SS-Manns mußten wir dann diesen Kranken auf das Gelände des Krematoriums bringen. In solchen Situationen sprachen wir manchmal mit den Kranken, die wir trugen. Die Mehrzahl von ihnen wußte nicht, daß sie in den Tod gehen, und wenn wir ihnen sagten, daß sie zum Krematorium gehen, glaubten sie dies nicht. Ich erinnere mich, daß im Jahre 1943 in den Krematorien II — V 70 000 griechische Juden [38] verbrannt wurden. An diese Zahl erinnere ich mich deshalb, weil der Kommandoführer der Krematorien II und III Keller [39] uns vor dem Eintreffen dieser Transporte drohte und sagte, die guten Zeiten für uns gingen jetzt zu Ende, weil in Kürze ein Transport aus Griechenland mit 70 000 Menschen ankäme. Er sagte uns dies aus dem Grunde, weil es vor der Vergasung dieser Menschen aus den griechischen Transporten eine Unterbrechung in der Arbeit der Krematorien gab und wir nicht schwer arbeiteten. Was die anderen Nationalitäten betrifft, so verfüge ich über keine Zahlen, und ich kann nicht sagen, wie viele der in den Krematorien des Konzentrationslager Auschwitz vergasten Opfer auf die einzelnen Länder und Völker entfallen. Ich berechne die Zahl der in den beiden Bunkern und in den vier Krematorien Vergasten auf über vier Millionen. Der gleichen Meinung waren auch die anderen in dem Sonderkommando eingesetzten Häftlinge. Der Schreiber unseres Kommandos Saumen Gradowski aus Grodno machte Aufzeichnungen, in denen er auf der Grundlage von durch bei allen Krematorien arbeitenden Häftlingen erteilten Informationen die Zahl der in den einzelnen Krematorien vergasten und verbrannten Menschen sowie alle Erlebnisse der Häftlinge aus dem Sonderkommando aufschrieb. Gradowski wurde im Oktober 1944 während des Aufstands erschossen. Damals wurden 500 Häftlinge aus dem Sonderkommando erschossen, das zu dieser Zeit 700 Häftlinge umfaßte. 100 von ihnen schliefen im Krematorium Nr. II, weitere 100 im Krematorium Nr. III und 500 im Krematorium Nr. IV. Die Aufzeichnungen jenes Gradowski, die auf dem mit Stacheldraht eingezäunten Gelände des Krematoriums Nr. II vergraben waren, habe ich ausgegraben und der sowjetischen Kommission übergeben. [40] Es war dies ein Notizbuch und ein Brief an den unbekannten Finder. Im Auftrag der sowjetischen Kommission hat der Häftling und Arzt Dr. Gordon alle aufgefundenen

---

[38] Die Zahl ist zu hoch angesetzt. 1943 und 1944 wurden nach Auschwitz etwa 55 000 Juden aus Griechenland deportiert. Siehe Tabelle 18.

[39] Nähere Angaben liegen nicht vor. Dieser SS-Angehörige wird auch in den Aussagen von Henryk Tauber und Alter Feinsilber (Jankowski) erwähnt. APMO: Höß-Prozeß, Bd. 11, Bl. 142; Inmitten des grauenvollen Verbrechens, S. 53.

[40] Die Aufzeichnungen Gradowskis wurden zuerst im Biuletin des Jüdischen Historischen Instituts (1969, Nr. 71–72) und später 1971 durch die Gedenkstätte Auschwitz in: Zeszyty Oświęcimskie, Numer specjalny II, bzw. 1972 in: Hefte von Auschwitz, Sonderheft I: Inmitten des grauenvollen Verbrechens, S. 73–114, veröffentlicht.

Schriftstücke in hebräischer Sprache in die russische Sprache übersetzt. Die sowjetische Kommission hat diese Materialien mitgenommen. Ich weiß, daß auf dem zu Krematorium Nr. II gehörenden Gelände noch andere Dokumente und Aufzeichnungen vergraben sind und daß dort mit Erde zugeschüttete Gruben mit der Asche der in diesem Krematorium verbrannten Leichen der Menschen sind. Diese Dinge müssen gegenüber den Krematoriumsöfen gesucht werden. Ich kann diese Stellen nicht genau zeigen, weil sich nach der Zerstörung der Krematorien die Situation dort verändert hat, das Gelände wurde noch zur deutschen Zeit planiert, so daß ich die Orientierung verloren habe. Bei der Vergasung und dem Verbrennen der Menschen in den Krematorien II und III habe ich nicht gearbeitet. Dort waren Zisner und Mandelbaum eingesetzt. Tauber hat mit mir gearbeitet und außerdem vor seiner Versetzung zu den Krematorien in Birkenau in dem Krematorium Nr. I in Auschwitz.

In dem Sonderkommando, das die beiden Bunker bedient hatte, bevor ich im Dezember 1942 dem neugebildeten Sonderkommando zugeteilt wurde, arbeiteten in der Mehrzahl Slowaken [41]. Alle aus diesem Sonderkommando wurden in dem Krematorium Nr. I in Auschwitz vergast. Wie ich bereits zuvor erwähnt habe, bestand das Sonderkommando, dem ich zugeteilt wurde, aus 200 Häftlingen. Kurze Zeit später wurde es auf vierhundert verstärkt. Dann wurden 200 Häftlinge aus diesem Sonderkommando nach Lublin geschickt, von wo 20 Russen in das Sonderkommando kamen. Von diesen Russen erfuhren wir, daß die 200 nach Lublin geschickten dort erschossen wurden. 1943 wurden unserem Sonderkommando 200 Griechen [42] zugeteilt, und im Jahre 1944 500 Ungarn [43]. Im Oktober 1944 wurden 500 Häftlinge [44] erschossen, und zwar 400 auf dem Hof des Krematoriums Nr. IV und 100 auf dem Feld neben dem Krematorium Nr. II. In dem gleichen Monat wählte Moll ungefähr 200 Häftlinge aus dem Sonderkommando aus, die nach Auschwitz gebracht wurden und, wie uns später in Kanada eingesetzte Häftlinge informierten, in Kanada in der eigentlich zur Begasung der in Kanada magazinierten Sachen verwendeten Kammer vergast wurden. Im November 1944 wurden 100 Häftlinge aus dem Sonderkommando nach Groß-Rosen geschickt. [45] Zumindest wurde uns das so gesagt. In jedem Fall fuhren sie mit einem Straftransport ab. Nach allen diesen Abgängen verblieben bei uns im Sonderkommande noch mehr als 100 Häftlinge. Das Krematorium Nr. V war bis in die letzten Tage der Anwesenheit der Deutschen im Lager betriebsfähig und wurde von ihnen vor ihrer Flucht mit Dynamit in die Luft gesprengt. Das war am 20. Januar 1945. [46] Zuletzt wurden in diesem Krematorium lediglich die im Lager Gestorbenen oder Getöteten verbrannt. Vergasungen von Menschen wurden nicht mehr durchgeführt. In dieser Zeit wurde das Krematorium von 30 Häftlingen aus dem Sonderkommando bedient, die übrigen wurden bei der Demontage der Krematorien II und III eingesetzt. Ich arbeitete bei der Demontage.

---

[41] Es geht hier um slowakische Juden.

[42] Es geht hier um griechische Juden.

[43] Es geht hier um ungarische Juden.

[44] Während des Aufstands am 7. Oktober 1944 kamen insgesamt 451 Häftlinge aus dem Sonderkommando und drei SS-Angehörige ums Leben.

[45] Sie wurden getötet, ihre Leichen wurden in Krematorium II verbrannt.

[46] Zu diesem Zeitpunkt war der Zeuge bereits nicht mehr in Auschwitz. Nach anderen Informationen wurde dieses Krematorium am 26. Januar 1945 in die Luft gesprengt.

Ende Mai 1944 wurde ich mit dem ganzen Sonderkommando von Block 11 des Abschnitts BIId in das Krematorium Nr. IV verlegt, wo ich bis Oktober 1944 wohnte. Wie ich bereits zuvor ausgesagt habe, wohnten im Oktober 1944 in diesem Krematorium etwa 700 Häftlinge aus dem Sonderkommando. Weil die Krematorien in dieser Zeit bereits nicht mehr so viele Menschen zur Bedienung benötigten, befürchteten wir, daß wir selbst vergast werden und beschlossen deshalb, einen Aufstand zu organisieren. Wir planten dies schon seit langem, wir hatten Kontakt und Verbindungsleute mit der Welt, wir stellten Granaten her, wir hatten Waffen und einen Fotoapparat und warteten auf den Beginn der dritten sowjetischen Offensive. Denn wir waren der Auffassung, daß unsere Aktion nur im Fall einer Offensive Aussicht auf Erfolg haben kann. Im Oktober erschien uns unsere Situation so bedrohlich, daß wir beschlossen, keine Zeit zu verlieren und zur Aktion zu schreiten. An das Datum [47] erinnere ich mich nicht genau, es war an einem Samstag, als wir uns auf die SS-Posten warfen, 12 SS-Männer wurden verwundet. Es gab wohl unter ihnen auch Tote. [48] Zur gleichen Zeit führten die im Krematorium II untergebrachten Häftlinge des Sonderkommandos [die Aktion; d. Übers.] durch. Im Krematorium Nr. III konnte das Sonderkommando die Aktion nicht beginnen. Auf das Gelände unseres Krematoriums wurden sofort SS-Verstärkungen herangezogen, mehrere Kompanien umstellten das ganze Gelände, etwa 500 Häftlinge wurden erschossen [49], und der Rest, der sich verstecken konnte, konnte das Leben retten. Ich versteckte mich unter einem Holzstoß, und Tauber in den Abzügen des Schornsteins des Krematoriums Nr. V. Wir alle, die wir am Leben geblieben waren, wurden in das Krematorium Nr. III verlegt und dort untergebracht. Wir wurden am Leben gelassen, weil zu dieser Zeit eine Untersuchung durchgeführt wurde, die unsere ganze Organisation aufdecken sollte. Dies gelang jedoch nicht, obwohl sowohl wir persönlich, wie die Unterkunft sehr häufig durchsucht wurden, weil wir nach dem Zusammenbruch des Aufstands alle Materialien und insbesondere die Granaten vergraben und die konspirative Aktion eingestellt hatten. Im Krematorium Nr. III wohnte ich bis November 1944, anschließend wurde das ganze Sonderkommando in das Lager BIId verlegt. Ich befand mich in Block 3. Ab Oktober 1944, also ab dem Zeitpunkt des von mir beschriebenen Aufstands, arbeitete ich bei der Demontage der Krematorien, und zwar beim Abbruch des Krematoriums Nr. IV. Es wurde während des Aufstands in Brand gesteckt, so daß wir nur die Mauern auseinandernahmen. Die Eisenteile der Öfen dieses Krematoriums wurden nach Auschwitz gebracht, wo sie bis heute auf dem Bauhof liegen. Die anderen Häftlinge aus dem Sonderkommando wurden zu der gleichen Zeit bei der Demontage der Krematorien Nr. II und III eingesetzt. Mit der Demontage dieser Krematorien wurde im November 1944 begonnen, und wie uns gesagt wurde, sollten sie nach Groß-Rosen verlegt werden. Die Eisenteile der Öfen dieser Krematorien sowie die Türen, die Entlüftungsvorrichtungen, die Bänke, die Treppen und andere Teile befinden sich bis heute auf dem Bauhof.

Ich führe aus, daß in den Bunkern Nr. 1 und Nr. 2 sowie in den Krematorien Nr. IV und V Türen und Fensterklappen des gleichen Typs verwendet wurden. Sie waren aus dickem Holz hergestellt, waren schwer, hatten einen Falz und waren in den Fugen zur Abdichtung mit Filz ausgelegt. Die Türen wurden mit doppelten großen eisernen Riegeln verschlossen, die zur Abdichtung mit Schrauben zugeschraubt wurden. Die

[47] Siehe Anmerkung 44.
[48] Siehe Anmerkung 44.
[49] Siehe Anmerkung 44.

Türen der Bunker hatten keine Gucklöcher. Die zu den Gaskammern führenden Türen waren in allen Krematorien (II–IV) mit solchen kleinen Fenstern ausgestattet. Die Krematorien Nr. II und III hatten keine Fensterklappen aus Holz, weil das Cyklon in die Gaskammern dieser Krematorien durch Öffnungen in den Decken geworfen wurde. Diese Öffnungen waren mit Betonplatten verschlossen.

Ich lege schematische Skizzen der Bunker Nr. 1 und 2 sowie des Krematoriums Nr. V vor. Das Krematorium Nr. IV war identisch gebaut und symmetrisch zu dem Krematorium Nr. V lokalisiert. Ich bitte, die vorgelegten Skizzen zur Erläuterung und zum richtigen Verständnis des Inhalts meiner Aussagen diesem Protokoll beizufügen.

In Block 13 des Lagers BIId befand ich mich bis Anfang Januar 1945. Anschließend wurde ich mit dem ganzen Sonderkommando in Block 16 verlegt, von wo aus ich am 18. Januar mit einem Transport in Richtung Reich weggebracht wurde. Wir gingen zu Fuß, und in der Umgebung von Pszczyna gelang es mir und Tauber, aus dem Transport zu fliehen. Mit mir verließ das ganze Sonderkommando Auschwitz, d.h. mehr als 100 Menschen. Wer von ihnen am Leben geblieben ist, weiß ich nicht. In den letzten Tagen kehrte Mosiek Van Kleib zurück, ein Holländer, der ohne Aufenthalt in seine Heimat abreiste. Unter den Häftlingen des Sonderkommandos, die Auschwitz verließen, befanden sich u.a. Zawek Chrzan aus Gostynin, der Franzose Samuel, Leibel aus Grodno, Lemko aus Czerwony Bór, Dawid Nencel aus Rypin, Moszek und Jankel Weingarten aus Polen, Sender aus Berlin, Moric aus Griechenland, Abram Dragon aus Żeromin, der Franzose Serge (Blockältester), Abo aus Grodno, Berek Becker aus Luna, Kuzyn aus Radom und andere, an deren Namen ich mich nicht erinnere.

Ich habe vor, mich jetzt in Żeromin niederzulassen [50] und eine Arbeit in meinem Beruf aufzunehmen. Ich nehme an, daß auch mein Bruder zurückkehren wird und daß wir zusammen arbeiten werden. Ich rechne damit, daß ich zur Armee einberufen werde. Nach den Erlebnissen im Lager bin ich nervlich vollständig erschöpft, ich will endlich zu einem normalen Leben zurückkehren, aus der Atmosphäre des Lagers herauskommen und all das vergessen, was ich in Auschwitz durchlebt habe.

Verlesen. Damit sind die Amtshandlung und das Protokoll abgeschlossen. Der Staatsanwalt: Edward Pęchalski, der Zeuge: Szlama Dragon, der Richter: Jan Sehn. Es protokollierte: Krystyna Szymańska. Die Übereinstimmung mit dem Original wird bestätigt: Der Untersuchungsrichter.

---

[50] 1989 wohnte Dragon in Israel; vgl. Aufnahme auf S. 204.

Anlagen zum Protokoll der Vernehmung des Zeugen Szlama Dragon

ODPIS

119

S z k i c "b u n k r a" nr.2.

/załącznik do protokołu przesłuchania świadka Szlamy Dragona z 10 i 11.5.1945 r./

/Szkic niniejszy nakreślony został przez Sędziego Śledczego Jana Sehna w obecności Prokuratora Edwarda Pęchalskiego na podstawie bezpośrednich oględzin na miejscu, oraz wyjaśnień świadka Dragona Szlamy, złożonych przez niego w toku dokonywania oględzin i podczas jego przesłuchania./

Sędzia Śledczy:

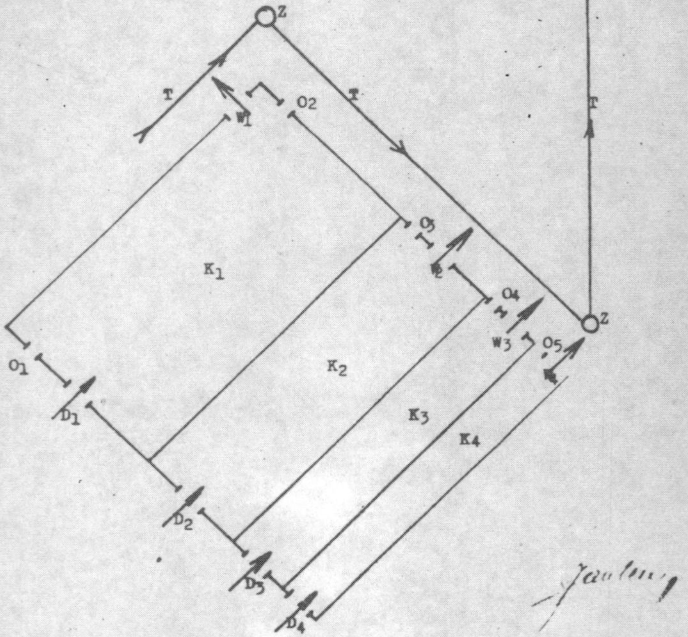

D = drzwi wejściowe do komór gazowych
K = komory gazowe
O = okienka do wrzucania cyklonu
W = drzwi wyjściowe z komór gazowych
T = tor kolejki do dołów dla spalania zwłok
Z = zwrotnice obrotowe

ABSCHRIFT

Skizze des Bunkers Nr. 2.

(Anlage zum Protokoll der Vernehmung des Zeugen Szlama Dragon am 10. und 11.5.1945)

(Diese Skizze wurde von Untersuchungsrichter Jan Sehn in Anwesenheit von Staatsanwalt Edward Pęchalski auf der Grundlage einer direkten Inaugenscheinnahme am Ort sowie der von dem Zeugen Szlama Dragon während der Durchführung der Inaugenscheinnahme und während seiner Vernehmung niedergelegten Erläuterungen gezeichnet.)

D = Eingangstüren zu den Gaskammern
K = Gaskammern
O = Öffnungen zum Einwerfen des Zyklon
W = Ausgangstüren aus den Gaskammern
T = Feldbahngleis zu den Gruben zur Verbrennung der Leichen
Z = Weichen

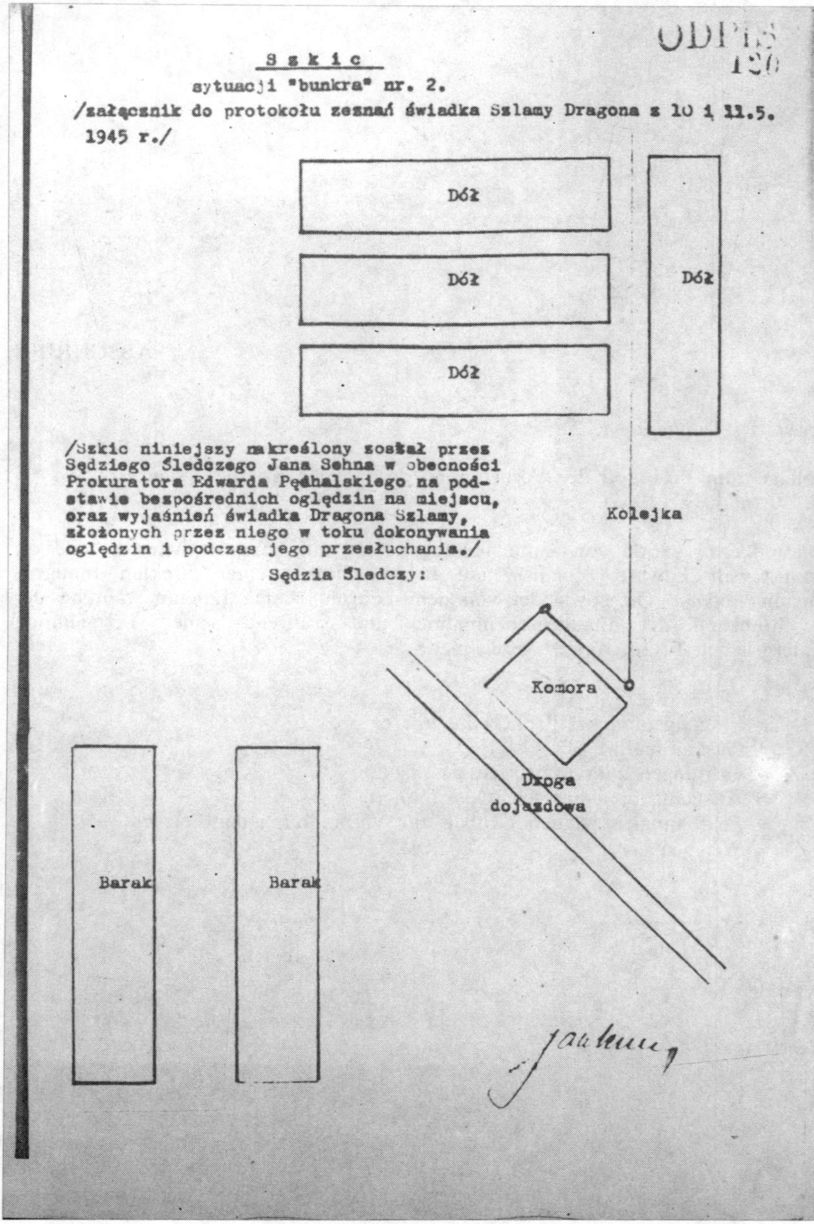

ODPIS
120

Szkic

sytuacji "bunkra" nr. 2.

/załącznik do protokołu zeznań świadka Szlamy Dragona z 10 i 11.5. 1945 r./

/Szkic niniejszy nakreślony został przez Sędziego Śledczego Jana Sehna w obecności Prokuratora Edwarda Pęchalskiego na podstawie bezpośrednich oględzin na miejscu, oraz wyjaśnień świadka Dragona Szlamy, złożonych przez niego w toku dokonywania oględzin i podczas jego przesłuchania./

Sędzia Śledczy:

ABSCHRIFT

Skizze
der Lage des "Bunkers" Nr. 2.

(Anlage zum Protokoll der Vernehmung des Zeugen Szlama Dragon am 10. und 11.5.1945)

Dół = Graben
Komora = Kammer
Barak = Baracke
Droga dojazdowa = Zufahrtsweg
Kolejka = Feldbahn

(Diese Skizze wurde von Untersuchungsrichter Jan Sehn in Anwesenheit von Staatsanwalt Edward Pęchalski auf der Grundlage einer direkten Inaugenscheinnahme am Ort sowie der von dem Zeugen Szlama Dragon während der Durchführung der Inaugenscheinnahme und während seiner Vernehmung niedergelegten Erläuterungen gezeichnet.)

118

Szkic "bunkra" Nr. 1.

/Załącznik do protokołu przesłuchania świadka Szlamy Dragona z 10 i 11 V. 1945 r./

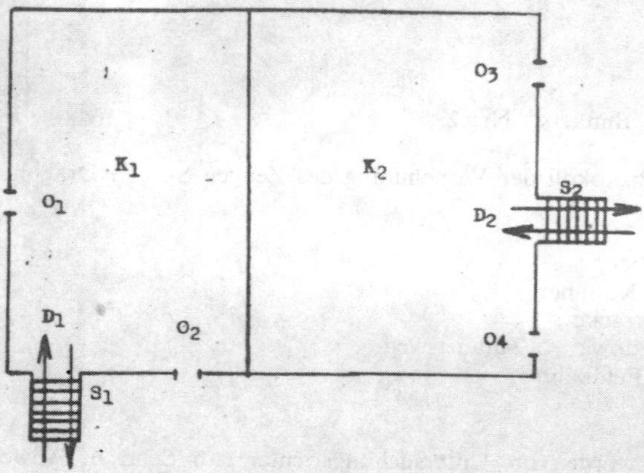

D= drzwi gazoszczelne

K= komory gazowe /bunkry/

O= okienka do wrzucania cyklonu

S= schody

/Szkic niniejszy nakreślony został przez Sędziego Śledczego Jana Sehna w obecności Prokuratora Edwarda Pęchalskiego na podstawie bezpośrednich oględzin na miejscu, oraz wyjaśnień świadka Dragona Szlamy, złożonych przez niego w toku dokonywania oględzin i podczas jego przesłuchania/

Sędzia Śledczy:

ABSCHRIFT

(Anlage zum Protokoll der Vernehmung des Zeugen Szlama Dragon am 10. und 11.V.1945)

D = gasdichte Tür
K = Gaskammern (Bunker)
O = Öffnungen zum Einwerfen des Zyklon
S = Stufen

(Diese Skizze wurde von Untersuchungsrichter Jan Sehn in Anwesenheit von Staatsanwalt Edward Pęchalski auf der Grundlage einer direkten Inaugenscheinnahme am Ort sowie der von dem Zeugen Szlama Dragon während der Durchführung der Inaugenscheinnahme und während seiner Vernehmung niedergelegten Erläuterungen gezeichnet.)

Szkic krematorium nr.V.

/załącznik do protokołu zeznań świadka Szlamy Dragona z 10 i 11.5.
1945 r./

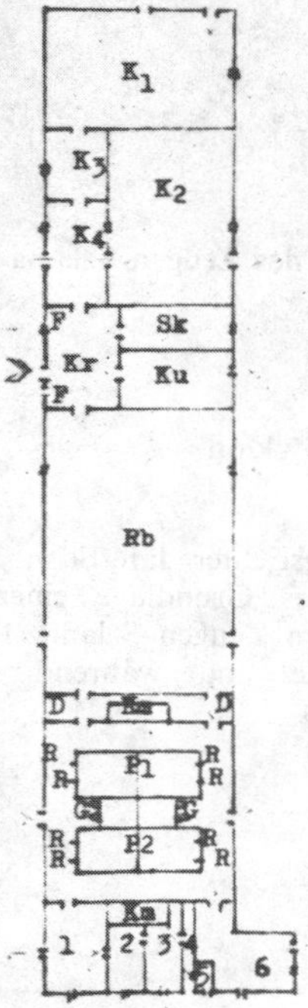

←→ = drzwi gazoszczelne
= okienka do wrzucania cyklonu
→ = okna
= drzwi
= główne wejście
K = komory gazowe
Sk = pokój dla Sonderkommando
Kr = Korytarz
Ku = kuchnia
Rb = rozbieralnia
F = fryzjerzy
D = dentyści
Km = kominy
P = piece krematoryjne
R = retorty
G = generatory
1 = izba kommandoführera
2 = izba dla SS-mannów
3 = " " "
4 = umywalnia
5 = klozet
6 = koksownia

/Szkic niniejszy nakreślony został przez Sędziego Śledczego Jana Sehna w obecności Prokuratora Edwarda Pęchalskiego na podstawie bezpośrednich oględzin na miejscu, oraz wyjaśnień świadka D ago a Szlamy, złożonych przez niego w toku dokonywania oględzin i podczas jego przesłuchania./

Sędzia Śledczy:

Skizze des Krematoriums Nr. V.

(Anlage zum Protokoll der Vernehmung des Zeugen Szlama Dragon am 10. und 11.5.1945)

⊣ ⊢ = gasdichte Türen
⊣⊢ .= Öffnungen zum Einwerfen des Zyklon
⊣⊢ = Fenster
⊣⊢ = Türen
> = Haupteingang
K = Gaskammern
Sk = Zimmer für das Sonderkommando
Kr = Korridor
Ku = Küche
Rb = Auskleideraum
F = Friseure
D = Dentisten
Km = Schornsteine
P = Krematoriumsöfen
R = Retorten
G = Generatoren
1 = Raum des Kommandoführers
2 = Raum für die SS-Männer
3 = Raum für die SS-Männer
4 = Waschraum
5 = Klosett
6 = Koksraum

(Diese Skizze wurde von Untersuchungsrichter Jan Sehn in Anwesenheit von Staatsanwalt Edward Pęchalski auf der Grundlage einer direkten Inaugenscheinnahme am Ort sowie der von dem Zeugen Szlama Dragon während der Durchführung der Inaugenscheinnahme und während seiner Vernehmung niedergelegten Erläuterungen gezeichnet.)

STATEMENT [1]

Ich, Klari Weiss, wurde am 18. Dezember 1926 in Bratislava, Tschechoslowakei, geboren. Meine Mittelschulausbildung wurde 1940 unterbrochen, als ich als Jüdin aus der Schule ausgeschlossen wurde. Am 23. Juli 1942 wurde ich mit meinen Eltern, meiner Großmutter und meiner Schwester in das Konzentrationslager Auschwitz deportiert. Auf dem Bahnhof in Auschwitz, wo wir am 25. Juli ankamen [2], wurden wir und die anderen Deportierten in drei Gruppen aufgeteilt. Mein Vater kam in eine Gruppe von etwa 80 Männern. Ich wurde von meiner Mutter getrennt und wurde Teil einer Gruppe von etwa 60 Frauen und Mädchen. Obwohl meine Mutter erst 39 Jahre alt war, stand sie auf dem Bahnsteig zusammen mit meiner Großmutter und meiner zwölfjährigen Schwester, und sie wurde dann mit der dritten Gruppe von älteren Menschen und Kindern auf einen von mehreren Lastkraftwagen geladen. Ich glaube, daß sie sogleich vergast und verbrannt wurden, denn es war unter den Häftlingen allgemein bekannt, daß die Kinder und die alten Menschen jedes eintreffenden Eisenbahntransports sofort getötet wurden, während die starken Frauen und Männer in dem Lager gehalten wurden. Später sah ich die Urkunde über den Tod meines Vaters, der am 24. August 1944 eintrat. Ich wurde mit der gleichen Gruppe evakuiert, wie Edith Magyar.

Nach zehn Tagen in den regulären Unterkünften der Frauen-Häftlinge in Auschwitz und Birkenau, also sogleich nach der ersten "Sortierung", erklärte ich unzutreffend, daß ich Schreibmaschine schreiben und stenographieren kann. Während des Abendappells am 16. August wurde mein Name ausgerufen und ich wurde zur Arbeit einer Registratur des Stabes zugewiesen. In dem Büro, in dem ich arbeitete, waren 45 Frauen in folgende Sektionen organisiert: ein Registrierbüro, das in zwei Sektionen unterteilt war, eine für die Toten und eine für die Lebenden; ein Politisches Sekretariat; und ein Evidenzbüro. Die im Lager Eintreffenden wurden entsprechend ihren angeblichen Verbrechen in dem Registrierbüro erfaßt.

---

[1] Statement von Klari Weiss vor Oberleutnant William R. Johnson. APMO: Krakauer Auschwitz-Prozeß, Bd. 44, Bl. 124. Übersetzung aus dem Englischen: J.A.

[2] Der Transport verließ Žilina am 24. Juli 1942. Zu dem Transport gehörten 1010 Personen. Nach der Selektion wurden am 25. Juli 1942 192 Männer, die die Nummern von 52 119 bis 52 310, sowie 93 Frauen, die die Nummern von 10 571 bis 10 663 erhielten, als Häftlinge registriert. Die Übrigen wurden in den Gaskammern getötet.

Das politische Sekretariat unterhielt die Verbindung mit den Gestapo-Stellen, ausschließlich soweit dies Arier betraf. Das Evidenzbüro führte eine Kartei, die den Status aller das Lager durchlaufenden Häftlinge zeigte. An die Dienststelle des Reichssicherheitshauptamts in Sagan wurden Monatsberichte gegeben. Ich arbeitete in der Sektion des politischen Sekretariats, in der die Urkunden über Sterbefälle im Lager aufbewahrt wurden.

Durch meinen Zugang zu den Akten kann ich abschätzen, daß 1942 im Lager etwa 48 000 natürliche Todesfälle eintraten.[3] 1943 wurden die natürlichen Todesfälle von Juden nicht verzeichnet, es wurden jedoch die Akten über 35 000 Todesfälle von Ariern aufbewahrt. 1944 betrug die Zahl der natürlichen Todesfälle von Ariern etwa 30 000. Arier waren jedoch eine kleine Minderheit unter der Population des Lagers und unter der Zahl der auf natürliche Ursachen zurückgehenden Todesfällen. Todesfälle durch andere Ursachen wie Vergasung oder Injektionen wurden nicht verzeichnet.

Aus den Akten, die ich sah, erfuhr ich vom Tod des Vaters von Edith Magyar, der Eltern von Jolan Stark und von Tod meines eigenen Vaters und meines Onkels. Da ich nach dem Eintreffen im Lager nichts mehr von meiner Mutter und meiner Schwester gehört habe, nehme ich an, daß sie unter den nicht verzeichneten Todesfällen derer sind, die vergast und verbrannt wurden.

Unterschrieben
Klari Weiss

BESCHEINIGUNG

Ich bescheinige hiermit, daß das vorstehende Statement mir von Klari Weiss vorgetragen wurde und daß ich eine möglichst genaue und wahre Übersetzung vorgenommen habe.

William R. Johnson
Oberleutnant AUS
Hauptquartier der 2. Infanterie-Division

[3] Die Feststellungen der Zeugin beziehen sich darauf, wie die Verzeichnung durchgeführt wurde, sie haben jedoch keinen direkten Zusammenhang mit den tatsächlichen Todesursachen, weil diese laufend gefälscht wurden, und zwar wurden für Erschlagene, für in den Gaskammern Getötete usw. naturliche Todesursachen unterschiedlicher Art, zumeist verbreitete Krankheiten, angegeben. Aus den erhaltenen Dokumenten ergibt sich, daß ab 1943 für die Mehrzahl der registrierten Juden keine Sterbeurkunden mehr ausgestellt wurden und daß sie auf Sammellisten verzeichnet wurden, auf denen die Tarnbezeichnungen SB oder GU vermerkt wurden. Für einige Kategorien von Juden wurden weiter Sterbeurkunden mit einer natürlichen Todesursache ausgestellt, so z.B. für die in dem Familienlager B II b untergebrachten Juden aus Theresienstadt. Hieraus ergibt sich, daß die die Sterblichkeit für die Jahre 1943 und 1944 betreffenden Zahlen einen Teil der registrierten Juden umfassen.

QUELLEN UND LITERATUR

Materialien und Quellen
Archiv des Staatlichen Auschwitz-Museums:
— Akten des Prozesses gegen Rudolf Höß
— Akten des Krakauer Auschwitz-Prozesses
— Arbeitseinsatz, Briefe und Telegramme betr. den Arbeitseinsatz der Häftlinge
— Dokumente des Häftlingskrankenbaus betr. den Tod von Häftlingen
— Gestapo Berlin Transportlisten
— Häftlingspersonalbögen
— Buch des Häftlingskrankenbaus, Block 22B
— Hauptbuch des Zigeunerlagers
— Stärkemeldungen der Häftlinge
— Stärkemeldungen der weiblichen Häftlinge im KL Auschwitz II (Birkenau)
— Meldungen über die Entfernung von Goldzähnen
— Monatsübersicht über den Arbeitseinsatz der Häftlinge
— Nummernliste der im KL Auschwitz Gestorbenen, Leichenhallenbuch 7.10.1941–31.8.1943
— Bücher des Häftlingskrankenbaus, Block 20 und 28
— Russisches Kriegsgefangenenlager Auschwitz Totenbuch Krankenbau
— SS-Hygiene-Institut
— Stärkebuch
— Sterbebuch
— Totenbuch KL Auschwitz III
— Zentralbauleitung
— Bestand Materialien: Buch Bellert
— Bestand Erklärungen
— Bestand Referate
— Zugangslisten
Moreshet Archives Givat Chaviva, Israel:
— RSHA-Transporte aus der Slowakei
Wojewodschaftsarchiv Katowice
— Bestand Berghütte

Zeitungsveröffentlichungen und Bulletins

Götz Aly: Auschwitz und die Leichenarithmetik, in: Die Tageszeitung, 13.8.1990.
Götz Aly: Auschwitz und die Zahlen. Was Historiker längst wußten, ist jetzt öffentlich, in: Die Tageszeitung, 18.7.1990.
Auschwitz-Information. 9. Ausgabe. Wien, Juni 1990.
Auschwitz revised, in: The Chronicle [Maryborough, Australien], 19.7.1990.
Awi: Zakończony spór [Ein abgeschlossener Streit], in: Oświęcimski Chemik, 1970, Nr. 17.
Yehuda Bauer: The Danger of Distortion. Poles and Jews alike are supplying those who

deny the Holocaust with the best possible arguments, in: The Jerusalem Post, International Edition, 30.9.1989.
Yehuda Bauer: Fighting the Distortions, in: The Jerusalem Post, 1989, Nr. 39.
Hermann Baumann: Zynische Zahlenspiele, in: Allgemeine Jüdische Wochenzeitung, 1990, Nr. 30.
Teresa Bętkowska: Oświęcimia nie można zakłamać [Auschwitz kann nicht verfälscht werden], in: Przekrój, 1990, Nr. 2358.
Chłodnym okiem. Z dr Józefem Garlińskim — prezesem Związku Pisarzy Polskich na Obczyźnie rozmawia reporter Kuriera Zachodniego Łukasz Wyrzykowski [Mit nüchternem Blick. Mit Dr. Józef Garliński, dem Präses des Verbandes Polnischer Schriftsteller im Ausland, spricht der Reporter des Kurier Zachodni Łukasz Wyrzykowski], in: Kurier Zachodni, 1990, Nr. 78.
Jan Dziadul: Weryfikacja historii. Ilu ludzi wymordowano w Auschwitz-Birkenau? [Eine Verifizierung der Geschichte. Wie viele Menschen sind in Auschwitz-Birkenau ermordet worden?], in: Polityka, 1990, Nr. 2.
Robert Faurisson [Interview], in: Storia Illustrata, 1979, Nr. 261.
Gedenktafel in Auschwitz entfernt. Galinski protestiert gegen Spekulationen über die Zahl der im KZ Ermordeten, in: Süddeutsche Zeitung, 19.7.1990.
Ile osób zginęło w Auschwitz-Birkenau? Rozmowa z Kazimierzem Smoleniem dyrektorem Państwowego Muzeum w Oświęcimiu [Wie viele Menschen sind in Auschwitz-Birkenau gestorben? Ein Gespräch mit Kazimierz Smoleń, dem Direktor des Staatlichen Auschwitz-Museums], in: Dziennik Zachodni, 1990, Nr. 28.
Leszek Konarski: Korekta zbrodni [Korrektur eines Verbrechens], in: Przegląd Tygodniowy, 1990, Nr. 32.
Shmuel Krakowski [Interview], in: The Chronicle [Maryborough, Australien], 19.7.1990.
Ewa Łosińska: Oświęcim odkłamany. Komunistyczna propaganda w imię swoich celów sfałszowała nawet ilość ofiar obozów zagłady [Die Lüge von Auschwitz genommen. Die kommunistische Propaganda hat im Namen ihrer Ziele sogar die Zahl der Opfer der Vernichtungslager gefälscht], in: Czas Krakowski, 19.7.1990.
1,6 Millionen Opfer sind schrecklich genug. Prof. Yehuda Bauer mahnt zum verantwortungsvollen Umgang mit der Auschwitz-Statistik, in: Allgemeine Jüdische Wochenzeitung, 29.9.1989.
Neue Zahlen über die Todesopfer von Auschwitz. Tafel mit Hinweis auf vier Millionen entfernt. Galinski empört, in: Frankfurter Rundschau, 1990, Nr. 164.
O ofiarach Oświęcimia [Über die Opfer von Auschwitz], in: Gazeta Wyborcza, 1990, Nr. 164.
Oświęcimska korekta — listy czytelników [Korrektur in Auschwitz-Leserbriefe], in: Przegląd Tygodniowy, 1990, Nr. 43.
Poland Fixes Death-Camp Victim Count, in: New York Post, 18.7.1990.
Lilli Segal: Wie leicht kann man Zahlen fälschen?, in: Die Tageszeitung, 26.7.1990.
Spóźnione sprostowanie [Eine verspätete Richtigstellung], in: Dziennik Zachodni, 1990, Nr. 162.
Peter Steinfels: Auschwitz Revisionism, an Israeli Scholar's Case, in: The New York Times, 11.11.1989.
Verhöhnung der Auschwitz-Opfer. Polen nennt neue Zahlen, in: Allgemeine Jüdische Wochenzeitung, 1990, Nr. 30.
Bogdan Wasztyl: Oświęcim — liczenie ofiar [Auschwitz — die Opfer werden gezählt], in: Dziennik Polski, 1990, Nr. 187.
Zahl der Auschwitz-Opfer revidiert, in: Aufbau, 3.8.1990.
Zbigniew Zieliński: Święta liczba czterech milionów [Die heilige Zahl der vier Millionen], in: Panorama, 1990, Nr. 162.

Wissenschaftliche Arbeiten, Erinnerungen und Quellenpublikationen

H. G. Adler: Theresienstadt 1941–1945. Tübingen 1955.
Yitzhak Arad: Belzec, Sobibor, Treblinka. The Operation Reinhard Death Camps. Bloomington, Indianapolis 1987.

Hannah Arendt: Eichmann in Jerusalem. München 1964.

Yehuda Bauer: Auschwitz, in: Der Mord an den Juden im Zweiten Weltkrieg. Stuttgart 1985, S. 164–173.

Bruno Baum: Widerstand in Auschwitz. Berlin 1957.

Tatiana Berenstein, Adam Rutkowski: Żydzi w obozie koncentracyjnym Majdanek (1941–1944) [Juden im Konzentrationslager Majdanek (1941–1944)], in: Biuletyn ZIH, 1966, Nr. 58.

Joseph Billig: Les camps de concentration dans l'économie du Reich hitlerien. Paris 1973.

Józef Bogusz: Refleksje ze spotkań z Niemcami [Reflexionen aus Begegnungen mit Deutschen], in: Przegląd Lekarski, 1990, Nr. 1.

Randolph L. Braham: The Destruction of Hungarian Jewry. New York 1963.

Jerzy Brandhuber: Die sowjetischen Kriegsgefangenen im Konzentrationslager Auschwitz, in: Hefte von Auschwitz. Nr. 4. Oświęcim 1961, S. 5–62

[Pery Broad:] KZ-Auschwitz, in: Hefte von Auschwitz. Nr. 9. Oświęcim 1966, S. 7–52.

Christopher R. Browning: Le decision concernant la solution finale, in: L'Allemagne nazie et la gnocide Juif. Paris 1985, S.190–216.

Martin Broszat: Nationalsozialistische Konzentrationslager 1933–1945, in: Anatomie des SS-Staates. Bd. 2. Olten und Freiburg im Breisgau 1965

Alan Bullock: Hitler. Eine Studie über Tyrannei. Hamburg 1964.

Evelyn le Chene: Yugoslavs in Nazi Concentration Camps, in: The Third Reich and Yugoslawia 1933–1945. Belgrad 1977, S. 654–669.

John S. Conway: Frühe Augenzeugenberichte aus Auschwitz. Glaubwürdigkeit und Wirkungsgeschichte in: Vierteljahreshefte für Zeitgeschichte, 1979, H. 2, S. 260—284.

Edward Crankshaw: Die Gestapo. Berlin 1959.

Tadeusz Cyprian, Jerzy Sawicki: Ludzie i sprawy Norymbergi [Nürnberg — die Menschen und die Fälle], Poznań 1967.

Tadeusz Cyprian, Jerzy Sawicki: Sprawy polskie w procesie norymberskim [Polnische Angelegenheiten im Nürnberger Proze]. Poznań 1956.

Danuta Czech: Deportation und Vernichtung der griechischen Juden im KL Auschwitz (im Lichte der sogenannten Endlösung der Judenfrage), in: Hefte von Auschwitz. Nr. 11. Oświęcim 1970, S. 5–37.

Danuta Czech: Kalendarium der Ereignisse im Konzentrationslager Auschwitz-Birkenau, in: Hefte von Auschwitz. Nr. 2–4, 6–8. Oświęcim 1959–1964.

Danuta Czech, Kalendarium der Ereignisse im Konzentrationslager Auschwitz-Birkenau 1939–1945. Reinbek bei Hamburg 1989.

Danuta Czech. Konzentrationslager Auschwitz. Abriß der Geschichte, in: Auschwitz faschistisches Vernichtungslager. Warschau 1978, S. 11–43; Warschau 1988, 3., erw. u. verb. Aufl, S. 11–37.

Danuta Czech, Die Rolle des Häftlingskrankenbaulagers im KL Auschwitz II, in: Hefte von Auschwitz. Nr. 15. Oświęcim 1975, S. 5–112.

Szymon Datner: Eksterminacja ludnosci żydowskiej w okręgu białostockim [Die Vernichtung der jüdischen Bevölkerung im Bezirk Białystok], in: Biuletyn ZIH. Nr. 60, 1966, S. 350.

Szymon Datner: Walka i zagłada bialostockiego ghetta [Der Kampf und die Vernichtung des Ghettos Białystok]. Lódź 1946.

Szymon Datner, Janusz Gumkowski, Kazimierz Leszczynski: Wysiedlenia w Zamojszczyźnie [Die Aussiedlungen in der Region Zamość], in: Biuletyn GKBZHwP. Bd. XIII, Warschau 1960, S. 5–58, 27F–120F.

Szymon Datner, Janusz Gumkowski, Kazimierz Leszczynski: Zagłada Żydów w obozach na ziemiach Polskich [Judenvernichtung in den Lagern auf polnischem Territorium], in: Biuletyn GKBZHwP. Bd. XIII. Warschau 1960, S. 59–177, 3F–26F.

Lucy Dawidowicz, The War against the Jews 1933–1945. Aylesburg 1979.

Documenten van de Jodenvervolging in Nederland 1940–1945. Amsterdam 1965.

Dokumentensammlung über „Die Deportierung der Juden aus Norwegen nach Auschwitz". Zusammengestellt von T. Friedmann. Ramat Gan 1963.

Dokumenty o eksterminacji Żydów Zagłębia Dąbrowskiego podczas okupacji hitlerowskiej. Wybór Zofia Boda-Krężel i Jadwiga Osojca [Dokumente über die Vernichtung der Juden des Dabrowa-Gebiets während der Nazi-Okkupation. Eine Auswahl von Zofia Boda-Krężel und Jadwiga Osojca], in: Biuletyn ZIH. Nr. 43–44. 1962.
Regina Domańska: Pawiak. Więzienie Gestapo. Kronika 1939–1945 [Das Gestapo-Gefängnis Pawiak. Eine Chronik 1939–1945]. Warschau 1978.
Hans Joachim Döring: Die Zigeuner im NS-Staat. Hamburg 1964.
Klaus Drobisch: Die letzte Phase des faschistischen Massenmordes 1943–1945, in: Juden unterm Hakenkreuz. Berlin 1973, S. 329–394.
Krzysztof Dunin-Wąsowicz: Resistance in the Concentration Camps 1933–1945. Warschau 1982.
Ebrei in Italia. Deportatione, Resistenza. Florenz 1975.
Artur Eisenbach: Hitlerowska polityka zagłady Żydów [Die nationalsozialistische Judenvernichtungspolitik]. Warschau 1961.
Eksterminacja Żydów na ziemiach polskich w okresie okupacji hitlerowskiej. Zbiór dokumentów. Zebr. i oprac. T. Berenstein, A. Eisenbach, A. Rutkowski [Die Vernichtung der Juden auf polnischem Territorium während der Nazi-Okkupation. Eine Dokumentensammlung. Zusammengestellt und bearbeitet von T. Berenstein, A. Eisenbach und A. Rutkowski]. Warschau 1957.
Encyclopaedia Judaica. Jerusalem 1974.
Encyclopedia of the Holocaust. New York, London 1990.
Jerzy Ficowski: Cyganie na polskich drogach [Zigeuner auf Polens Straßen]. Krakau 1965.
Gerald Fleming: Hitler und die Endlösung. München 1982.
Józef Garliński. Oświęcim walczący (Das kämpfende Auschwitz]. London 1974.
Józef Garliński: Fighting Auschwitz. The resistance movement in the concentration camp. London 1975.
Gedenkbuch. Opfer der Verfolgung der Juden unter der nationalsozialistischen Gewaltherrschaft in Deutschland 1933–1945. Koblenz 1986.
Martin Gilbert: Atlas of the Holocaust. London 1982.
Martin Gilbert: Endlösung. Die Vertreibung und Vernichtung der Juden. Ein Atlas. Reinbek bei Hamburg 1982.
Martin Gilbert. Final Journey. The Fate of the Jews in Nazi Europe. London, Boston, Sydney 1979.
Martin Gilbert: The Holocaust. The Jewish Tragedy. London 1986.
Zalmen Gradowski: In hare fun gehenom. A dokument fin Oyschwitzer Zonderkommando. Jerusalem 1978.
Michał Grynberg: Żydzi w rejencji ciechanowskiej 19391942 [Die Juden im Regierungsbezirk Zichenau 1939–1942]. Warschau 1984.
Raul Hilberg. Le bilan demographique du génocide, in: L'Allemagne nazie et le genocide Juif. Paris 1985, S. 262–282.
Raul Hilberg: The Destruction of the European Jews. London 1961.
Raul Hilberg: Die Vernichtung der europäischen Juden. Die Gesamtgeschichte des Holocaust. Berlin 1982.
Raul Hilberg: Sonderzüge nach Auschwitz. Mainz 1981.
Ich Adolf Eichmann. Ein historischer Zeugenbericht. Augsburg 1980.
„Inmitten des grauenvollen Verbrechens". Handschriften von Mitgliedern des Sonderkommandos. Hefte von Auschwitz. Sonderheft I. Oświęcim 1972.
Tadeusz Iwaszko: Häftlingsfluchten aus dem Konzentrationslager Auschwitz, in: Hefte von Auschwitz. Nr. 7. Oświęcim 1964, S. 3–70.
Tadeusz Iwaszko: Die Häftlinge, in: Auschwitz faschistisches Vernichtungslager. Warschau 1978, S. 45–89; Warschau 1988, 3., erw. u. verb. Aufl., S. 39–74.
Tadeusz Iwaszko: Auschwitz-Häftlinge mit dem Buchstaben E, in: Internationales Auschwitz-Komitee. Informationsbulletin. 1977, Nr. 9–10 (198–199), Nr. 11-12 (200–201), 1978, Nr. 2 (203).
Die jüdischen Opfer des Nationalsozialismus in Hamburg. Hamburg 1965.

Robert M. W. Kempner: Die Ermordung von 35000 Berliner Juden. Der Judenmordprozeß in Berlin schreibt Geschichte, in: Gegenwart im Rückblick. Festgabe für die Jüdische Gemeinde zu Berlin 25 Jahre nach dem Neubeginn. Heidelberg 1970, S. 180–205.

Serge Klarsfeld: Memorial to the Jews Deported from France 1942—1944. New York 1983.

Serge Klarsfeld, Maxime Steinberg: Memorial de la Deportation des Juifs de Belgique. O.O. 1982.

KL-Auschwitz. Fotografie dokumentalne. Documentary photographs. Documents photographiques. Dokumentaraufnahmen. Dokumental'nye snimki. Warschau 1980.

Stanisław Kłodziński: Wkład polskiej służby zdrowia w ratowanie życia więźniów w obozie koncentracyjnym Oświęcim [Der Einsatz des polnischen Sanitätsdienstes bei der Rettung des Lebens der Häftlinge des Konzentrationslagers Auschwitz], in: Przegląd Lekarski, 1961, Nr. 1a, S. 51–57.

Eugen Kogon: Der SS-Staat. München 1974.

Kommandant in Auschwitz. Autobiographische Aufzeichnungen von Rudolf Höß. Eingeleitet und kommentiert von Martin Broszat. Stuttgart 1958.

Alfred Konieczny: Egzekucje w obozie koncentracyjnym Gross-Rosen [Exekutionen im Konzentrationslager Groß-Rosen], in: Studia nad faszyzmem i zbrodniami hitlerowskimi. Bd. 4. Wroclaw 1979, S. 215–253.

Alfred Konieczny: Pod rządami wojennego prawa karnego Trzeciej Rzeszy. Górny Śląsk 1939–1945 [Oberschlesien unter dem Regime des Strafrechts des Dritten Reiches 1939–1945]. Warschau, Wrocław 1972

Alfred Konieczny: Bemerkungen über die Anfänge des KL Auschwitz, in: Hefte von Auschwitz. Nr. 12. Oświęcim 1971, S. 5–44.

Alfred Konieczny: Uwagi o sądzie doraźnym katowickiego gestapo pod kierownictwem SS-Obersturmführera Johannesa Thümmlera [Einige Bemerkungen zum Standgericht der Gestapo Kattowitz unter dem Vorsitz von SS-Obersturmführer Johannes Thümmler], in: Biuletyn GKBZHwP. Bd. XXIV. Warschau 1972, S. 105–168.

Alfred Konieczny: Zwalczanie zbiegostwa polskich robotników przymusowych [Die Bekämpfung der Flucht polnischer Zwangsarbeiter], in: Studia Śląskie. Bd. 11. Katowice 1967, S. 218–235.

Ota Kraus, Erich Kulka: Noc a mlha [Nacht und Nebel]. Prag 1958.

Ota Kraus, Erich Kulka: Massenmord und Profit. Die faschistische Ausrottungspolitik und ihre ökonomischen Hintergründe. Berlin 1963.

Ota Kraus, Erich Kulka: Továrna na smrt. Dokument o Osvětimi [Die Todesfabrik. Ein Dokument über Auschwitz]. Prag 1956.

Ota Kraus, Erich Kulka: Die Todesfabrik. Berlin 1957.

Karel Lagus, Josef Polák: Město za mřižemi [Die Stadt hinter Gitter]. Prag 1964.

Hermann Langbein: Menschen in Auschwitz. Wien 1972.

Jožko Lánik: Osviečim — hrobka štyroch miliónov l'udi [Auschwitz — das Grab von vier Millionen Menschen]. Bratislava o.J.

Walter Laqueur: The Terrible Secret. Suppression of the Truth about Hitler's Final Solution. Boston 1982.

United States Holocaust Memorial Council (Hrsg.): The Liberation of the Nazi Concentration Camps 1945. Washington 1987.

Ladislav Lipscher: Die Juden im Slowakischen Staat 1939–1945. Wien 1980.

Czesław Łuczak: Polityka ludnościowa i ekonomiczna hitlerowskich Niemiec w okupowanej Polsce [Die Bevölkerungs- und Wirtschaftspolitik Hitlerdeutschlands im besetzten Polen]. Poznań 1979.

Czesław Łuczak: Zagłada [Vernichtung]. Warschau 1989.

Heiner Lichtenstein: Mit der Reichsbahn in den Tod. Massentransporte in den Holocaust. Köln 1985.

Czesław Madajczyk: Deportacja i eksterminacja Żydów w Europie środkowowschodniej [Die Deportation und Vernichtung der Juden in Ostmitteleuropa], in: Dzieje Najnowsze. Bd. 18. 1986, S. 17–40.

Czesław Madajczyk: Faszyzm i okupacje 1938–1945 [Faschismus und Okkupationen 1938–1945]. Warschau 1983.

Czesław Madajczyk: Polityka III rzeszy w okupowanej Polsce [Die Politik des III. Reiches im besetzten Polen]. Warschau 1970.

Materiały norymberskie [Nürnberg-Materialien]. Warschau 1948.

Męczeństwo, walka i zagłada Żydów w Polsce 1939–1945 [Der Leidensweg, der Kampf und die Vernichtung der Juden in Polen 1939–1945]. Warschau 1960.

Mel Mermelstein: By Bread Alone, the Story of A4685. California 1981.

Michael Molho: In Memoriam gewidmet dem Andenken an die jüdischen Opfer der Naziherrschaft in Griechenland. Essen 1981.

Jonny Moser: Die Judenverfolgung in Österreich 1938–1945. Wien, Frankfurt am Main, Zürich 1966.

Miklos Nyiszli: Auschwitz. A doctor's Eyewitness Account. New York 1960.

Obóz koncentracyjny i zagłady Oświęcim (Opracowanie materiałów dowodowych, zebranych w toku śledztwa sądowego przez sędziego Jana Sehna) [Das Konzentrations und Vernichtungslager Auschwitz (Eine Darstellung der während der gerichtlichen Untersuchung durch Richter Jan Sehn zusammengetragenen Beweismaterialien)], in: Biuletyn GKBZNwP. Bd. I. Warschau 1946, S. 63–130.

Obóz koncentracyjny Oświęcim w świetle akt Delegatury Rzadu RP na Kraj [Das Konzentrationslager Auschwitz im Licht der Akten der Inlands-Delegatur der Regierung der Republik Polen]. Zeszyty Oświęcimskie. Numer specjalny I. Oświęcim 1968.

Tadeusz Paczuła: Obóz i szpital obozowy w Oświęcimiu we wczesnych okresach istnienia [Das Konzentrationslager Auschwitz und der Häftlingskrankenbau in der ersten Phase ihres Bestehens], in: Przegląd Lekarski. 1963. Nr. 1a, S. 50–53.

Anna Palarczykowa: Władze hitlerowskiego obozu koncentracyjnego w Oświęcimiu, ich kancelarie i pozostała po nich spuścizna aktowa [Die Führung des nationalsozialistischen Konzentrationslagers Auschwitz, ihre Kanzleien und ihre Aktenüberlieferung], in: Archeion. 1964. Nr. 10, S. 227–249.

Andrzej Pankowicz: Das KL Auschwitz in den Nürnberger Prozessen (1945–1949), in: Hefte von Auschwitz. Nr. 18. Oświęcim 1990, S. 247–367.

Anna Pawełczyńska: Values and Violence in Auschwitz. A Sociological Analysis. London 1979.

Czesław Pilichowski: Es gibt keine Verjährung. Warschau 1980.

Czesław Pilichowski: Fałszerstwo czy prowokacja. Odwetowcy w roli oskarżonych [Fälschung oder Provokation. Die Revisionisten in der Rolle der Angeklagten]. Warschau 1977.

Franciszek Piper: Ausrottung, in: Auschwitz faschistisches Vernichtungslager. Warschau 1978, S. 91–140; Warschau 1988, 3., erw. u. verb. Aufl., S. 75–114.

Franciszek Piper: Zatrudnienie więźniów KL Auschwitz. Organizacja pracy i metody eksploatacji siły roboczej [Der Arbeitseinsatz der Häftlinge des KL Auschwitz. Die Organisation der Arbeit und die Methoden zur Ausbeutung der Arbeitskraft]. Oświęcim 1981.

Franciszek Piper: Estimating the Number of Deportees to and Victims of the Auschwitz-Birkenau Camp, in: Yad Vashem Studies. Bd. 21. Jerusalem 1991, S. 49–103.

Zofia Pohorecka: Zestawienie transportów osób przywiezionych do KL Auschwitz -Birkenau w latach 1940–1945 [Zusammenstellung der Transporte der in das KL Auschwitz-Birkenau 1940–1945 deportierten Personen]. Typoskript im Archiv des Staatlichen Auschwitz Museums.

Leon Poliakov: Breviaire de la Haine. Paris 1951.

Leon Poliakov, Josef Wulf: Das dritte Reich und die Juden. Dokumente und Aufsätze. Berlin-Grunewald 1961.

Der Prozeß gegen die Hauptkriegsverbrecher vor dem Internationalen Militärgerichtshof. Nürnberg 14. November 1945–1. Oktober 1946. Nürnberg 1947 1949, Bd. XI, XXXIX.

Gerald Reitlinger: The Final solution. London 1953.

Gerald Reitlinger: The Final solution. London 1971.

Jaša Romano, Lavoslav Kadelburg: The Third Reich: Initiator, Organizer and

Executant of Anti-Jewish Measures and Genocide in Yugoslavia 1933–1945, in: The Third Reich and Yugoslavia 1933–1945, Belgrad 1977, S. 670–690.

Wolfgang Scheffler: Judenverfolgung im Dritten Reich 1933–1945. Frankfurt am Main, Wien, Zürich 1961.

Reimund Schnabel: Macht ohne Moral. Eine Dokumentation über die SS. Frankfurt am Main 1957.

Jan Sehn: Obóz konzentracyjny Oświęcim-Brzezinka (Auschwitz-Birkenau) [Das Konzentrationslager Auschwitz-Birkenau]. Warschau 1964.

Jan Sehn: Konzentrationslager Oświęcim-Brzezinka (Auschwitz-Birkenau). Auf Grund von Dokumenten und Beweisquellen bearbeitet von Dr. Jan Sehn. Warschau 1957.

Kazimierz Smoleń: Bestrafung der Verbrecher von Auschwitz, in: Auschwitz faschistisches Vernichtungslager. Warschau 1978, S. 167–200; Warschau 1988, 3., erw. u. verb. Aufl., S. 157–182.

Kazimierz Smoleń: Das Konzentrationslager Auschwitz, in: Ausgewählte Probleme aus der Geschichte des KL Auschwitz. Oświęcim 1978, S. 5–32.

Kazimierz Smoleń: Oświęcim 1940—1945 [Auschwitz 1940—1945]. Oświęcim 1963.

Irena Strzelecka: Die ersten Polen im KL-Auschwitz, in: Hefte von Auschwitz. Nr. 18. Oświęcim 1990, S. 5–145.

Irena Strzelecka: Rozwój szpitali obozowych w Oświęcimiu-Brzezince [Die Entwicklung der Häftlings-Krankenbaureviere in Auschwitz-Birkenau], in: Przegląd Lekarski 1984. Nr. 1, S. 84–88.

Irena Strzelecka: Pierwszy szpital obozowy w Brzezince [Das erste Häftlings--Krankenbaurevier in Birkenau], in: Przegląd Lekarski 1984. Nr. 1, S. 88–93.

Andrzej Strzelecki: Ewakuacja, likwidacja i wyzwolenie KL Auschwitz [Die Evakuierung, die Auflösung und die Befreiung des KL Auschwitz]. Oświęcim 1982.

Andrzej Strzelecki: Wyzwolenie KL Auschwitz [Die Befreiung des KL Auschwitz]. Zeszyty Oświęcimskie. Numer specjalny III. Oświęcim 1974.

Natan Eliasz Szternfinkiel: Zagłada Żydów Sosnowca [Der Untergang der Juden von Sosnowiec]. Katowice 1946.

Henryk Świebocki: Przyobozowy ruch oporu w akcji niesienia pomocy więźniom KL Auschwitz [Die Widerstandsbewegung in der Region Auschwitz und ihre Hilfsaktion für die Häftlinge des KL Auschwitz, in: Zeszyty Oświęcimskie. Nr. 19. Oświęcim 1988, S. 51–52.

Totenbuch Theresienstadt. Erste Ausgabe Mary Steinhauser. Wien 1987.

Trials of War Criminals before the Nuremberg Military Tribunals. Vol. 5. Washington 1950.

Aharon Weiss: Categories of Camps, their Character and Role in the Execution of the Final Solution of the Jewish Question, in: The Nazi Concentration Camps. Jerusalem 1984, S. 115–132.

Georges Wellers: Essai de détermination du nombre de morts au camp d'Auschwitz, in: Le Monde Juif. Nr. 112. 1983, S. 125–159.

Georges Wellers: The Existence of Gas Chambers, in: The Holocaust and the Neo-Nazi Mythomania. New York 1978, S. 109–138.

Wspomnienia Rudolfa Hössa komendanta obozu oświęcimskiego. Opracowanie, wstęp i przypisy Dr Jan Sehn [Die Erinnerungen von Rudolf Höß dem Kommandanten des Konzentrationslagers Auschwitz. Bearbeitung, Einleitung und Anmerkungen von Dr. Jan Sehn]. Warschau 1965, 3. Ausgabe.

Zamojszczyzna — Sonderlaboratorium SS. Zbiór dokumentów polskich i niemieckich z okresu okupacji hitlerowskiej. Pod redakcja Czesława Madajczyka [Region Zamość. Sonderlaboratorium der SS. Eine Sammlung polnischer und deutscher Dokumente aus der Zeit der Nazi-Okkupation Polens. Unter der Redaktion von Czesław Madajczyk]. Warschau 1977.

PERSONENINDEX

GEOGRAPHISCHER INDEX

VERZEICHNIS DER TABELLEN

INHALTSVERZEICHNIS

FRANCISZEK PIPER, geboren 1941, hat an der Jagiellonen-Universität in Krakau Geschichte studiert. Seit 1965 ist er Mitarbeiter der historischen Forschungsabteilung des Staatlichen Auschwitz-Museums in Oświęcim. 1979 wurde er zum Doktor der Geisteswissenschaften promoviert. Er ist Verfasser monographischer Darstellungen von Nebenlagern des KL Auschwitz und einer umfassenden Studie über die Nutzung der Arbeitskraft der Häftlinge des KL Auschwitz (Zatrudnienie więźniów KL Auschwitz [Der Arbeitseinsatz der Häftlinge des KL Auschwitz], Oświęcim 1981. Seit Beginn der achtziger Jahre forscht Franciszek Piper zur Frage der Methoden der Vernichtung der Häftling und der Zahl der Opfer der Vernichtung. Sein Aufsatz „Estimating the Number of Deportees to and Victims of the Auschwitz-Birkenau Camp [Eine Schätzung der Zahl der Deportierten und der Opfer von Auschwitz-Birkenau] ist 1991 in Band XXI der in Jerusalem erscheinenden Yad Vashem Studies veröffentlicht worden.